经济学学术前沿书系

ZHONGGUO SHICHANG JINGJI LILUN MANTAN

中国市场经济理论漫谈

张玉璞　著

经济日报出版社

图书在版编目（CIP）数据

中国市场经济理论漫谈 / 张玉璞著. — 北京：经济日报出版社，2019.7

ISBN 978－7－5196－0569－8

Ⅰ. ①中… Ⅱ. ①张… Ⅲ. ①中国经济－社会主义市场经济－研究 Ⅳ. ①F123.9

中国版本图书馆 CIP 数据核字（2019）第 140899 号

中国市场经济理论漫谈

作　　者	张玉璞
责任编辑	张　丹
出版发行	经济日报出版社
社　　址	北京市西城区白纸坊东街 2 号 A 座综合楼 710
邮政编码	100054
电　　话	010－63567691（编辑部）
	010－63538621　63567692（发行部）
网　　址	www.edpbook.com.cn
E－mail	edpbook@sina.com
经　　销	全国新华书店
印　　刷	北京建宏印刷有限公司
开　　本	710×1000 毫米　1/16
印　　张	16.75
字　　数	260 千字
版　　次	2019 年 7 月第一版
印　　次	2019 年 7 月第一次印刷
书　　号	ISBN 978－7－5196－0569－8
定　　价	42.00 元

前言

一、这本书是目睹社会主义市场经济取得巨大成就后有所感的产物，是学习党和国家领导人关于市场经济理论思想后有所悟的产物。总之，这本书是新时代中国特色社会主义的产物。

二、本书分上、下两篇。上篇分由十篇文章组成。着重叙述市场经济的基本理论和体系，并力图阐明马克思有关市场经济理论与其他市场经济理论的联系与区别。它是阅读第二部分的理论基础。

下篇以开讨论会的形式由持不同观点的群体对同一问题展开争论。争论中的各方虽然有一定的理论倾向，但并不是完全对立的。你中有我，我中有你。

三、书中想做两个尝试，一是在内容上用与传统的中外经济学对比的方法提出市场经济理论的新见解；二是在形式上采用了一些诗词、俗语、笑话等新的表达方式，以增强经济学的可读性。

力求“通俗和有中国特色”是本书的主要特点。然而，对联、诗词、俗语、笑话等元素的引入也可能也会弄巧成拙，甚至贻笑大方。只有仁者见仁，智者见智，内行见俗，外行见专，跳出门派，亦庄亦谐。不用人夸好颜色，只把心话讲出来。

由于才疏学浅，再加上年老体衰，本书谬误之处肯定会很多，古人云“三人行必有我师”，望读者批评指正。

2018 年 1 月 3 日 85 岁老人于北京

目 录
CONTENTS

下篇 中国市场经济漫谈录

上篇

市场经济论文十篇

第一章 经济学

- 管理学与经济学
- 微观经济——家庭与企业管理
- 宏观经济——经世济民之术

经济学是经世济民的理论。

我是教经济学的教师。有一天一个学生突然问我：老师，最近习近平主席提出要“学习马克思主义政治经济学，更好的指导我国经济发展实践”，您能给我们解释一下，什么是经济？什么是经济学吗？

这个问题很突然，一时还不知如何回答，可是不回答又不够面子，于是就回答说：“经济就是指生产、交换和分配的总和，经济学就是这方面的理论、学说”。学生看看我，点点头转身走了，看样子很失望，很不满意。

其实，我自己也很不满意。这种回答是用《政治经济学》中的语言“遮掩”过去了。但未必能满足学生对“中国语言”的要求，又缺乏综合性和概括性。

怎么回答这个问题呢？找字典、词典，字典里只有“经”和“济”单字的意思解释；词典里也未找着“经济”这个词的解释，真遗憾，学经济学，在经济大学的经济系教授经济学，天天念、处处见，学生问起来竟没有一个满意的答复，“老师”的面子丢尽了。

怎么办？既然字词典里没有，就从世俗的语言里找找出路吧。按照世俗的理解，“经济”二字总是和“钱”字分不开。如经济拮据是说没钱，经济宽裕了就说有钱，买东西便宜了就说省钱，挣钱多了就说经济形势好转了等，真是处处都和钱有联系，甚至画等号。那么，能否把它概括起来呢？比如说：经济就是生钱、聚钱、敛钱、省钱之道，初看起来觉得有道理，仔细一想不太好。按照这样的说法仍然没有综合性、概括性，而且是把经济二字“庸俗化”了。更重要的是，这种说法岂不是把用不正当的手段的生、用、省钱都包括进去了。换一个说法吧，用“财”代替钱，比如说经济是生财、聚财、敛财、用财之道，表面上看，这样似乎更文雅了些，现在很多大学都叫财经学院，没有叫“钱”经学院的。可细想一想还是换汤不换药，其弊病仍然和前面“钱”字一样。

用世俗语言法的路走不通了，另辟其他路径。有本介绍西方经济学史的书中说：“经济”二字起源于希腊，其原意是“家庭管理”的意思。这里我很感兴趣的是“管理”这两个字。为什么？因为它多少与“经”字挂上了钩。“经”字就有经营管理的意思，但对“家庭”二字，又觉得面实在太窄了，把家庭作为单位进行管理，只能是社会生产力发展非常低时的一种思想。要真是这个意思，恐怕现在财经类大学都很难招到学生了。而更重要的是希腊有家庭管理的这类书吗？起码我还没见到。希腊不见得有，而中国倒是有，不过不叫家庭管理，而叫《朱子治家格言》。朱子就是朱熹，是宋朝的大理学家。把朱熹称为“朱子”，这个“子”字可是了不得，是个最受尊崇的字儿，比如说老子、庄子、孔子、孟子、墨子、韩非子等等，这些人不是被称为“圣人”，起码也是大思想家。比如，朱熹就被人称为圣人。幼时读书，老师讲故事，说姓朱的一家和姓项的一家都自夸其家世高贵，朱姓家庭出一上联：“两朝天子，一代圣人”。两朝天子指朱温、朱元璋，一代圣人就是朱熹。项家出一下联：“烹天子父，为圣人师”。前者指项羽，后者指项橐。朱熹被捧为圣人倒不是因为其有治家格言，而是因为他追随孔孟，乱批乱注孔孟学说，有很多地方是被他把孔孟之经念“歪”了。我读过朱熹的治家格言，其中的“黎明即起，洒扫庭除”“一粥一饭当思来之不易，半丝半缕，恒念物力维艰”等。大体概括起来就是“勤俭”二字。所以俗话说“勤俭治家家业盛”，这在今天也仍有一定意义。虽然如此，但是把治家格言当作“家庭管理”来理解恐怕也很难被人接受。

此路不通，另寻他途。有一本书又对“经济”二字做出解释，那就是把经济解释为“经世济民”。此说引起我极大的兴趣。因为“经”字有经营管理的意思，“世”字含义就广泛了，家庭、企业、社会甚至世界。“济”字的含义是帮助、救助，如同舟共济，济困扶危，医学则有悬壶济世等。整体来看“经世济民”就是通过经营管理世间各种要素，来帮助、救济世上的人民群众。不但具有综合性、概括性、全面性，更重要的是它把手段和目的统一起来了。前两个字是手段，后两个字是目的。还有一层就是：这是真正具有中国文化底蕴、中国语言味的概括。所以，我认为“经济”就应理解为“经世济民”。

有人说，你的这种理解是字面上逻辑式的理解，你如何证明经济就是经世济民呢？我说我的证明法是这样的：查经济学家字典，既然是入了此字典必然是经济学家；既然是经济学家，其思想、主张、行动如果是经世济民的，那就证明经济的含义就是经世济民。当然，字典上的经济学家实在是太多了，只能随机找几个看一看。

先来看“大同”说。孔子认为“天下为公”的社会是最美好、最理想的社会，孙中山也提出“天下为公”的思想。

然后看商鞅，主要是农战思想，重视农业和士兵，按此思想进行变法改革，终始秦国强大起来。

再有范蠡，他提出平粜思想，“平粜”就是把粮食的价格定在一个比较稳定合理的水平上，他认为丰年谷物会伤农（市），灾年谷物会伤工商（末），平粜就会使两者均不受到伤害。

还有如孟轲提出“不患寡而患不均”是主张平均分配的首倡者。而旬况和孟子相反，他不主张平均分配。

另外还有“奢检说”“均输说”“薄赋说”“盐铁论”等等。大家是否认可这些都是“经世济民”的学说呢？

有人说你举这些例子是把政治家和经济学家混在一起了，比如商鞅、管仲等都是政治家，改革也多是政治方面的，你这样说是不是概念混淆？我说经济学家的定位没有错，因为他们都是经济思想史的顶尖人物，这是大家公认的。一个大人物既是政治家又是经济学家身兼数家的大有人在，这并不矛盾，也不会否定其政治家的地位。而且，这里我要强调一下我的见解：经济学家可以分为三类：一类是能言而不能行者，就是只具有某种经济思想而自己却不能去实现的，这类人可以叫经济思想家，如孔子、孟子、荀子等。另一类是能言而又能行者，是说既有某种经济思想又有能力去实现的人，这类人大多数既是政治家又是经济学家，如管仲、商鞅、王安石、张居正等。我甚至还认为诸葛亮也是属于这一类的人，有一副对联：文章西汉两司马，经济南阳一卧龙。诸葛亮最大的功绩是治蜀，《三国志》说诸葛亮善治国不善用兵，认为诸葛亮是很有见地的经济学家。第三类就是不能言而能行者。“不能言”不是说他不会说话，而是说他没有自己独特的思想见解，但是他相信别人的某种思想见解去学习它、利用它、实行它。这类人大多是管理者，这里又可以分为两种：一种人是具有极大的权利，即政治家，比如美国前总统罗斯福，他利用手中的政治权利强行推行凯恩斯理论；另一种则是学习型的管理者，也可称为学者，这类人太多，如 CEO（首席执行官）、部门经理以及硕士、博士，他们是学习别人的理论并对理论进行经营管理。总之，经济思想家、政治经济管理者、一般的经济管理者甚至包括家庭管理者等都可称作经济学家，他们做的都是“经世济民”的事情。

有人说，你说前两类人想的、做的都是“经世济民”之事我们还可以相信，至于后一类人特别是家庭管理者也叫“经世济民”，这有些提高了他们的地位，不符合现实。

我认为麻雀虽小五脏俱全。一个国家就是由这无数个小家组成的“大家”。家和万事兴，家家富则国家富。其实还有比家更小的单位，那就是个人。管理好个人，古人叫“修身”，只有修后则家齐，家齐后则国治，国治后则天下平，这就是“修齐治平”。怎么能小视家庭管理呢？

尽管如此，可是还有很多人认为把企业（公司），特别是家庭管理等都认为是经世济民之说有些夸大，不合实际。

既然如此我还是退一步，经济学有“微观”“宏观”之说，我们就把家庭、企业（公司）等管理叫做微观经济学，把国家管理叫宏观经济学。不过这些叫法虽然符合“实际”，却少了些中国文化底蕴。因此我建议可以把家庭管理称作“齐家之术”，把企业（公司）管理叫做“治企之策”，把国家管理叫“经世济民”。三者总起来说仍可称作经济学就是“经世济民”之学，或者称为“经世济民”的理论。

宏观经济学按照作用又可分为市场经济学和计划经济学。这里只谈宏观市场经济学。宏观市场经济学就是利用分工、交换、竞争等机制来研究经济如何发展的经世济民之术。

第二章 经济学与生产力

- 要素的变化与综合生产力
- 生产力要素三种构成
- 资本是综合生产力

无论什么经济学，都是从研究生产开始的。什么是生产？生产就是劳动力通过劳动把自然界的物质改造成人类需要的产品。

生产是人类能够生存、延续、发展的根本条件。人类虽然是最高级动物，但也还是动物。动物有一个共同的生存特性，就是进食，怎么能满足人类不断进食？就是靠生产，吃没了食物，再生产出来。其他动物就不同了，只会吃不会生产。猛兽类狮子、老虎等等靠吃肉、吃小动物来维持其生命，猎获到食物大餐一顿，得不到食物就几天挨饿，饿急了就不顾命了，猛劲上来甚至要吃人。正是因为这样，如果生物链遭到破坏，所有的动物都会走向灭绝，关键原因就是它不会生产。人类进行生产的力量叫生产力，生产由哪些元素构成的呢？有学者认为有两个要素就行了，一个是劳动力，一个是土地。威廉·佩蒂说过：一切产品的生产“劳动是它的父，土地是它的母”（原文是土地是财富之母，劳动是财富之父）。这种比喻形象、幽默、又通俗。可以认为这是生产力的二要素论。

马克思主义理论体系则把生产力要素定为三项，即：劳动、劳动手段、劳动对象。这样表达生产力要素的体系和构成，既有理论意义，又显示出马克思思想的科学性和严谨性。劳动对象指的是什么？就是土地、山川等自然界物质，具体说实在太多，经过归纳、综合、抽象等统称为劳动对象；同理，用劳动手段可以概括所有的工具、机器等，这就是其理论意义。所谓科学性和严谨性，就是这三种要素中，三者并不是平等的，而是以“劳动”为主体的，“父亲”是劳动，“母亲”也要随父姓，甚至媒介（工具等）也随父姓，都冠以“劳动”字样，这说明马克思重点研究的是“劳动”，而不是其他二者。

马克思所研究的劳动不是具体劳动，而是抽象劳动。具体劳动创造使用价值，抽象劳动创造价值。那么什么是抽象劳动呢？抽象劳动就是无论生产什么产品，都有一个共同点，就是都是劳动者体力和精神力的支出。抽象劳动这个定义是很明白的，无论体力支出还是脑力支出都是创造价值的。但在实践中对其理解却出现了偏差，一部分人只承认体力劳动创造价值而脑力劳动不创造价值，工人、农民的劳动创造价值，而知识分子的劳动不创造价值。这就把很多类型的劳动者如教师、医生甚至科学家等都排除在创造价值的生产性劳动者之外。尽管这样，也还是承认有脑力劳动存在。脑力劳动与体力劳动有差别，差别就是矛盾，怎么解决这个矛盾呢？让劳动者知识化、知识分子劳动化。这种把知识和劳动对立起来的观点一直延续了二十几年。无疑对生产力的发展起到了不利的作用。

邓小平提出解放思想，对生产力的见解有两项大的突破，一是他宣称知识分子是工人阶级的一部分。一语石破天惊，其意义非常重大，一般人只是看到这提高了知识分子的地位，会激发知识分子的积极性。然而更重要的意义是，他还原了马克思关于抽象劳动的延伸性的意义，就是承认了脑力劳动也是生产劳动，也创造价值。

此后，邓小平又提出了科学技术也是生产力，而且是第一生产力。这也是石破天惊的见解，使生产力的构成三要素变成了四要素。从现实来看，无疑是正确的，符合实际的。但是，这是否违反了生产力三要素的定义？而且三要素虽然经历了多次抽象也还能体现具体的实体是什么，而科学技术呢？看不见、摸不着，到底是指什么？我认为，这并不违反三项要素的说法。马克思之所以主张三要素是根据其研究内容的需要，而三个要素中又是以劳动为主的。而且马克思又没有说明不允许其他的要素存在。邓小平一再提解放思想，什么意思？就是要反对本本主义，三要素论再增加一项有什么不可以？至于说科学技术不具体、看不见、摸不着，我粗浅理解科学技术就是生产的秘方和诀窍，它存在于人们的头脑中，物化在劳动手段和劳动对象上，运用起来全在于掌握科学技术的人，外行人不易看见，而内行人是看得见摸得着的。比如袁隆平的杂交水稻技术，就使稻谷产量增加了很多，用什么技术只有袁隆平知道。再有，科学技术表面上是看不见、摸不着，但是国际在统计 GDP 中就有一项说法：新增加的 GDP 产值中，有多少是靠先进科学技术取得的，看不见、摸不着能统计出来吗？

邓小平的这两项突破无疑对我国的生产力发展起到了极大的推动作用，继邓小平之后，我国历任国家领导人都是特别注重生产力的发展的。江泽民修改党纲时提出的三个代表思想，第一个就是代表先进的生产力；胡锦涛提出了科学发展观，这就是说不仅生产力发展靠科学，其他一切层面的发展都要依靠科学，把科学技术（科学的实践应用就是技术）的重要作用全面化了。习近平主席又提出新时代中国特色社会主义思想。

2050 年要把我国建成富强、民主、文明、和谐的社会主义现代化国家，实现中华崛起、中华复兴的强国之梦。

下面我想谈一点对生产力的新看法。

我想补充三条：

第一，我认为，良好的管理者，这里是指企业（公司）的经理，甚至也包括家庭管理，也是生产力要素。很显然，这是由经济学的含义本身引申出来的。前面我们讲的生产力三要素也好，再加上科技这个生产力第一要素也好，这些要素如果没有一个良好的管理者，也很难充分发挥出来它们的作用，一个公司的成败主要还在于经营，其中包括多个方面：市场、营销、生产力要素的引进、人员的积极性等，统一进行策划，才能使公司兴旺起来。我国经济发展速度快，这些年有很多的跨国大公司，把这样的公司管理好更难。可以说我们急需这方面的人才。一个公司的 CEO（经理，首席执行官）一年的工资少的也有几十万，多的甚至达几百万，为什么这些人挣那么多钱？一个是因为物以稀为贵，一个是他值这么多钱，这是市场价。一方面是引进，再一方面就是自己培训。培训这种高级管理者的要读 MBA。学习 MBA 学费很高，可是还是有人抢着去读，为什么？一方面因为学习后他可以挣高工资，另一方面，从公司来看，聘用这种管理人才就能整合公司的资源，创造出更多的财富。

有人说你说CEO的重要性我们能理解，为什么把家庭管理也包括进来？我说，家庭管理者就是家庭的CEO，别小看家庭和家庭的管理者，家庭是国家的细胞，一个国家就是由一个个家庭组成的，如果每个家庭都富有、文明、和谐，则国家也就会兴盛起来。

有人问：家庭管理者的作用、好坏你能举出例子吗？我说经济学书上还没见到，就拿红楼梦中的王熙凤做例子吧。她是个家庭管理者，但应该是一个不合格的、蹩脚的管理者，把荣国府管理的乱七八糟，其管理能力还不如贾探春。荣国府的衰败原因虽然很多，但是与王熙凤的蹩脚管理是分不开的。

有人问：家庭如何管理呢？按照你说的《朱子治家格言》进行管理吗？我说，此格言虽然有可取之处，但总的看来有点片面，我倒想建议，既然能写出这么本家庭管理学书来，大学也可以设这个专业。是否有这个必要，我还摸不准，请大家讨论。因为有人说“经济”的原意就是家庭管理，在论述经济、经济学中又把它作为一个组成部分，我才提出这带有些疑问的建议的。

第二，我还觉得应该把国家（政府）制定的发展经济的方针政策纳入到生产力要素中。我认为这一点对于发展生产力的作用不亚于科学技术。而且，这也能发挥经济学的具体作用。举一个简单的例子。有同样的、甚至更好的生产力诸多要素，如果治国者经济政策不好，也会使国家衰败；反之，拥有同样的、甚至更低劣的生产力诸要素，如果治国者能制定出科学的、符合经济规律的经济方针政策，也能使国家富强起来。这一点我想只需要回顾一下我国的历史就能明白了。我国地大物博，人口众多，有五千年文明历史，具备诸多生产力要素，然而，清朝时期既贫又弱，甚至受尽了屈辱。也是同样的生产力诸多要素，中华人民共和国成立后，特别是改革开放以来，国家很快就富强起来了。主要是由于国家实行了科学的、符合客观规律的方针政策。

第三，我认为良好的自然条件、环境也应属于生产力要素的组成部分。自然条件、环境指什么？包括土地、深林、山川、河流、湖海，还有气候、风雨、温湿度、大气等等。

如果说第一、二点是出于对经济学作用的具体化和逻辑推理而得出的，那么，第三点则是对生产力的既定要素的“补充”和“修正”。下面就从生产力的补充和修正两个方面来阐述。

先说补充。马克思的生产力三要素中的劳动对象是一个抽象概念。具体包括自然条件中的土地、山川、河流、湖海等等，但忽略了气候、大气、温湿度等。其实，这后几项也是生产力，是自然生产力，比如气候，对农业的生产有着极大的影响。有时甚至超过劳动力劳动的作用。用同样的劳动力耕作，风调雨顺谷物就大丰收，旱、涝、冰雹谷物就歉收。旱涝之年就说是天灾。近年来“天灾”几乎越来越多，这和人类破坏了自然环境有一定原因。有人说古代多是风调雨顺的，小时候读私塾，老师总是歌颂“尧天舜日”，什么是尧天舜日？说是那时尧舜有德，才风调雨顺。调顺到什么程度？五日一风，十日一雨，雨不拂面，风不鸣条。风雨不仅及时，有序，而且雨洒到脸上你都察觉不出来，风吹到树枝条上都没有响声。中国古代文人真是了不起，把风调雨顺、和风细雨描述的既生动形象又细致入微。

那时候没有工业，如果风调雨顺，农业就丰收了，人们的日子就富裕了，好过了。据说夏、商、周时代，人们的生活非常富裕，于是孔孟学派的人就把那时人们的生活叫“小康”，“小康”两个字就是来源于此。我们今天也提出了“小康”，十九大又提出到2020年全面建成小康社会。这种描述富裕程度的名词，是中国人的创造的。外国人衡量富裕程度多用数字表示，如恩格尔系数等也是有可取之处，但我觉得用“小康”来描述富裕程度更能体现中国文化，也从一个侧面展现了中国古代文明。

所以，我认为气候也是生产力，这是劳动对象中未包括进去的。如果你说风调雨顺、五谷丰登只是增加了使用价值，并没有增加价值，也没有增加财富。因为丰收了，粮食必然便宜，价值没有增加，财富并没有增加。财富具体是什么？是使用价值还是价值？我更偏重于使用价值。当然价值和使用价值的关系非常奥妙，这只能进一步讨论。

另外，大气、气候、温湿度等也直接间接地发挥着生产力的作用，现在空气中二氧化磷的量越来越重，空气受到严重污染。这既不利于植物和动物的生长繁殖，又会影响人类的生存，影响到气候、温度。一个良好的气候环境，应当是季节分明，当热则热，当冷则冷。可是现实呢，地球温度急速上升，海平面上升，冰山融化，诺尔尼诺现象频发，不要说不能发挥生产力的作用，连人类的生活都受到影响。有报道说，英国剑桥物理学教授霍金预言，由于人类用电过度，地球温度升高，将来地球会变成大火球。人类要尽快移居到其他星球上去。听了这番话，一是吃惊二是费解。他是否暗示人类：一定要好好保护地球，不保护地球就是人类自己毁灭自己。

以上是讲自然力是生产力要素的补充。下面讲一讲“修正”。这里的“修正”是什么意思？我是想说，以前对于自然环境这些要素作为生产力要素来看待时，它只是起被动的作用，就是说，它只有和劳动结合时才能生产出产品，生产出财富。比如说土地这个“母”只有和劳动这个“父”结合时才能生“孩子”，如果不结合就不能生“孩子”。这种看法是片面的，是只看到一面。其实，自然环境等这些具体因素还有主动的一面，就是说它不与劳动相结合时，也能独立生产出财富。

自然界真的是这样吗？我认为是的，如果人类不破坏、不污染自然环境，那么，江河湖海就会自然的生出许多鱼鳖虾蟹；丰茂的草原就会出现更多的牛马鹿羊；茂密的深林里就会众禽谐鸣；碧绿的青山里就会长出花草果蔬等等，人类不用通过劳动就能无偿的得到很多自然赐予的财富。这个财富究竟能有多少，说出来一个数字会使你吃惊。美国有一个经济学家（此人名字参见讨论部分）计算出这些自然赐予的财富，一年会有 45 万亿美元。这个数字几乎是现在全世界 GDP 总值的一半。就是用载重 8 吨的卡车拉黄金，卡车也得排出十几公里。良好的自然环境能恩赐给人类这么多财富，却被很多人忽视了。他们往往通过破坏自然环境取得一点小利，却丢掉了大利，真是得不偿失啊！

通过“补充”和“修正”两个方面的论述，我认为良好的自然环境，应该从只作为劳动对象的被动要素，转变为独立地作为生产力要素的一员。

有人可能会问，你把生产力的要素扩展到这么多，是什么用意？我的用意只是在于凸显经济学的作用，而且更为重要的是，把这些要素视为生产力，就会更重视这些要素。

我想说的不止这些。关于什么是生产力要素，我想强调指出比以上更为全面的生产力，可以称作综合生产力。资本就是综合生产力，怎么来理解呢？这是因为资本包括了生产力的所有要素，运用资本可以雇佣到劳动力、购买生产设备、原材料、科学技术、管理者以及更好理解和运用现行的经济政策等等。

资本不仅包括了所有的生产力要素，而且它可以进入到所有的经济领域，无论是农业、工业、商业或服务业，它都进入并占领这些阵地。

资本的力量非常强大，有时甚至可以超过行政力。比如为了保护环境，政府号召多植树造林，有时甚至国家领导人都亲身示范植树等等。行政力虽然有效果，但远不如把资本投入到这些环保领域，其收效肯定会更快。

资本的力量比行政力量更少些强制性。我想，就拿秦始皇修建万里长城来说吧，无疑是运用了行政力的强制手段，强制人民出工出力，结果引起了人民的反抗起义；如果今天再修建类似这样的大工程，运用资本的效果肯定比运用力的效果好得多。

就以上诸点来看，资本不仅是综合生产力而且是更加符合经济规律的高效生产力。

有人说，你这样赞美资本是只看到它好的一面，而忽视了更为重要的恶劣的一面，那就是资本是血腥的，是剥削劳动人民、吸吮劳动人民血液的一面。正因为如此，马克思才主张消灭资本这个恶魔，建立社会主义社会。

在几十年前的社会主义国家里都消灭了资本，甚至连资本、利润的概念都不许提，把资本叫做“资金”，把利润称为“红利”，结果怎样呢？生产发展很缓慢。我认为，从现象结果来看，资本确实存在恶魔似的一面，但其实这不是资本本身的错。资本不过是一种工具，一种发展生产的方法。和很多事物一样，都有两面性。比如说水可载舟，也可覆舟；火能暖人，也可烧死人；电的诸多应用能给人造福，但用不好也会伤人、击死人。不能因为只看到其破坏性的一面，我们就不用它们，只是在利用它们的时候要防止、消除它们破坏性的一面就可以了。同理，资本作为一种“工具”，我们就应利用它能快速发展生产的一面，防止其造成贫富悬殊、两极分化。大家都知道，能全面的认识到这一点的首先是邓小平。早在一般人还把资本看作为洪水猛兽的时候，邓小平就主张引进“三资”（中外合资经营企业、中外合作经营企业和外商独资经营企业），就是允许国外资本进入中国。并且多次讲到引进外资会对就业、发展生产、增加税收、引进先进管理经验和科学技术方面的诸多好处。这在当时理解的人可能并不多。现在不同了，它已经成了人们的普遍共识。现在无论哪个地区、哪级政府都把招商引资作为重中之重，并制定了很多优惠政策。因为实践证明，资本进入到哪里，哪里就富起来，经济就发展起来。事实把人们从前认为的外国资本来了就是资本输出，就是来剥削人的错误观念纠正了。其实，引进外资不仅中国是这样，外国也是这样，现在很多国家甚至发达国家都欢迎中国能到他们的国家进行投资，可见心同此理。

资本的投资方向，有人认为更趋向于发达国家，我的看法倒是资本更趋向流入那些经济不发达的国家和地区。为什么？因为那里工资低，未被开发的资源丰富，且有优惠的政策，这样利润就高，资本就会愿意进入。这里我想提出一个“溢富效应”的概念。什么意思？就是说进入的资本的目的是什么？当然是高利润，也就是说它不是为了某国、某地区的经济发展，人们生活水平的提高作为目的的。可是资本在追求高额利润的同时，不自觉的会使其资本投放地的经济发展起来，人们的生活水平就提高，这就叫“溢富效应”，正因为如此，各地才欢迎投资的进入。

有人问我，资本的正面效应你说足了，但其负面效应能防止吗？我说，能防止，办法很多，我这里不一一去说，就看事实吧。比如，我国从改革开放转型市场经济以来多方面的利用资本，人们的生活不是普遍地提高起来了吗？

第三章　经济学中的供求关系

- 生产与供给
- 消费、需要与需求
- 绝对过剩与相对过剩

相对过剩与绝对过剩消费的内容、理论很多，我不是写教材，不能一一介绍。我写此文的目的是试图把消费、需要和需求之间的关系，它们的同点和异点分析清楚，并在此基础上谈谈我自己认为是新的观点，即相对过剩特别是绝对过剩。

首先我想交代一下，为什么写了生产（着重于写生产力）之后，要写消费呢？按照我们学过的经济学中的四个环节的顺序是生产、分配、交换、消费。生产是起点，消费是终点，分配、交换是中间环节。这种顺序的排列法也有道理，说明生产出产品之后，又如何经过分配、交换进入到终点。这符合产品的整个运行顺序和过程。可是我认为这四个环节主要的还是起点和终点，必须先把这两个环节弄清楚才更易于明白交换和分配的环节。

为什么我会有这个认识呢？这是我学了社会主义经济学和市场经济学之后的启示。因为社会主义经济学是把生产和需要联系在一起表述，市场经济学是把供给和需求联系在一起表述。社会主义经济学把生产与需要表述为发展生产是为了满足需要，再复杂一点的就是：选用先进技术来发展生产以满足人们日益增长的物质和文化的需要。这是斯大林的表述，并认为这是社会主义基本经济规律。市场经济学是用供给价格与需求价格的均衡来表述两者的关系的，并认为供给与需求是经济学的精髓，并用一句妙语来表述它："教会鹦鹉说'供给与需求'也就教会了它经济学"。注意一般经济学说的是生产与需要的关系，市场经济学说的是供给与需求的关系。从起点来看，生产与供给的含义虽不尽相同，但含义大体一致；从终点来看，消费与需要、需求不尽相同，但含义也相近。所以我才认为先讲一讲生产和消费的关系，就与以上两种经济学的表达重点完全一致了。

生产与供给都是讲的生产方，其差别之处在生产的产品不一定完全作为商品提供给市场，而且还有进口、出口的影响。生产与供给两者的差别用公式表示就是：供给 = 生产 - 自有 + 进口 - 出口。所以它不用"生产"两字，而用"供给"两字，用"供给"两字比用"生产"两字更为恰当一些，这更容易理解。可是消费与需要、需求的异同点又在哪里呢？我随意举个通俗的例子，说不定就能有助于对这个问题的理解。一个人去餐馆人餐一顿，就有人问你吃了些什么？意思就是你消费了些什么？但是他不用"消费"两个字来表达。自从有了货币，又有了消费这个词，问法就变了："你消费了多少？"回答"消费了 100 元，"又问："你为什么只消费 100 元呢？"回答："100 元就够了。因为我的胃就需要这些东西，100 元的食品已经是吃饱了，喝足了。"这个问答就是需要满足。又问："如果你没有这 100 元，饭馆能不能让你吃喝这些食品呢？"答："这还用问吗，没有钱怎么能让我白吃呢？"这就是说有了这 100 元，需要就变成了现实了，这种花了钱才能让你吃就叫需求。说了这么多对这三者关系差异点一时可能转不过弯来，这以后再说，这里只要求你注意这三者的相同点就够了。相同点就是无论用什么词都能表示出整个过程，但无疑用消费来表示更通俗易懂些。所以用生产和消费的关系来表达起终点也基本上能表达出来生产与需要、供给与需求的关系。正是基于以上认识，我才在写生产之后，接着写消费，这是其一。

其次，"消费"这个词就现实来看，无论是市场经济学还是社会主义经济学都是作为需求、需要的同义语来表示的，如市场经济学的生活消费、生产消费、消费结构、消费倾向；社会主义经济学的消费品、消费指数等等。从这点来看，消费的概念比之需要、需求更具有普遍性也更通俗些。

同时，也照顾到各种经济学表达的共性。这些就是我讲生产与消费关系的原因。

另外，我再对研究消费的经济意义谈谈个人见解。有的书上说，生产是“生”，消费是“灭”；生产是“有”，消费是“无”；生产是“始”，消费是“终”，从生产到消费就是产品由生到死、由有到无、由始到终的过程。这种说法没有错，因为这是一切事物的共同规律，任何事物都有一个由生到死、由有到无、由始到终的过程。从这样表述来看，消费好像没有什么经济意义。然而消费使产品的“灭”和“无”倒确实有它的经济意义。这个意义简单地说是通过消费可以检验商品的性价比，性价比就是商品性能和价格之比。什么是性能？就是指商品的功能、外观甚至是包装等，比质量的外延更广泛一些。如果说性价比还比较深奥、不好理解，就说质价比也可以。

性能和价格能比吗？价格每个商品都有，性能怎么定？有人可能存在这样的疑问。当然能比，用特殊的方法把性能各项指标数量化，然后就能比了。同类商品性能价格各有不同，所以其性价比也各有不同，人们在消费时总是选择同类商品中性价比高的产品，而抛弃那些性价比低的产品，而高和低只有通过消费才能知道。

说起选择性价比高的产品，好像很生疏、很困难，其实是很简单的事情，甚至每个家庭主妇都天天去做这样的事情。比如，每天早晨家庭主妇到市场去买菜总是挑挑拣拣，为什么？她就是想选择价格便宜质量又好的菜，也就是想选择物美价廉的菜。其实，这就是经济学说的选择性价比高的产品。从这个事实来看，每个家庭主妇都是经济学家，都是家庭管理者呢。

当然，对所有商品都选择性价比高的也并非易事。对一些新的商品，科技含量高的商品是较难选择的。如果你一定要消费这类商品，就要请一些专家来帮忙去购买。

要理解性价比的高低，另一个途径就是广告。广告形式内容虽然是变化的，但一般地说都有性价比的告知。可是广告有的是真实的，有的则是虚假的，虚假广告多是夸大其性能。说它的产品性能怎么高、价格怎么低。所以，这条渠道不可全信。广告说的性价比的真假，最好还是通过亲身消费才能证明。由于消费有这个重要作用，所以我建议《消费经济学中》应重点研究一下商品的性价比。

研究消费的另一个重要因素应该是消费结构。也就是消费构成中的各个组成部分，及其相互关系。人们通常理解的消费主要是指生活消费。实际上人们的总收入中生活消费只是全部收入的一个组成部分，此外，还有两个组成部分：一个是储蓄，一个是生产消费。这也就是说消费构成就是由生活消费、储蓄、生产消费三个部分构成。

生活消费指的是总收入中用于购买生活消费品的部分；储蓄也叫远期消费，就是暂时不消费，把钱存起来以备日后他用；生产消费就是把生活消费后多余的钱用作投资（办企业、买股票、基金等）。生活消费与总收入两者的比率叫消费倾向，比率越高就是消费倾向高，比率越低就是消费倾向低。按逻辑推理，储蓄的多少与总收入之比应该叫储蓄倾向；投资与总收入之比应该叫投资倾向了。

总收入中这三个组成部分是不断变化的，影响其变化的因素主要是总收入的增加减少；另一个则是很重要的却又往往被人忽视的心理因素，比如性格、习俗、爱好等。

有一种人，就是热衷生活消费，收入的钱到手就花，什么新鲜、时髦就买什么，把钱全部消费掉，甚至欠了债还继续买。这种人消费倾向最高。过去人们多认为这种消费是不知道“俭”，现在有些人认为只有消费倾向高，才能促进生产的发展，褒贬不一。另一种人则是省吃俭用型，消费倾向低，又因为怕有风险又不敢去投资，想来想去还是有现钱好，把钱存到银行里，随时可以变现，具有高度的灵活性，所以储蓄也叫灵活性偏好，偏好到甚至负利息了他还是储蓄。第三种人，就是急于想发财，既不储蓄又省吃俭用，把钱用去投资，不能直接投资就去买股票、基金，甚至彩票。

这三种类型的人把钱用在不同的方面，完全是个人的自由和偏好，说不上哪个好那个坏。一般地说当生产过剩、经济不景气的时候，第一种人对发展生产作用大；当市场银根吃紧、货币短缺的时候，第二种人作用最大；当国家急需创业人才发展生产时，第三种人作用最大。作为经济学家，不同层次的管理者视客观情况的变化而不断的改变政策、手段，或激励消费、鼓励储蓄或鼓励投资，不这样只研究消费构成有什么用？

从我国经济发展的现实来看，我认为探讨一下生产与消费地位的转化问题也很有必要。具体说来就是如何理解马克思所说的生产决定消费，消费也决定生产。

在生产与消费的关系中，是先有生产后有消费。消费只能是消费生产出来的东西，生产什么产品就消费什么产品。这就是说在这两者的关系中，生产是第一位的，是起决定作用的。法国经济学家萨伊说过，产品生产本身能创造自己的需求。但是萨伊没说过消费决定生产这类的话，因为他只能看到现实发生的一面，当消费决定生产这一面还没有显现出来的时候，能未卜先知的说出消费也决定生产的只有辩证法。

生产决定消费谁都容易理解，消费影响生产只能是推理，说消费决定生产会使很多人不理解，我就是这很多人中的一个。因为没有事实摆在人们前面时，人们是很难理解的。今天这种辩证法的断言终于成为现实，人们不得不承认辩证法的巨大威力了。

什么可以解释消费决定生产？就是“生产过剩”。为什么这里说生产过剩还要加上引号，因为它不是经济学上一般讲的生产过剩，而是另有含义。比如有一些产品生产过剩。这种情况就给生产厂家出了难题。要想生存发展、取得利润就必须想方设法去创新，去生产出适合的产品才会有销路。正因为如此，政府才提出要创新，要进行供给侧的改革，要去产能、去库存的理念和政策。这就是消费决定生产的具体事实。有点费解的似乎是消费决定生产的这一提法不是从消费方面的作用提出来的，而是从供给侧（生产侧）方面提出来，叫供给侧改革。这就容易使人理解为供给（生产）侧仍然起决定作用。这样理解就错了，供给侧改革其实就是消费决定生产的同义语。用供给侧改革表达消费决定生产就是另一种表述方式。

根据上述的见解，我认为，就目前的经济运行的实际状况来看，生产与消费的地位应该转换了，生产第一的位置应该让位消费了。

为什么我要写地位转化这个问题？是因为地位转化了，出现了新的含义的“生产过剩”，它是与过去经济学讲的生产过剩完全不同的。因此我认为，过去经济学中讲的生产过剩应该叫“相对过剩”，现在提出的“生产过剩”应该叫“绝对过剩”。能不能把这个概念说清楚，就要把“绝对过剩”与“相对过剩”区别开来。解决这个问题要从辨析消费、需要、需求这三个概念的差异开始。

这三个概念在过去的同一经济学甚至不同的经济学中经常混用，甚至互为同义语。同一经济学中，有时上一句用消费，下一句就用需要、需求等等，人们也几乎觉察不出来。不同经济学中也有这样的情况。这说明它们确有同一性的一面。尤其“消费”这个词在不同的经济学中也广为运用。至于需要则多用于社会主义经济学中，但西方学者有时也运用，如马斯洛的需求层次理论，不叫消费层次理论，也不叫需要层次理论。至于“需求”则属于市场经济学的专用术语，但是大多数人也可能认为它与需要没有多大区别。以上说明的是人们之所以混用，是因为这三者确实有相同之处。

只看到它们相同的一面是不够的，片面的，因为这三者还存在有差异的一面。下面就需要与需求的差异谈一谈我个人的看法。什么是需要？需要是一个生理上和心理上的概念。首先它具有无限性，说生产满足需要，从生理上看，似乎就某一种产品有可能又没有可能，比如可以满足你饱食暖衣，但还不知道你要吃更好的、穿名牌的，永远没有止境；至于从心理上就更难说了，有什么就需要什么，叫欲壑难填。以有限的生产来满足无限的需要是很难的。看起来似乎是个矛盾，可是正因为有这个矛盾，才促使人类不断的进行再生产。都满足了，还要生产干什么？

那么，又怎样理解需求呢？需求是市场经济学的专用术语，首先，需求是有限的。一定时期它只是一定的数量，如果说是供给决定需求，则需求的数量就是由供给的数量决定的。其次，需求是有条件的，只有“需”还不行，还有“求”。怎么个求呢？不是空“求”，是用钱来“求”，用经济术语来说就是得有支付能力。

那么需要与需求到底是什么关系呢？可以说：需求是能够实现的需要，需要是潜在的需求；需要是无限的、无条件的，需求是有限的、有条件的；需要多与生产相对应应用，需求则与供给对应应用；需求是市场经济的专用术语，需要多为社会主义国家的经济用语。

正确认识了以上内容，就对消费、需要、需求的关系更容易理解了。生理上、心理上产生某种需要，能够用支付实现的需要就是需求，需求到手的东西是进行了消费。消费才是真正的终点。

明白了需要与需求的关系，就能理解相对过剩与绝对过剩的含义与区别了。相对过剩是指供给对于需求的过剩，用市场经济术语说就是供给的总价格超过了需求的总价格。也就是说由于人们太穷，没有钱买不起这些东西，产生了“生产过剩”，不是没有需要，而是没有需求；不是真的过剩，而是虚假过剩。再简单点说，相对过剩是供给相对于需求的过剩。

“绝对过剩”又是指什么呢？它是指生产对于需要的过剩。虽然总的来说需要是无限的，但是，具体到某一种、某几种产品来说都有可能出现过剩。它表现为这种产品满足需要了，虽然有支付能力，消费者也不买了；甚至你亏本卖、不要钱，消费者也不要。简单地说，绝对过剩不是由于支付能力不足的过剩，而是生产充分满足了某种产品需求的过剩。这种过剩是真的过剩，它不同于相对过剩的虚假过剩。真的有这种情况吗？目前我国出现的钢材水泥等就类似于这种过剩。

如果有人问，你区别相对过剩和绝对过剩的意义何在？其意义就是让人们明了对不同的过剩有不同的治理方法和手段。对于相对过剩来说，是由于支付能力不足引起的，是因为人们没有钱买不起引起的，采用什么方法治理呢？补足支付能力，让人们手中有钱不就能买得起东西了吗？过去人们多认为财富多集中于国家好，能办大事，可是市场经济认为存富于民则更好，补足了消费，生产才能更快的发展。

对于当前的某些产品的“绝对过剩”，政府提出的是创新、创业、去产能、去库存，其结果必然会出现新产品、新生部门、新的产业。

总结上述治理相对过剩的办法就是补足支付能力，以防止经济危机；治理绝对过剩的办法就是创新，结果是会出现新产品、部门和产业。

这就是我提出绝对过剩的意义所在。特别要指出的是，西方经济学中有供给学派和需求学派的派别之争。我理解所谓供给学派实际上就是以绝对过剩作为理论依据的。这一学派认为，由于生产力的高速发展，任何一种消费品都可能出现充分满足需要的状态，解决的办法就是由供给侧不断地创新产品以满足不断增长变化的需要。所以这一学派也可称为是“绝对过剩学派”。绝对过剩学派是假定需求是无限的，或者说是不考虑需求不足的。与之相反，需求学派则是以“相对过剩”作为理论依据的。这一学派认为，需求不足是市场经济中的常态，任何过剩都不是绝对过剩，而是由于需求不足造成的，解决的办法就是不断地补足需求。凯恩斯是需求派的代表，他企图通过增加需求来解决相对过剩的问题。所以，总的来说，供给学派强调的是供给侧的改革，不断的创新产品。需求学派则是强调不断的补足需求。供给学派强调的是供给创造需求；需求学派则是需求反作用于供给，需求拉动供给。我的看法是需求学派更富有市场经济学的意味，更具有经济学的社会意义。

第四章　经济学中的交换

- 货币职能及形态的消亡
- 储蓄等于投资
- 市场经济三大发明：货币、银行、股票

经济学中的交换主要包括货币、银行、股票等。

关于货币、银行、股票的内容太多，著述也太多，可以说是浩如烟海，我所知道的也就是一点皮毛而已。但为什么还列出这样一个标题？原因是我认为货币、银行、股票是市场经济的三大发明，三件法宝。市场经济之所以发展到今天所取得的巨大成就，就是和这三大发明的作用分不开的，是紧密相关的。所以，本人仅从它们对市场经济发展的各自作用的角度来谈一点个人粗浅的见解。

一、货币的产生及其具体形态的消亡

谈这个问题要从经济的起、终点开始。根据前面对生产消费的论述，我们说对于起终点可以有三种不同的对应表述：一是生产与消费，二是生产与需要，三是供给与需求。但是，因为供给与需求的对应关系仅适用于市场经济，生产与需要又多适用于计划经济，而生产与消费则为市场经济和计划经济所共用，而且也适用于自给自足的经济类，所以，还是把生产作为起点，把消费作为终点来进行探讨。

生产是一头，消费是另一头，把这两头连接起来的就是交换。交换是市场经济中联系生产和消费（在市场经济学中应该是供给与需求）的桥梁和纽带。为什么这样说？因为在自给自足的自然经济甚至计划经济中，生产和消费共处于一体，没有交换这个中间环节，自己生产、自己消费、经济也可以自动运行。

自给自足的自然经济形态是各种经济形态中最初的形态。存在时间最长，到底有多长，至今说法不一。任何一种学说似乎都有一个毛病，就是当我们说某一概念时，都是绝对的、纯粹的、不含其他任何杂质的，比如说自然经济时，就假定为现实的社会中全部都是自给自足；说市场经济时，就假定现实社会中全部都是市场经济。而现实的社会中，实际并非如此，比如这种自给自足的自然经济，在市场经济出现后，它的“残余”现象到处可见。到今天，这种残余现象也还是局部存在着。所以，一个概念只是描述了当时的主流现象，只是一种抽象。没有这种抽象概念，没有这种绝对的分类，有些事情就说不清了。所以抽象的概念虽然不是十分完美，也还是非得这样做不可。当然这是题外话。

在自然经济中，多是以家庭为单位，自己生产什么，就消费什么，不与外界发生任何经济联系。最初生产什么呢？从需要的角度看最主要的需要就是食和衣。没有食人就得饿死，没有衣也不行，因为人类不像鸟兽类有丰厚的羽毛，可以御寒御暖。生产食物主要由男子承担，生产衣服的任务则女子承担，简单的说就是男耕女织。中国文字真有意思，什么是“男”？上田下力，男子就是耕田的劳动力，至于“女”字更是形象的描述，它的形象就像一个正在扶机织布的人。我国有个神话故事牛郎织女，可以认为是自给自足经济的形象写照。

说是自给自足，在具体生产的诸多产品中，是很难做到每一类产品的生产和需要完全相等，很可能某一类产品生产过多了，自己用不完了；也可能出现生产过少了，满足不了需要了。怎么办呢？产品过剩了就慷慨仗义无偿地送给别人，少了就向别人去要或借。杜甫有诗云：西蜀樱桃也自红，野人相赠满筠笼。意思是种樱桃的农民无偿地送给他一笼樱桃。陆游还有诗说：岂惟饥索邻僧米，真是寒无坐客毡。意思是没有米吃就向临近庙里的和尚去要、去借。都到了唐朝了，还有这种无偿赠予和乞要的现象。有人总是说我国古代民风淳朴，人心眼好，与今天相比真是大不一样了。

生产的某种产品多了靠赠予还得找被赠予对象，你赠予他，他赠予你的互相赠予倒不如两种产品的交换，互换的好处就在于每个人都能把自己多余的产品处理掉又能换回自己短缺的产品，也可以说是互利共赢。怎么样才能找到这个可以进行交换的对象呢？于是大家选定一个时间和固定的场所去进行交换。这种交换的场所就叫市场。“市”就是交换的意思。因此可以说自从出现了在一定场所交换物品的地方，人类就进入了市场经济阶段。这时的产品也就成了商品。以物换物很不方便，于是就逐渐找出一种可以和任何商品方便交换的物品做一般等价物，这就是货币。货币出现的整个过程，任何人也没有马克思讲得更清楚、透彻、精辟了，它的高妙之处就在于这种表达是历史和逻辑的统一。把货币产生发展的历史进程用逻辑式表现出来，这是具体的赞誉表述。我倒认为可以用抽象的赞誉语言来表述，那就是“惟妙惟肖、精美绝伦、无与伦比”。因此，关于货币产生过程就不必由我再论述了。欲图了解货币产生的过程不用看资本论，看政治经济学就可以了。

由于交换方便的需要，货币是必然要产生的，但是由什么东西来承担这一重要角色，则是市场的选择，是由交易者的“选举”产生的。先后担任这一角色的很多，如贝壳、羊皮、铜、铁等等。实践证明，它们的资质都不行，各自“出了一段时间的风头”，都相继被赶出了货币历史舞台，选来选去最后这一角色就落在金银身上。黄金白银为什么最适宜担当货币这一崇高角色？马克思一语道破：金银非天然货币，货币天然是金银。就是说黄金白银不是生出来就是货币，它也是一般商品，之所以能充当货币这一角色是因为其资质好：体积小、价值大、易分割、耐腐蚀，且金灿灿、白花花地外貌又深得人喜爱。因此，市场就选择它们充当货币角色。更有趣的是，不仅中国市场，而且外国市场也是一样承认它们充当货币的地位，这就是英雄所见略同。

这样看来，金银充当货币角色应当是完美无缺了吗？非也。实际经济运行中暴露出它们也有缺点。比如由于它们的身份太“高”，价值太大，不易于进行日常生活的小宗交易，用起来就得切成极小的块儿。再如，用的时候还得用衡器进行称重，太麻烦。怎么解决这个问题？于是人们就想出一个办法，把它们铸成型，这就是铸币。不同的铸币都有一定的分量，比如中国的银圆，以“袁大头”为代表，每一元的重量是七钱二分，银九铜一。按理说，铸币在流通中也应不被磨损才能保存其价值，可是实际流通中，人们却忽视了因钱币磨损而损失的重量。磨损了的重量的货币仍然可以代表足值的货币来流通，于是铸币就成了一个个价值符号。既然是个符号，就完全可以用纸币来代表它，于是纸币取代了金银的地位，把金银“赶下”了货币历史的舞台。

我国是把纸币作为货币的最早的国家。北宋时期的纸币称为“交子”，明朝也有一段时间把纸币作为货币，可是时间都很短，由于人们不承认，很快就消失了。为什么人们不承认？历史上没有讲。我想可能是由于他们不知道发行纸币的先决条件是有足够的金银作为纸币的后盾。要使他们认识到，纸币就是为了方便流通的价值符号，一元纸币代表一块现大洋，你如果不喜欢纸币，发行单位就可以兑换成等值的现大洋。这叫“信用”。有了这个信用，人们就可以放心地使用货币了。发行纸币还必须遵守另一个条件，就是不能多发，也不能少发，用金银时发行多少金额的货币，纸币总量的票面价值也应该与其相等。这一条数量限制很重要，它保证了纸币的价值。纸币不像金银那么难于生产，如果随便开印刷机，发行数量没有限制，纸币就会很快贬值。

货币（不论是金银币还是纸币）发行数量应是多少呢？按理说应是与市场上供给商品的总价格相等。可是由于货币在一定时间内的周转速度不是一次，而是多次，所以其发行数量应该是市场商品的总价格被货币的周转次数来除就可以了。

比如，总价格为1万亿，周转次数为4次，发行的货币就应是2.5千亿。

纸币之所以存在的根本原因就是信用。信用度最高的就是国家，由国家来发行纸币，纸币就能真正代表金银起到货币的作用。

然而，纸币虽然更便利，还是难免由于其资质太低而必然产生的缺点，那就是贬值的可能性极大。如何看待纸币贬值？我认为有两种：一种是恶性贬值，一种是良性贬值。恶性贬值就是在很短的时间内，可能变得完全没有一点价值，如 1948 年国民党政府发行的金圆券，发行时能买一头牛的货币，很短时间内就连一个牛毛也买不到了。恶性贬值会使国民经济遭到严重的破坏。

另一种是良性贬值，“良性”两个字可能有人不承认，但是我还是要坚持，就是从市场经济发展来看，货币的适度贬值对经济发展还是有些好处。为什么？适当贬值就是使物价适当上涨，物价上涨了，由于怕货币贬值就想把钱花掉，变成实物。俗话说“买涨不买落”就是说的这个道理。货币适当贬值又会促进生产。生产厂家看到它所生产的产品价格越来越高就会更多的生产出产品，也可以叫“卖涨不卖落”。生产者和消费者是同样看待贬值这一现象的。总的来说，适度贬值就有起到促进经济发展的作用。世界上几乎所有的市场经济国家都普遍地存在着货币适度贬值的现象。

有些人对货币适度贬值也是不满意的，我就听到有人这样说：市场经济好，一块顶一毛；计划经济坏，一毛顶一块。这是不是事实？是事实。但是你联系到自身的收入再想一想，计划经济时，人们的最低工资是每月 20 元左右，现在最低工资亦将近 2000 元，增加了近 100 倍，按一块顶一毛来算，现在 2000 元就能顶计划经济时的 200 元。货币虽然贬值了一些，可是你的收入大幅度提高了，生活大大改善了。这一点是人人都会明白的。

话说回来，我们再看看纸币的命运。纸币是由具有高度信用的国家发行的，自然能站稳脚跟了。虽然如此，我从现实中感受到纸币从出现到逐渐消亡的征兆。当然这个消亡是指纸币作为货币基本形态的消亡，而不是指货币的消亡。现实中，大宗货物交易中，转移支付已经不用纸币了；生活消费中很多商品到大商场去购买也不用纸币了，只有小型市场上还用纸币，但也逐渐在减少，工资的发放也不用纸币了等等。用什么？只用一张银行卡或手机就都解决了。因此可以说由于科技的进步，“卡”的出现，手机的出现，纸币迟早会被赶出历史舞台。为了免被误解，我再强调一遍，我说的是纸币消亡只是指它作为货币的具体形态的消亡，而不是指货币的消亡。纸币消亡了，货币仍然存在。只是一些货币名称（如人民币、美元、英镑）和数字了。写到此处，我对于纸币的消亡以及对于所有货币形态的变迁及其消失深有感触，感赋二首。

其一，纸币消亡曲（顺口溜）

运去黄金失色，
时来纸也生光，
美元英镑巧梳妆，
妖得人神魂飘荡，
梦也成双。
好景不长，
卡儿奋起千斤棒，
咣当啷，
震碎了脂粉，
击脱了华裳，
回归本相，
原来就是纸一张。

其二，货币形态消亡诗

货币娇娃几易颜，
各领风骚数百年，
都将形态埋尘土，
只留空名在人间。

二、货币的职能——供求与价值规律

叙述货币的产生和具体形态变化之后，再回过头来看看货币的职能。

当货币的具体形态稳定在金银身上之后，马克思认为货币的职能有价值尺度、流通手段、支付手段、储藏手段和世界货币五种职能。

首先，货币具有价值尺度的职能。价值是物化在商品里的抽象的劳动，一种商品有多少价值是看不见摸不着的，是表现不出来的。可是通过货币，用价格就能表现出来。价格是价值的货币表现。这一职能的深刻意义在哪里？它不仅使交换易于实现，更为重要的是交换双方逐渐趋向于等价交换。在没有货币，多少用甲类商品换成多少乙类商品，交换双方的心中都是没有谱的。一匹马到底能换几只羊，就凭双方商量，有可能出现五马换六羊的情况，这样显然是羊方占便宜了，马方吃亏了，形成了不等价交换。当用价格表现价值后，市场上羊有羊的价格，马有马的价格，这样交换起来谁吃亏谁占便宜的现象就少多了，使商品逐渐趋于等价交换，这就是公平。

其二，货币具有流通手段的功能。在货币出现前，货换货时，交易双方都是既是买方，又是卖方。货币出现以后，就出现了这样的变化：先是卖方，用自己的货物换取货币，然后再以换到的货币去作为买方，去购买自己所需要的商品。前者表述为商品——货币，后者表述为货币——商品。表面看起来似乎是比没有货币时更麻烦了，其实一点也不麻烦。其原因是：只要你有货币，到市场上很便捷的就能实现你购买的愿望。通过货币进行商品交换，一方面是商品的不断运动，不断易位、易主；另一方面则是货币的不断运动，易位、易主。前者叫商品流通，后者叫货币流通。商品流通之所以能够顺利实现，就是由于货币具有流通手段的职能。

其三，作为支付手段的功能我们可以理解为：无论是转移或赠予财产，用货币来支付更为方便。现金比其他任何实物型的财产用起来都方便得多。

以上三种职能如果合起来看，似乎是完全有可能实现价格等于价值的公平和理想的交换了，但实际上还不能做到这一点。为什么？因为商品价格除了受价值决定之外，还有一个影响它的因素，那就是供求。

在市场上，如果一种商品供方提供的商品过多，需求方对这种商品需求较少，则价格就要低于价值，反之，则价格就要高于价值。在西方的市场经济学者看来，供求对于价格的作用远比价值的作用更大，不然为什么会出现“教会鹦鹉说‘供给和需求’也就教会了它经济学”呢？

把货币的以上三相职能，再加上供求关系，它们的综合作用就是我们讲的价值规律。价值规律就是价格以价值为基础，在供求关系的变动情况下所表现出来的价格波动。

市场经济学过于重视供求对价格的作用，它不使用价值规律这个概念，甚至也不承认价值这个概念。对于价值规律则简单地表述为“供给价格与需求价格的均衡”。我看应该把它叫做供需决定价格论，它是不能承认“价格是价值的货币表现”这样科学性的论断的。

这里我强调说明以下几点。

1. 供求的概念不是西方经济学的发明，马克思早在资本论中，在讲价值规律中就早已提到了。

2. 自从市场经济产生以来，供与求的对应概念就取代了生产与消费的对应概念，也取消了生产与需要的对应概念。于是也就转换了经济学中什么是起点什么是终点的说法。有的书中直接就说：在市场经济学中，供给是起点，需求是终点。这种始终点的变动说法，我看还是有道理的。起点用供给代替生产更为准确。生产不完全等于供给。供给是指拿到市场用作交换的“商品”，生产的产品不一定全部作为商品，也可能有一部分自己消费。再说提供给市场的商品是不问来路的，是生产的还是捡到的都无所谓。用需求来取代需要、消费也更为准确，这一点在前面讲三者关系中已经谈到了，没有支付能力、没有钱，一切需要和消费都等于零。

总体来看，所谓市场经济就是商品交换的经济，交换经济中价值规律起着十分重要的作用，价值规律的组成部分就是货币的三种职能再加上供求关系的综合作用。

其四是货币的储藏手段的职能。具有这一职能的只有金银。它体积小、不变质、易于储藏；价值大，值得收藏。这些特点是其他具体形态的货币所不具备的。作为有储藏手段的金银极易保存财富且不为人所知。地万亩、房千间易为人所知、招妒且极不安全，金银储存千百年后实体还在，价值还在，所以那些怕露富的人、那些想永久拥有财富的人都想把金银储藏起来以传之于后世。藏了很多金银就叫“宝藏”。宝藏也不一定完全不为人所知，泄密后人们就挖、抢、盗。现在影视界出现许多以挖宝藏为题材的电影、电视剧，剧情都是为争夺宝藏，大开杀戒，看起来真是热闹。其实就是真有这些宝藏也是谁也拿不到的，得到的恐怕多是自己的人头落地。

金银作为货币的第五个职能就是世界货币。黄金、白银是没有国界的，作为货币可以在全世界各个国家通用。这就进一步提高了金银的地位。清朝末年，中国贫弱，备受屈辱，签订了很多割地赔款的条约。用什么赔款？就是白银。甲午战争失败后，中国一次就赔日本 2 亿两白银，日本就用这些白银去买武器、办教育、逐渐强大起来。

以上就是我们常说的货币的五大职能。

除了这些职能外，货币是不是还有其他功能呢？不但有，而且很多。比如说想做官，在腐败盛行的时候无论什么人，都可以去买官；你大字不识也可以当文化名人；雇人写个专著，签上你的名；到某大学报个名，不用去就可以得到博士学位等等。事例不胜枚举。晋朝有个人叫鲁褒，写了一文叫《钱神论》的文章，对货币的功能写的是淋漓尽致、出神入化，其情感则是嬉笑怒骂，真是一篇绝妙文章。有兴趣的不妨看一看、读一读。民间甚至还流行这样的话：有钱能使鬼推磨，有人还觉得不够劲，又反过来说有钱能使磨推鬼等等。其实，货币的其他功能，马克思也早预见到了。比如在金银作为货币的批注中就有什么：它使癞痢头可以登上议院的宝座，使寡妇再嫁，使白的变黑、黑的变白……为什么它没有把这些意思也作为职能写进去？我觉得“职能”和作用、用途等概念是不同的。“职能”是指它在经济学中的职位和功能，就这个意义上说。以上五项也就够了，这就更突出显示了马克思思想的精确性。

三、银行和股市使货币转化为资本

谈这个问题之前，有必要认识一下“资本”这个概念在不同的经济学中运用的异同。在《资本论》以及社会主义的经济学中，都用“资本”这一概念，在西方学者所著的市场经济学中，用“资本”的概念偶有所见，但通常用的则是“投资”。为什么有这个差异？我不明白。不管是什么原因，在讲述上述问题时，我们可以把投资与资本当做同义语来理解。

写文章时我常常感到把不同经济理论体系的概念、用语含义的异同弄清楚真是很难。有时用一种理论的概念去解释另一种理论则是更难。

讲货币的产生也好，职能也好，其意义就是由货币引出资本，资本才是马克思要阐述的主题，不然为什么他的著作叫《资本论》而不叫做其他什么论呢？可见我们以前讲的不过是资本出现的铺垫，资本才是真正的主角。

资本是由货币转化而来的，它与一般货币的区别就是：一般货币无论它有什么职能都不能带来、创造剩余价值，而资本是能够带来剩余价值的货币，是能够带来剩余价值的价值。

货币是怎样转化为资本的呢？是由谁、由什么力量使其转化的呢？对这个问题，我长期思考而不得其解。才疏学浅，我感到马克思对这一点似乎没有做详细的论述。

首先我猜想可能是由个人收入大于支出，有了多余的货币，多余的货币虽然能够储藏起来，但是它不能使货币增值，于是不储藏就拿这部分货币去办企业，得到利润，货币就这样转化成资本。又一想虽然有可能出现这种转化，但是，只凭个人所拥有的那点财富转化为资本数量是非常少的，是微不足道的，货币转化为资本应该是另有原因。经过学习和思考，今天我要大胆地说出我的一点见解，那就是货币先是由银行、继之由股市使其转化为资本的。

首先我们了解一下银行是怎样产生的，然后再谈它的功能。

银行产生初期，在我国叫钱庄，钱庄的产生可能有多种原因。但主要原因则是为解决货币作为流通手段、支付手段出现的困难而产生的。

通过五个职能的论述，金银作为货币可以认为是完美无缺了，其实不然。当金银（特别是白银）做大量流通和支付手段时，它的缺点就暴露出来了。金银虽然价值很高，但做大量交易、大笔支付时，还是显示出它的重量太重，体积太大。比如北京的客商在南京买了 10 万两白银的货物，他如何把这 10 万两白银送到南京进行支付呢？运送中如果被强盗劫去怎么办呢？唯一的办法就是雇佣人保护，这叫雇人保镖（镖字就是金 + 票）。专门从事保镖的单位交镖行。雇佣保镖要出一笔相当可观的费用，而镖行则承担如果“镖”丢失了，要负赔偿责任。尽管如此，“镖”有时还是要被劫、被抢。所以虽然有了保镖，还是有很大风险。

为了解决这个难题，自然有人会想到如果开一个钱庄，又在别的地方设立许多分号，这个问题就解决了。前例由北京运 10 万两白银到南京，可以把这 10 万两白银存入北京的钱庄，钱庄给存入白银者开一张到南京兑付的票据，存款人就可以凭此票据到南京去兑付这 10 万两白银。虽然存付款时要花掉一笔钱，但比用人保镖的费用要低，又安全。这就是钱庄（银行）的初始作用。

银行的开支太大，仅靠收取这样汇兑的中间费用是不够的，因为像前例那样的大笔汇兑的人实在太少，为了增加收入，银行必须另想别的办法，能够经常赚钱的办法，那就是吸收储蓄，以储蓄借来的钱再贷给别人，而从中赚到一笔钱，比如储蓄存款利息率是 2%，而贷款利率是 5%，中间相差 3 个百分点就是银行的收入。

金银作为货币虽然有储藏的职能，但储藏不能增值，存入银行倒可以得到一定的利息，所以由于储蓄的出现就大大削弱了金银的储藏职能。当纸币作为货币的时候，就更增加了人们储蓄的意愿，因为纸币不具有收藏的功能，它本身没有价值，票面代表的价值很容易贬值，存入银行有利于保值，如果币值稳定的话还可能增值。所以储蓄的源泉却是很大的，很多有消费剩余、有闲钱的人都进行储蓄。就每个人来说，储蓄的钱数量很少，但是涓涓细流可汇成江河。所有的人的储蓄加在一起，这笔钱的数目就相当大了。

有些人存钱，有些人又缺钱。比如一个公司或企业需用大量的钱，没有钱就要借，借钱要付利息。在银行出现之前，要借大量的钱很难借到，即使借到了，也要付出很多利息（俗称高利贷）。银行出现了，银行就以储蓄的钱贷给这些急需大量货币的人，就这样货币就转化为了资本。

市场经济学中有一个著名论断叫储蓄等于投资。所谓投资就是投入资本，所以储蓄等于投资就是储蓄等于资本。我之所以认为是银行把货币转化为资本，就是承认了储蓄与投资的关系。然而，尽管我承认了储蓄转化为资本，但对于两者完全相等却存有疑问。因为把货币转化为资本的除了银行以外，还有一个比银行更为重要的角色，那就是股票市场。

股票是股份公司发给入股人的凭证，它没有价值，仅有一个票面价格。股票可以买卖，可以作为抵押品。一个公司要不断做大是需要大量资本的，大量的资本需求仅靠银行贷款是远远不能满足的。怎么办呢？于是公司就想出来办法，使股票上市买卖，这样就可以吸收到大量的资本。

股票之所以能够买卖是因为持有股票的人可以成为公司的股东，股票可以得到股息。一般地说，股息高于利息，就因为如此，买股票比储蓄更吸引人。尽管股息不像利息那样稳定，且承担着亏本的风险，还是有人甘愿去冒这个风险而去买股票。由于竞争的关系，股市上的现实价格，往往要高于股票原始的票面价格很多倍，这就使大量的货币转化成了资本。再有一点，银行把储蓄转化成资本是间接地转化，而股票把货币转化成资本则是直接地转化，它更为方便了。

股票使货币转化为资本意味着资本完全社会化了。就一般意义上说，谁握有股票就是股东，谁就成为“资本家”了，但这只是假的资本家，真正的资本家则是那些持有大量股票的人。

股票市场形成后，还有一个重要的作用，那就是通过股票市场人们可以了解到整个经济形势的变化。价值规律中价格的变动只反映个别商品的供求状况，股市的波动则可以反映整体经济形势的变化。如果说价值规律是一面小的经济晴雨表，那股票市场股票价格的变动就是一个大的晴雨表。

最后，如果认为“股票将货币转化为资本”是正确的话，那么，所谓储蓄等于投资的公式就不全面了，应该说储蓄 + 股票等于投资了。又细想一想还是不全面，所谓储蓄等于投资是假设银行把储蓄全部贷给投资人，实际上，银行贷款除了贷给投资人外，还有相当一部分是作为消费信贷而贷出的。比如人们买房子、买汽车，钱不够时，银行可以借给你。银行的储蓄中这部分消费信贷的存在就减少了投资的信贷。把这一点考虑进去，储蓄等于投资就应变成为：（储蓄 – 消费信贷）+ 股票 = 投资。而不是储蓄 = 投资了。当然这个公式仅是我个人的浅见，很可能难以冲破市场经济中的储蓄 = 投资这个存在于市场经济学中很久且为很多人认为是铁律的这一公式的。

货币的产生、银行的出现、股票市场的兴起把市场经济逐步地推向了高峰，使市场的功能发挥到极致，极大地促进了经济的发展。就此而言，我想应该把货币、银行、股票市场叫做市场经济发展的“三大法宝”。

第五章　经济学中的分配

- 分配的产生
- 分配的政治属性与社会属性
- 分配在计划经济和市场经济中的地位和作用

分配问题可能是经济学中疑难最多的问题。其疑难程度不亚于亚特兰蒂斯之谜和哥德巴赫猜想。

第一个疑问：在《政治经济学》中，分配和交换都是可以理解为是联结生产（供给）和消费（需求）的桥梁和纽带，也就是说都起到把产供方的产品转移到消费方的作用。那么，如果说其职能是完全相同的，用一个就可以了。为什么两个并用？如果说其职能不同，不同点又在哪里？

第二个疑问：分配是不是适用于所有的经济类型？哪些经济类型有？是否存在没有分配的经济类型？

第三个疑问：西方市场经济学中可以说没有分配的概念，社会主义市场经济中又保留分配的概念，这如何理解？

第四个疑问：社会主义市场经济中如何具体运用分配手段的职能，它的作用范围如何？有何意义？

第五个疑问：有人认为分配这一名字原不是经济术语，是从政治学中引入到经济学中来的，是完全无理取闹还是有些道理？与之相联系的是如何理解我们学过的《政治经济学》？

这些问题都相互交织在一起，长期思考始终得不到完满的结论。好像一堆乱麻，剪不断，理还乱。虽然如此，我还是想理一理，谈谈自己对这些问题的一些浅见。

一、分配的社会唯一性

分配社会属性的唯一性是说分配这个概念及其应用只适用于社会主义社会的计划经济类型，其他任何社会、任何时代、任何经济类型都没有分配。

在社会主义社会中，分配这一概念及现象可以说是随处可见，无时不有，无物不有。生产资料（俗称物资，市场经济学中叫生产品）的分配、劳动力（人力）的分配、土地的分配、分配消费品的按劳分配以及共产主义的按需分配等等。分配成为计划经济类型的重要组成部分。在这分配体系的诸多分配中，与人们直接密切相关的则是按劳分配。这些分配不论其具体的内容如何，都只有在社会主义计划经济类型中才能实现和存在，其他社会形式如封建社会、资本主义社会等是没有分配的。其他经济类型如自然经济类型也都是没有分配的。

有人说奴隶社会、封建社会是按权分配的，资本主义社会是按资分配的，这是人人知道、广泛论述的基本事实。你上述的说法不是即否认历史事实，也离经叛道，最轻的“罪名”也是标新立异。对此我要问：哪部经典著作经典名人说过封建社会是按权分配、资本主义社会是按资分配的？我才疏学浅并未见到。为什么出现这种说法？是由于一般人的逻辑思维，社会主义有一个公平的按劳分配，其他社会与之相对应，似乎也应有一个按什么分配的说法，这是其一；其二是一些人未分清“占有”和分配的关系。那么分配和占有有什么区别呢？我举一个例子，也许会对这个问题的理解有些帮助。比如，一个高龄老人过寿，买来一个大蛋糕，正准备按某种原则（人均、食量、老幼……）切分这个蛋糕时，蛋糕被一个人偷去了或抢去了，于是偷抢之人就独自享用了这个蛋糕。对这种现象，可能有各种看法，一种认为这就是分配，不管用什么方式得到，我把蛋糕拿到手这就是分配；另一种看法是，偷或抢得到的蛋糕不是分配，只能说是占有。如果投票表决的话，我是赞同第二种看法的。我也扣一个帽子，赞成第一种看法的人实际上就是陷入了恩格斯批判过的“分配决定论”中“和平生产，暴力分配”的泥潭。那么分配和占有区别在哪里呢？我认为分配的概念似乎包括了三个要素：一是有一定的合理的强制性，就是说要有一个权威的组织或个人来实行分配；二是要有一个原则（如年龄、平均、需要度等）来分配；三是要有确定的分配对象，而“占有”则不必有或不会有这三个条件。根据以上理解，我认为封建社会不是按权分配的，而是按权占有；资本主义社会不是按资分配的，而是按资占有。

贫富的两极分化不仅出现在资本主义社会，在封建社会中则更为分明。唐诗二首，其一是：“春种一粒粟，秋收万棵子，四海无闲田，农夫犹饿死”。另一首：“昨日入城市，归来泪满巾。遍身罗绮者，不是养蚕人”。对联：“朱门酒肉臭，路有冻死骨”。种地者没有粮食吃而死亡，养蚕者穿不到好衣服，那么他们生产的产品怎么失踪了呢？是被小偷偷去或强盗抢去了。对这三种现象，我说是被小偷、强盗占有了，大家很可能赞同的多。可能还有人说占有也不妥当，这是违法的就应该剿杀他们，这当然不在分配含义之内。另一种可能是被官府剥夺了，这种现象则是经常大量的地出现，是财富失衡的主要原因。

封建社会是只有占有，没有分配。那么资本主义社会是否有分配呢？马克思讲的资本主义社会贫富不均，是用“剥削”二字阐明原因的。从不用分配二字，对于生产资料他所用的词也是占有，没讲分配。换句话说无论是封建社会的占有，还是资本主义社会的占有，其原因就在于没有分配。如果分配的话，也就没有这种不合理的占有了。

既然社会主义社会以前的各种社会形态都没有“分配”，为什么有些经济学中又有“按权分配”“按贤分配”等说法呢？我认为这是以社会主义分配的概念“反越时空”附加给以前的各种形态的，是把‘占有’等同为‘分配’了。

以上是就社会形式来讲的，下面再就经济类型来认识一下是否有分配。经济类型概括起来无非是如下三种：自给自足的产品经济、市场经济、计划经济。自给自足的含义可以认为既没有交换也没有分配的经济。自己生产自己用，不需要交换和分配作为桥梁、纽带的中间环节。

自给自足类型说没有交换你可能欣然同意，说没有分配你可能还有看法。家庭内还不是应该有分配吗？我们讲的分配是就整个社会而言的，至于家庭内部，除非你真的相信了我前面讲的分蛋糕的例子就是分配了，你真这么想就很难说其没有分配了。但我还是认为大人给孩子分什么吃的穿的，这绝不是经济学中分配概念的含义，我还是认为自给自足的经济中没有分配。

市场经济中，甚至其学说中是否有分配的概念呢？我说也没有，但你可能认为还是有。你是不是觉得萨伊说过：地主得地租，资本得利润，工人得工资就是分配。其实，萨伊讲的交换是合理的，是自动进行的；地租是租用一定时期支付土地使用权的费用；利润是一定时期使用资本的费用；工资是一定时期使用劳动力的费用。这都是交换，是等价的，没有任何外力作用自动进行的。

总之，我认为“分配”只是社会主义计划经济中独有的概念和职能，其他任何社会、任何经济类型都没有这一概念和职能。下面，我们再以分配和交换的有无来区分一下经济类型：

1. 自给自足的产品经济只有生产和消费，没有交换和分配，是两个环节（下面称“二元经济”）的经济。

2. 市场经济是有生产、交换、消费，没有分配的经济，可以称为三元经济。

3. 计划经济是有生产、有分配、有消费的三元经济（有无交换，下面再说）。

4. 国家市场经济是有生产、有分配、有交换、有消费的四元经济。

二、分配的政治属性与强制性

用交换取得个人的消费品与用分配取得个人消费品是有所不同的。前者完全是交换行为，在市场上是自动进行的，后者则是靠一定的政治力量，强制实现的。

（一）不同政治家、思想家对分配理念形成的作用

分配的概念始于马克思，这是无可非议的。可是我这里先想讲一下在马克思的前前后后，不同国家和地区的政治思想家对于分配理念的形成也都有涓涓细流的贡献。讲这个问题使我们明白，“分配”同任何事物一样，都有一个产生、成长、成熟的过程，它具有历史的和时代的必然性。

我认为分配概念的起源应该是“平等”，因为分配所追求的实际上就是经济上的平等。平等概念的首倡者应该是卢梭，他提出“天赋人权，人人平等”。如果说中国早期的“天命论”是人人不平等，现在完全倒过来了，是人人平等。平等的概念当然包括政治上的平等，经商的平等诸多方面，但是最初人们只是看重其政治方面。所以最初遭受“平等”打击的是皇权，法国大革命时期提出了平等、自由、博爱等口号，主要还是指平等的政治意义。

平等的经济意义是在巴黎公社中初始表现出来的。巴黎公社在工资的定级中，把工人的工资定得较高，公务员的平均工资大体上等于工人的平均工资，两者几乎拉平。值得一提的是美国南北战争中的前总统林肯，他提出了：民有、民治、民享（真的可以说是第一个“三民主义”），这就进一步使平等进入了经济领域。当然，林肯说的“民有”还是私有，如果是指公有、全民所有那就接近于社会主义理念了。不过他没有能力实现这些理念，所做的实际贡献也就是释放了“黑奴”。

更值得一提的是中国革命先行者孙中山先生，他提了“三民主义”：民族、民权、民生。民生中更具体提出了“平均地权”。平均地权中的“平均”真的是有些接近“分配”的含义了。怎么样才能“平均”？只有依靠革命取得政权，这和分配的概念更接近了。当然他的民生主义未能实现，而真正实现他的平均地权思想的则是中国共产党。以上诸例说明：第一，所有的这些理念都不用程度与分配相关联着。第二，提出的这些理念的人几乎都是政治家、思想家。结论就是：从分配理念的萌芽到其概念的成熟，始终都具有政治色彩。

（二）如何理解马克思的经济思想

怎样理解马克思的经济学说对于理解分配的政治属性具有帮助，因为分配的概念就是马克思学说的主要内容。马克思经济学说主要是《资本论》，由于其整个著作内容太多，中国的学者（前有于光远，后有徐禾）就把《资本论》第一卷缩编，定名为《政治经济学》。《政治经济学》就是学习资本论的入门书。是学习经济专业的必读教材。我猜想过去学习政治经济学很多人是把它作为经济学来学习，我就是其中的一个。但今天看来，我觉得《政治经济学》从起实质来看应理解为他是一门政治学，是通过经济的论述来达到政治目的学科。这一点只要我们看一看《政治经济学》的主要内容就明白了。《政治经济学》的内容结构大体是：劳动价值论—交换—货币—资本—剩余价值—剥削—贫困化—无产阶级革命。简单地说，它的内容就是从资本主义经济发展来看其必然要灭亡。然而，为什么很多人认为他是经济著作呢？主要是从交换、货币产生、价值规律等章节来理解的，而且，这些内容在社会主义经济学中也有表述。就这一点看，似乎是经济学。但反过来看，经济学理应论述的是如何发展经济，《政治经济学》讲资本主义该怎样发展经济了吗？没有，它讲的是资本主义社会必然要灭亡。而上述的“经济内容”表述正是讲其灭亡的理论、程序和步骤。缺少了这些步骤，从经济上看，对于资本主义制度如何灭亡是讲不清楚的。

把《资本论》缩编命名为《政治经济学》并没有命名为《经济学》这一点是很有卓见的。这个命名也显示出《政治经济学》其实质就是政治学，是从经济角度来讲政治，所以《政治经济学》是一本政治学说，革命学说。说《政治经济学》的命名有“卓见”，就是说当把《资本论》缩编为《政治经济学》时就深懂了《资本论》的政治意义。然而，也可能是受了西方学者的影响。西方最早的一本经济学名为《政治算术》，威廉·配第、大卫、李嘉图也都把自己的著作称为《政治经济》，但他们著作的内容都讲的是经济而不是政治。不是讲政治又为什么加上“政治”二字？原因是那时人们还分不清政治概念和经济概念的区别，正如我们到今天还分不清政治家和经济家到底区别在哪里一样。

《政治经济学》是一本政治书，是革命的学说，学习以后会增强革命的信念，这是学习此书之后，从实践上看得出的结论。但是要从这本书中找出市场经济如何发展的方法、对策，不说找不到，也是很少的。当市场经济发展时，发展生产就要建立市场经济学。在市场经济学方面，我国的著述不多，有必要借鉴西方经济学，有利于经济发展的正能量部分要用拿来主义，归我所用；负能量的部分要抛弃掉。拿来所用的部分，也不应照抄、照搬，要予以中国化，形成中国的市场经济学。

我说学习市场经济学，不是说不要学习政治经济学了，政治经济学还是要学习的，它可以使我们不忘初衷。

（三）从实践上看分配的政治属性

把分配从理论上、概念上变为实际行动，没有一个政治权利作为后盾是做不到的。社会主义之所以能够做到这一点，就是因为社会主义是由共产党执政的。就这个意义上说，没有共产党的执政就不能实行分配制度。实行分配制度的先决条件是生产资料公有制，共产党领导的革命取得政权后，破除了私有制，建立了公有制，这就为实行分配制度奠定了基础。

破除了私有制就废除了交换，交换废除后，人们又如何取得他们需要的消费品呢？只得采用分配的方法，又按什么原则进行分配呢？只有按照劳动的多少进行分配才比较公平合理。之所以这样说是因为价值或财富是劳动创造的，所以才实行按劳分配。

“按劳分配”四个字。“按劳”是分配的原则，“分配”是实施原则的手段。这个手段是有强制性的。没有共产党执政，就不会有分配的行动，甚至连概念也不会有，更不要说按劳分配了。所以，从这点看分配是具有鲜明的政治性的。从上述还可以看出，从时间上看“分配”概念的出现是晚于交换、生产、消费、需要、供给、需求诸概念的。

三、计划经济实践中的分配与交换“并存”

从理论上看，分配和交换是不可兼容的，是可以相互取代的。因为公有制是社会主义计划经济的主要特征，而交换则是以私有制为基础。当公有制成为现实的时候，交换就应该不存在了，就应该被分配所取代了。马克思曾说过，人类社会发展到共产主义，可以用黄金打造夜壶。从这句话，就可以领悟出他的意思是要取消商品交换，用分配代替交换。苏联在社会主义初期，也似乎有这种想法，曾试图取消货币，但是没有成功。毛泽东就曾经表示过：我赞成实行供给制，不赞成工资制，但是行不通。吃饭可以有大中小灶，穿住行可怎么实行？上述都说明用没有货币的产品经济来实现按劳分配是困难的。为什么？因为按劳分配中的“劳”可以计量吗？怎么计量？虽然马克思把劳动分为简单劳动、复杂劳动、社会必要劳动等等，实际上是很难区分和计算的。说复杂劳动是简单劳动的倍加，到底怎么确定简单劳动、复杂劳动？复杂劳动是简单劳动的多少倍？没有人能算得出来，算来算去只有用工资才可以把它相对表现出来。最低工资可以看做是简单劳动的报酬；最高工资可以看成是复杂劳动的报酬；而高低工资之间，又有很多级，它们则可以表示复杂程度不同的劳动差异。用工资表示劳动的复杂程度是按劳分配的最好方法。

用工资表示就得发货币，就得有交换。人们通过劳动，获得工资，再用工资去购买消费品。总起来说，按劳分配是通过交换的方式来实现的。记得我国最终确定实行商品经济是在党的八届六中全会上才决定的，在此之前如何实行按劳分配，在认识上实在是不清楚的。

按劳分配通过商品交换来实现，并不是两者并驾齐驱、两者是平等的，而是按劳分配是主，交换是仆。这样说还不确切，应理解为按劳分配是实质，而交换则是表现形式。

中国的经济是二元经济，二元一个是指城市，一个是指农村。我们说用工资表示劳动报酬主要指城市这一块，而农村则用另一种形式——公分制。我们先说城市，再说农村。

城市中的就业者都挣工资，用工资来购买消费品，看起来是很方便的。但中华人民共和国成立初期经济发展水平低，公有制个人谁都不能提供商品。这样用交换来实现按劳分配就必然遇到困难。在这种情况下又采用哪些具体方法来实现按劳分配呢？我认为概括起来有三种方法。

第一种：生活需要的必需品，如粮食、奶粉、油、布等这类商品，是按人分配的，其形式就是发各种票（粮票、布票、油票），其价格是固定的，较低的，不受价值规律调节的，是照顾低工资群体的。所以这类商品又可以理解是平均分配的。工资表现的按劳分配具体产品又表现为平均分配，似乎可以叫做不与工资直接挂钩的按劳分配。

第二种：特供商品与工业券。

“特供商品”是对那些工资较高的少数群体提供的一些较高级的商品，如高级香烟、高级酒，工业券就是持此券可以购买非定量、市场上又很缺的工业品。总之这类消费品是与工资挂钩的，是照顾那些工资收入较高的群体的。这类商品也采用固定价格、不受价值规律影响，实物与工资挂钩，可以称为工资与实物相联系、供给式的按劳分配。

第三种形式：市场商品。

无论生活必需品还是特供品，都是定量的、有限的。如果你需要其超过这些量限之外的商品，就要进入市场了。这里又分为两种，一种是政府定价的高级消费品，如北京的全聚德烤鸭、东来顺涮羊肉以及高级点心、高级糖果等。这类商品一般价格过高，如一斤普通饼干作为必需品供给市民的价格是两角五分，而一斤高级点心其价格是四至五元。一只北京烤鸭的价格是十五元左右。高工资的人钱花不了就可以消费这些东西打打牙祭。这类商品显然是与工资挂钩的，要一定程度上受价值规律的调节。不过由于其商品价格定的远高于其价值，所以有人认为消费这种商品的人是对按劳分配中高工资的人的一种“折扣”，是不等价交换，是一种货币回笼的方式。

市场商品是某些商品可以进入市场、按市场价格交换，如少数粮食、油、肉、蔬菜，甚至还有黑市上的粮票、布票、工业券等。

这类商品的市场价格主要由供求关系决定，由于商品短缺，几乎都是价格高于价值，如一斤猪肉定人定量供应官价是一元，到市场上就卖二到三元。消费这类商品的人多数是由于补足生活必需品不买不行。另有少数人是可以买到政府不供应的一些稀缺消费品，但是总体来说，这是一种受价值规律影响的按劳分配，以上就是计划经济时代城市实行按劳分配的种种具体类型，下面再看一看农村是如何实行按劳分配的。

城市按劳分配是全国统一实行的按劳分配，之所以能“统一”就是在于都有工资，所有的经济单位均为国有。农村不具备这两个条件，所以农村的按劳分配便出现了新的形式。

土地改革使农民每人每家都分到了自己的土地，但这些土地还是私有制。由于政府考虑到土地私有会产生新的两极分化，分配不公，以及公有制会激发人们更大的积极性等种种原因，有必要把土地私有制逐步转变为公有制，施行按劳分配。步骤是先成立生产队，生产队把各个私人所有的土地转化为生产队所有，然后实行按劳分配。如何实行按劳分配呢？就是实行“工分制”，没有货币就用工分来划分。工分没有价值也没有价格，到底值多少钱全由一年内生产产品的总价格除以工分来决定。工分怎么表示劳动的多少？一般是按出工的时间，且又男女稍有差别。比如男人出工一日 10 分，女人就是 8 分等等。太简单了一点，不过也没有办法像工资那样划分更多的级别。

生产队实行了按劳分配还是觉得不公，因为生产队也有穷队和富队，为了追求更大的“公”，就再升级，把各生产队整合为人民公社所有，分配则是全公社统一实行按劳分配，简言之就是“一大二公”，全公社统一实行按劳分配后，就逐渐出现了与人们原先预想不一致的情况。原先人们多数认为越“公”，就会越能激发人们的生产积极性，促进生产的发展，而事实则是出现了“出工不出力”的消极怠工现象。干不干都一样，干的不如看的，看的不如捣乱的。出工一天就有一天工分，管你真干还是假干，实实虚虚，没有标准来衡量。当然这是私心在作怪，如果真的人们没有私心，就不会出现这种状况了。可是大公无私的先进人物毕竟是少数，所以出现出工不出力的状况也是不足为怪。

不能激发劳动积极性，还用男女两级差别的工分制实行按劳分配太简单了，不能表示简单劳动和复杂劳动的关系，可是又不可能分出更多的级别，只是分为男女两级，可能女人还会抱怨男女不平等，是轻视妇女呢。

我认为农业生产发展慢，不能激发农民的劳动积极性更重要的原因是对农产品的生产、交换价值规律没有发生作用。按照价值规律，如果农产品供不应求，则其价格应高于价值。再者，从原理上说，价值与劳动生产率成反比，劳动生产率越低，单位产品价值越高。从这点上看，价格也应该高于价值。可是在实践中，都把农产品价格固定，公社内部核算用的是固定价格，交公粮用的是固定价格，而固定价格又定得过低，所以当工分转化为货币的时候，分值就太低了。

也许有人会问：按你说的城乡表现按劳分配作用的具体形式岂不是负能量高于正能量?

我说，如果这样认为，你就是误解了。第一，从农业出现的现象来看，不是按劳分配本身的毛病，而是在实践中没有找对其具体实施的方法。实际实施的方法是平均分配，不是按劳分配。第二，按劳分配原则最显著的优点就是它具有公平性。以工资表现的按劳分配虽然有差别，但差别不大。拿工人的工资来说，全国分为八级，一级最低工资 30 元左右，八级最高工资 100 多元，两者相差 3 倍多一点。按劳分配的差别绝对不会产生出“贫富差距特别大”的现象。所以它确实是一种比较理想的，为人民大众所乐于接受的方式。

第三，无论城市还是农村，从贯彻这一分配原则的实践结果来看，也是值得称道的。在那个时代，每家的生活水平并未因工资有差异而有多大的不同。平时生活的吃穿住用家家都差不多，逢年过节，也是定量按人或按户提供。一些节日食品、用品也是人人有份，商品虽然短缺，但人们之间的关系还是很融洽的。写到此处，我真正领会了孟子“不患寡而患不均”的意义了。那个时代可以说是寡而均，正是靠“均”才出现了融洽现象。这就是按劳分配正能量的表现。简言之，按劳分配的正能量可以用一个字表示：“公”。

四、市场经济中的按劳分配

我国在转入市场经济以后，在分配中实行以按劳分配为主体，多种分配形式并存的分配制度，先简单认识几个问题。

第一个问题时，在市场经济中还可能实现按劳分配吗？我认为可以。按劳分配只有社会制度属性，没有经济类型属性，无论如何转型，我们是社会主义国家，实行按劳分配则理所必然。

第二个问题，在市场经济中交换与分配的关系是怎样的？我认为这种关系更明确了，分配确定数量，交换实现分配。由于市场经济中商品丰富，按劳分配就更容易实现其准确性，因此可以说是交换与分配齐驱，各司其职了。

第三个问题，以按劳分配为主体，“主体”两个字如何理解？我最初认为可以两种理解。一种是以个人为对象，就是个人收入中的主要部分是劳动取得，次要部分是其他收入；另一种理解是以群体为单位，即社会群体中绝大多数人的收入都是劳动所得，而一少部分人的收入则是以其他形式（炒股票、炒外汇，买卖房地产等）。细想之，我倾向于前一种认识了。因为后一种理解虽然也可能存在，但靠其他收入形式为主的人并不是很多。

最后一个问题，在市场经济环境下如何实行按劳分配？其难点在哪里？如何解决这些难点？我们重点谈谈这个问题。

在市场经济中从表面上看实行按劳分配的范围缩小了。计划经济体制中无论是城市还是农村，都是全面实行按劳分配，而市场经济中，在投资者（市场经济专用语，不说资本家）投资的经济实体里工作的人似乎是很难实现按劳分配的，而能够实现按劳分配的只有在国家经济这一层面上。有这种认识的人群可能是多数，是主流。

在私有的经济群体中如何贯彻实行按劳分配呢？从所看到的措施中，如规定工人的最低工资标准，倡导以工会为代表的劳资双方协商确定工资标准等。无疑，这有一定效果。但仅靠这些还是远远不够的。必须要另寻他径才能解释按劳分配，这就要从按劳分配的原意说起。

在计划经济体制下，作为工资形式表现的劳动所得是不是“不折不扣”的所得呢？换句话说，是不是劳动者生产的财富全部为劳动者所有呢？当然不是，而是经过国家扣除了一部分，根据《哥达纲领批判》，共有六项。在市场经济中不会扣除劳动者生产的财富，劳动者的劳动果实有一部分被投资者占有了，表现为利润。但是利润并非全部为投资者所有。国家对投资者的所得要收企业所得税，这样劳动者被投资者所占有的那一部分财富，经过投资者之手又回到国家手中。所以说，总体来看，税后利润才是投资者所得。从这点来看就业于私人企业的劳动者也可以认为是马马虎虎的按劳分配。“马马虎虎”这几个字计划经济时代就有人用过，仔细想想劳动所得不是认认真真、足金足两、一点也不差的。企业所得税也可能少于“六项扣除”，总得给投资者留有一部分作为税后利润吧！一般来说，利润率要高于储蓄率，这是合理的，如果两者完全相等，谁还冒风险去投资呢？由于有风险，投资不仅会出现利润率高于储蓄率的情况，而且也会出现没有利润甚至亏本的现象。就是现在每天都会出现许多企业倒闭原因。

市场经济中真正实行按劳分配的只有国家这一块了。国家收入占GDP的比率各国不同，中国大约占20%左右，按此数计算，如果我国GDP总量是60万亿人民币，那么国家年收入就有12万亿左右，这是一个不少的数目。国家收入是如何分配的呢？国家收入中有一部分是用于购买执行国家职能所必须的装备、设备的。首先是以工资的形式支付给执行国家职能的不同类型的工作人员，这一部分支出是完全理解为按劳分配的。

再有一部分是不以按劳为分配原则，而是多种分配原则进行分配的。如分配中以“老少边穷”作为重点就是典型实例。“老”是指革命老区，这些地区人民对革命做出巨大贡献，今天应给予一些回报。“少”是指少数民族，为什么要照顾少数民族？不妨想一想，我国称中华人民共和国中的“共和”二字是什么意思。我觉得应该理解为是对不同的民族而言的，是指各民族在一个国家中应和睦相处，为了增加各民族在国家中的凝聚力，也应予以照顾。“边”是指边远地区，一般地说，边远地区经济不发达，甚至人们都不愿到那些地方去工作，照顾一下对于发展这些地区的经济，促进人员向边区流动也是有好处的。至于“贫”就不用说了，“扶贫”是国家职能的重要方面。

还有一些是用于支农的。过去是农民向国家交税，现在不但不交税，还要得到国家补助，有人称之为“反哺”。

还有一部分是用于社会保障方面，最主要的就是医疗保障，有病医疗，自己出一部分钱，国家出一部分钱。医疗保障几乎是铺向全国了，据统计约有 80% 的人参加了医疗保障。很显然，医疗保障最得利益的是那些低收入的群体，甚至没有收入的群体。这种分配原则可以说是“按需分配”。全面医疗保障的实施不是任何国家都可以轻易做到的。美国是经济最发达的大国，直到现在也还没有做到这一点。前总统奥巴马当政时要建立一个倾向于低收入群体的医疗保障制度，费了九牛二虎之力，总算被众参两院通过了，但是现总统特朗普到任后就说奥巴马的医疗政策不作数，应废除，到现在也不知道这项政策的归宿如何。而我们国家现在就做到了。

还有一项值得人们深思的分配政策，那就是退休人员增加工资。2017 年 12 月 31 日以前退休人员可以涨退休金，增资原则是由四个部分组成：人头份、工龄、高龄补助和职称级别。前三部分都差不多，可以说是平均分配，甚至按需分配，只有后一项则是近于按劳分配。为什么说是“近于”？因为这个“劳”是指过去的“劳”，而非现在的“劳”，由此可见按劳分配也不一定是劳配同时，也可以延期支付的。

由上述可见，社会主义市场经济的分配原则是按劳分配为主，而人们的实际收入中都是多种分配收入并存的。可见“其他收入”中的内涵远比原有人们理解的风险收入中的内涵要广泛得多。

对以上的各种分配原则，为了叙述方便，我们可以鹦鹉学舌式的把它叫做“分配倾向”（这一名词西方市场经济学中是没有的，他们只有如消费倾向等概念）。从分配倾向中，我们可以充分看出市场经济中的社会主义特点。如果人们不理解社会主义市场经济理论含义是什么，看一看以上诸点可能就明白了。理论是抽象的，现实是具体的，理论是单调的，现实是五彩斑斓的。

最后我还要说几句话：我的文章顺序是：生产、消费、交换、分配，以及一般地叙述政治经济学与市场经济学的概念、联系及区别。先述前三项是考虑到对应于市场经济的供给、需求、交换。把“分配”最后叙述的原因，主要还是考虑一般市场经济是没有“分配”这一“领域”的，即使概念有也是偶尔用之。把分配作为一个环节正是社会主义市场经济的特点，由于有这一个特点，它才区别一般的市场经济，这是一个很有特色的新市场经济。如果说我们以前不懂什么是特色，我则认为“分配”的存在，就是重要特色之一。由此，我认为，社会主义市场经济学应有分配这一环节。市场经济是三元（三个环节）的经济，社会主义市场经济是四元（四个环节）的经济。

第六章　市场经济

一、市场经济的概念与起源

简单来讲，我认为市场经济就是商品交换的经济。市场中的“市”就是交换，“场”就是交换的场所。在市场经济的初始阶段，商品交换总有一定的场所，一般的说北方叫“集市”，南方叫“赶场”，最多的叫“商场”，现在没有固定地点的“网上购物”也应叫做市场，所以场地并不重要，交换才是市场经济的本质。

市场经济的产生条件是分工。为什么要进行商品交换？其原因就在于“分工”。所谓分工就是某一个生产单位（个人、企业）所生产的产品和提供的劳务都是单一的，而所需的又是多种产品或劳务。每个生产单位都必须以其生产的单一产品或提供的劳务去换回它所需要的其他一切商品或劳务，依照马克思的学说，分工有社会大分工，部门的分工，一般的分工和个别的分工。社会大分工可分为第一、二、三产业或农业、轻工业、重工业等。部门的分工是一个产业中又分为很多部门，如第一产业（农业）又分为农、林、牧、副、渔等。一般的分工就是在一个部门内部生产某一种产品的分工。个别的分工就是生产某种产品时，个人所从事的职业或工作的分工。分工总的趋向是越来越细分化。越是细分化“交换”就越呈现必要性。

二、市场经济的特点

1. 市场经济是一种强烈竞争的经济

由于任何一个生产单位所生产的产品都要以商品身份进入市场进行

交换，而生产同类商品的又有许多厂家。所以为了把商品在市场上交换出去，生产同类商品的厂商就得展开竞争。竞争的胜方会获利，败方会亏损甚至破产。竞争使市场经济产生最大动力和活力。为了在竞争中获胜，每一个生产单位或个人都必须提高生产技能、创新能力等。

竞争存在于各个方面，有供给方的竞争，即生产同类商品的厂商之间的竞争，为了在竞争中取胜，供给方必须不断创新，做到人无我有，人有我新。竞争也存在于需求（消费）方，为了购买某种短缺、稀缺商品，消费方会出现激烈的价格竞争。商品交换中也存在竞争，在市场不发达时代或地区往往出现漫天要价，就地还钱的现象。

2. 市场经济是风险和机遇并存的经济

市场中无论供给方和需求方都存在着风险。供方投资者投资时，项目选对了就会获得丰盈的利润；投资方向错了就会亏本甚至破产。需求方购买商品时，若没有商品知识有时也会受虚假广告等影响而上当受骗。

虽然有风险，但是风险也是机遇。风险是由于竞争造成的，对各行各业中竞争胜者来说，风险就是机遇，没有竞争就没有胜者。所谓机遇就是遇着的机会，各行各业都有“机遇”的平台。

3. 市场经济允许并鼓励私有制的存在

所谓私有制就是每个私人都可以作为一个经济体，并允许其生产经营、自负盈亏。私有制的存在就能调动所有人的正能量、积极性，每个人、每个家庭为了致富都会充分的展现其才能，如果没有私有制仅靠国有经济是不能实现真正的竞争的。

4. 市场经济是一种高效率的经济

市场经济最突出的特征就在于它的高效率。高效率的原因就在于竞争。为了在竞争中获胜，每个人都在不断的提升自己的竞争力。所有的生产要素的正能量都会充分展现出来，真正做到“人尽其才，地尽其力，物尽其用，货畅其流”。

市场经济的高效率无需多做证明，世界上所有实行市场经济的国家经济发展都非常快。中国改革开放实行市场经济体制以来，几十年时间经济发展令世人惊叹。

高效率是市场经济最值肯定和赞许的特性。

5. 市场经济是必然产生贫富悬殊、两极分化的经济

任何事物都是一样，有利必有弊。两极分化、贫富悬殊就是市场经济的弊病。弊病产生的原因还是在于竞争。竞争中的胜者成了富豪，败者陷入贫困甚至家破人亡。最容易产生这种病的市场经济就是自由市场经济。进入国家市场经济体制后，虽略有缓和但仍不能避免。现在许多发达的市场经济国家基尼系数都非常高，甚至达到 0.9。中国也达到 0.6 以上，基尼系数通常把 0.4 作为收入分配差距的“警戒线”。控制基尼系数的上升永远是一个十分重要的课题。

三、市场经济的分类

市场经济可分为自由市场经济、国家市场经济和世界市场经济。

自由市场经济已经走过几千年的路程，但是近两百年来，“市场病”频频发作。为了医治这种病，政治家、经济学家想了两种办法。一种是以计划经济取代市场经济，计划经济有“公平”的正能量，但是负能量是效率不高，有人称为“短缺经济”。另一种办法就是实行国家市场经济。然而市场经济本身就是具有跨越空间的开放特性，于是就有了世界市场经济。现在世界市场经济仍有很多纠纷需要解决。

四、中国特色的社会主义市场经济

市场经济原本是属于西方发达国家普遍采用的经济体制，中国经济体制转型后，就出现了具有中国特色的社会主义市场经济体制。但是其特色究竟如何理解？说中国经济转型后，其国家性质没有变，仍然是社会主义这毫无疑义，原因就在于有“四个坚持”，而最主要的就是共产党领导。然而，转型到市场经济后，其本身又有哪些中国特色？没见到有人正面回答。今天我斗胆地提出我的看法，我认为社会主义市场经济中的中国特色就是中国市场经济是供给、需求、交换、分配四个环节的市场经济或

称为四元经济。而西方国家的市场经济则是供给、需求、交换三个环节的经济，或称为三元经济。就是说中国社会主义市场经济与西方市场经济相比，多了一个“分配”环节。西方市场经济是不讲分配的，正是由于有了“分配”这一环节，才使国家调控方面增加了功能，这一功能称为国家分配倾向。

当然，市场经济中的中国特色可能还有很多，期待有人更详细的表述。可是无论再有多少条，分配这一环节仍然是最重要的特色。

第七章 自由市场经济

- 自由市场经济
- 供给侧与需求侧
- 价格均衡
- 有效商品
- 自由市场经济的利与弊

一、自由

市场是商品交换的场所，有了商品交换就有了市场。市场在中国也有几千年历史了，随着商品的日益增多人们就把它们进行分类，如消费品市场、生产品市场、劳动（人才）市场、金融市场等等。再者，场所的空间概念也变化了。有些大宗商品，不一定都拿到空间场所去卖，只要双方买卖成交在任何一个地方都可以签约。在时间上也不一定是现货现卖，现在可以买卖未来的商品，这就出现了现货市场与期货市场的分类。

自由在市场经济学中，上述这些都不是主要内容，主要内容是市场是否“自由”。

什么是“自由”？就是市场经济的运行不受任何外力的干预，具体说，生产什么是生产者的自由，《生产主权论》就是讲这方面的内容的。价格由生产者和消费者共同商定也应是自由的，均不受外力干涉。

“外力”是指什么？一般认为是指国家。按照这个理念，不只外国，就连中国古代的一些理论如《平准书》《平粜论》《盐铁论》也都应排除在市场经济之外。

“外力”就是指国家或政府，这是一般的见解。我认为，另一种外力——“垄断”也应包含在内。

垄断是自由的天敌，自由的本质是竞争。在市场经济发展到一定阶段，自由竞争会降低生产方的利润，于是大生产企业（公司）就联合在一起，统一制定价格，取消了价格方面的竞争，这叫价格垄断。随后，垄断范围逐步扩大到产供销各个方面。在马克思的理论里，依据垄断程度和范围的不同，把它们分别叫做卡特尔、辛迪加、托拉斯、康采恩等。因此我认为垄断是妨碍自由的，外力应包括垄断。垄断和国家用行政力的干涉相比，可能猛于行政力。由于垄断是在市场经济运行中自动产生的，所以叫它“内力”也可以。这两种叫法以示两种力量干扰的区别。

二、供给侧与需求侧

自由市场经济的整体运行状况可用以下语言或公式表示：

供给方的有效供给价格与需求方有支付能力的需求的有效价格之间的均衡。

无论供给方还是需求方都是由许多人、许多单位所组成。把供需双方的人和单位分别排列在一起，就叫供给侧、需求侧。

供给侧包括哪些人和单位呢？一般分为三个方面：个人、企业（公司）、国家，如果是开放经济还包括外国（国际）。

在市场经济中所有就业的个人都是供给侧的一员。强调所有的人，就是要改变过去人们认为只有生产物资产品的劳动者是生产者、供给者的旧观念，也改变只有物资品是“产品”，其他领域的人不提供产品的观念。其实产品可分为有形的物质产品，也包括无形的劳务（服务）。依照这个理解，教师、医生、文艺工作者、厨师、理发师、国家公务员等等在内，都是供给侧的人员。

在市场经济中，个人作为供给侧的一员，极少数是以个人身份出现的，多数则是以所在单位、企业、团体等形式而出现的。所以我们可以认为企业、公司等组织是个人的生产集合体，由这些集合体提供的商品使供给方占主要地位。

把国家也作为供给侧一员，如何理解呢？国家是个政治体，也是最大的经济体，国家也能提供各种劳务型的商品。国家提供的项目很多：和平、安全、公平、平等、民主等等。有了国防军，人们才能不被侵略，过上和平的日子；有了警察，才保证人们财产与安全；有了法院才能使人们有冤可诉得到公平；有了政治制度，才能有平等、民主。

国家提供的这些“劳务”也是要收费的。通过“税”“费”等形式进行收费。“税收”主要是企业所得税和个人所得税和关税。就个人所得税而言，收入少的不交，收入中等的少交，收入多的多交。企业也是这样。国家有了这些收入，再以工资的形式发给不同领域的雇员。这样从劳务的内容、收费的来源、提供的对象等方面，国家所供给的又是“独特”的劳务。说为“独”就是只有国家独一处能提供这种劳务，所谓“特”就是这种劳务的形式是特殊的。再者这种劳务的提供与收费是完全脱钩的，不会因为你交了税，多交就多提供，也不会因为你少交或不交税，就少提供或不提供服务。军队提供和平、法院提供公平公正、警察提供安全都是这样。这与其他类型的劳务作为商品而等价交换是完全不同的。正因为有如此区别，我才觉得应该用“服务”二字来代替“劳务”。到此我才真正体会到“为人民服务”的确切含义。所以无论从什么角度来看，把它叫做商品、叫做劳务、叫做劳动，都不如称之为“为人民服务”更为准确。

供给侧由个人、企业（公司）、国家三部分组成，那么需求侧又是由什么组成的呢？其实也是以上三个部分组成。

无论个人、企业、国家，当他们提供产品的时候就属于供给侧，提供产品要获得收入（工资），当把收入用于购买所需的产品或服务时，就是需求侧了。作为供方每个人都向社会提供一种产品或劳务，得到收入；作为需求方，用收入换取所需要的形形色色的产品和服务。

现实生活中，我们每个人都是处于供求的不断循环中。你上班就是提供产品或劳务，是供给；下班了上市场买生活必需品是需求，去看病是需求，去旅游是需求，所以，每个人无时无刻都在扮演供求两侧的角色。

就数量来说，供需两侧完全相等吗？从概念上看两者完全相等。但实际上，需求的人数除包括就业者外，还应该包括那部分老弱病残等未就业、没有支付能力的那部分人，这部分人的需求支付应另做讨论。

三、价格均衡

价格均衡是市场经济的核心内容之一。它谈的是市场中如何实现商品交换的过程。

在商品经济不够发达的时候，市场的商品交换通常是供给方先提出一个供给价格，叫卖价；需求方给出一个需求价格，叫买价。卖价与买价可能相差很多，经过多次的讨价还价，最终以一个双方都认可的价格也叫均衡价格成交，完成了商品的交换。这种形式的交换过程在今天集贸市场中也还存在。

这种交换的方式是卖方占主导地位。因为卖方是知道自己的商品的底价，而买方则显然是不知道的。所话说买的不如卖的精，就是这个道理。卖方的底价是什么，就是成本加适当的利润。这是卖家出价的底线。卖方虽然知道这个底线，但出价时或者考虑到供求关系，或者是觉得买方不知价格行情，往往高出底线很多，如明知一个商品的底价是 1 万，他提出卖价是 5 万。假设买方不知底价且不知行情，但肯定知道出于本性，卖方要价肯定过高。你漫天要价，我就就地还钱，你要 5 万，我给 1 万，最后双方经过多次较量，双方都同意 2 万，商品交换完成。

这个方式虽然买方采取就地还钱策略，但是多数还是买方吃亏。在较成熟的市场经济中，由于卖方的竞争，任何一个卖方都不敢漫天要价了。买方由于商品知识增多，基本也了解行情，也不用就地还钱策略，就是说卖价与买价都差不多，两者差距小了，就更容易成交了。

在发达的市场经济中，这种交换形式又起了变化。商品的价格由卖方出价，买方并不还价，就是说价格由卖方来定。表面上看，价格只由卖方定似乎是卖方占了便宜，其实不然，卖方定价是即要考虑成本和利润，也要考虑到竞争、考虑供求市场行情，因而是不能定出过高价格的，否则商品卖不出去了。

另外，买方有买与不买的权利。你认为卖方的价格物有所值（性价比高）就买，反之就不买。总之买方也有选择权。现在无论是有名的商场或者超市都采用这种形式。这种形式使交换过程减少了很多麻烦，易于实现商品交换。

前面讲的交换中卖出价的底线是成本加适度的利润，这些买方当然不知道，但买方也有自己的底线。出价时除了就地还钱以外，决定其最后成交的就是依据自己的底线。

买方的底线有：

1. 收入的多少。收入多的人往往轻视价格重视质量，以现在的高级烟酒为例，卖价往往高出其成本价格几倍，甚至十几倍。但高收入人群不在乎这些，还是要买。

2. 所需商品的刚性与弹性。刚性消费品比如生活必需品，俗话说开门七件事，柴、米、油、盐、酱、醋、茶。这些消费品是刚性的、必需的，明知卖价高也要购买。弹性消费品则是指那些可消费可不消费的商品，这类商品价格高时可以少买或不买，价格低了就多买，购买数量甚至超过其实际需要量，这就是人们常说的“贪贱吃穷人”。西方经济学有一分支是专门研究这类弹性商品的学问的，叫弹性经济学。其中又分供给弹性和需求弹性等。

3. 取决于个人消费偏好。好茶的不入酒市，好酒的只要酒好，不在乎价格高低。“五花马，千金裘，呼儿将出换美酒，与尔同销万古愁。”李白可以算作这方面的代表人物。

总起来说，不论买卖双方有什么不同，双方成交的价格都是讨价还价、互相均衡的结果。所以此类成交价格叫均衡价格。

那么，上述的价格均衡过程是不是我们过去学习过的价值规律呢？我认为两者有相同的一面，也有不同的一面。相同的一面：价值规律的内容主要为价格是价值的货币表现。这里的价格是指生产价格，即生产成本加适度的利润。市场价格又称交换价格，交换价格除由生产价格起绝对作用外，还受供求关系的影响而围绕生产价格上下波动，求过于供，市场价格较高；供过于求，市场价格较低。其实，所谓价格均衡的过程也就是这样一个过程。均衡价格是供求双方认可的成交价格，这个价格是不断变动的，不同时间有不同的变化，今天价格较低，明天价格可能就较高。说白了，均衡价格的过程就是价格围绕生产价格（成本 + 利润）波动的过程。所以，就此来说两者没有什么区别，内容几乎完全一致，只是表述方法不同而已。不同之处就是市场经济不用价值规律这个用语。不但不使用价值这个概念，连“规律”二字也不提，按理说不说价值规律，说价格规律也可以，可是也不这么说，而用价格均衡来表示价格波动的过程。

价值规律与价格均衡的不同点是就是价值规律只着重生产方（供方）来表述，对需求方则不表述，它不说交换价格（市场中的成交价格）是供求双方均衡，讨价还价的过程，而说交换价格随供求关系变动围绕生产价格而波动。这样需求方面的作用就看不清楚了。从逻辑上看，价值规律表述虽不全面但更为严谨。从现象来看，均衡价格更符合于市场价格形成的实际状况，但“均衡”二字总觉得不太清晰，有人甚至把它误认为是“平衡”，甚至说出“在供求关系作用下，每次均衡都是不均衡，不是真正的均衡”这样的话来，实在可笑。因为均衡价格是动态的。由于供求关系变化，一种商品的均衡价格也不断变化。一斤猪肉的价格可以是 8 元、10 元或 15 元等，都是均衡价格。

四、有效商品

在供给的有效价格与需求方支付能力的有效价格的均衡公式中均有“有效”二字。显然这两个字对商品而言是指有效商品。

什么是有效商品呢？我理解“效”就是“效用”。是指个人在消费某种商品时满足其需要的（注意：不是需求）感知程度。这种感知程度，是随消费这种商品的增多而递减的。

举一个最通俗的例子：一个人饿了吃馒头，第一个馒头满足生理需要的效用最大，第二个就减少了一些，第三、四个也逐渐减少，但第吃到五个时，无论如何也吃不下去了。就是说第五个馒头的效用等于 0。当第五个馒头效用为 0 的征候出现时，前四个馒头的效用总和为最大。如果我们用假设的数字计算一下就更明了了：第一个馒头的效用设为 4，第二个设为 3，第三个为 2，第四个为 1，第五个为 0，则总效用为：4+3+2+1=10，上述就是效用递减论。

效用递减论的要点是：

1. 一种物品在被某个人消费时，其满足需要的感知程度不是不变的，而是递减的。

2. 其递减程度直到某一个物品的效用为 0 时为止。

3. “效用”只能用顺序数，如第一、第二……来表示方可，不能用普通量词一、二……来表示。

4. 效用为 0 时，可以得出总效用最大。

5. 用顺序数词表示时，后一个顺序数词对前一个数词而言叫“边际”，如第二个是第一个的边际，第三个对第二个是边际等等。也可以理解为，每增加一个数字对前面的数字而言都是“边际”。前面所讲的例子，就是边际效用递减论。

有人认为，这一套“理论”，歪曲了使用价值的原意，是只讲现象不讲本质，是庸俗的等等。

说歪曲了“使用价值”的原意，确实有这个意思。使用价值对每个物品来说都是固定的，而“效用”则是变化的。可是这是两种理论体系的语言，如果我把这两种语言硬是合在一起表示，那就是：一个有固定使用价值的物品，用于某一消费时，随着它的数量增多，其有用性会逐步减少，甚至完全没有用。比如，当你有一件衣服时，效用最大，可是同样的衣服你有 10 件甚至 100 件，但同一时间只能穿一件，其他 99 件衣服的使用价值还在，但没有用了。

说是只讲现象不讲本质，我倒认为这种现象更符合人们实际的消费心理。现象也是本质的一面。我在《消费论》中曾提到我自己的见解，即“绝对过剩”，认为那是生产对需要的过剩。绝对过剩由边际效用递减可以说明。如果把效用递减论由一个人的感知，变为一个群体，甚至所有的消费者的感知，即所有消费者都感到某一种物品的边际效用都等于0，都没有用了，那么，绝对过剩就出现了。而且边际效用递减论还说明绝对过剩还是一个量变过程，它是随着某种物品逐渐的增加，而逐渐形成过剩。俗话说，冰冻三尺非一日之寒。绝对过剩就是同类物品逐渐增多而效用递减而形成的。

“绝对过剩”的物品如果是商品，那么它在市场上的价格会因“过剩”逐渐降低，不是出现时高时低的价格波动，而是降低到你不要钱白给也没人要。

下面再说说“边际”二字。边际不只用于消费，叫边际效用递减论，其实，“边际”二字可以用于其他很多方面。如边际生产率论，边际收益（利润）论等等。

边际生产率论指的是一个企业（公司）的合理用人数量。比如说这个数量是20人，但最初可能用人很少，随着用人增加其边际生产率逐步递增。如从1人到10人，边际生产率是递增的，到10人以后边际生产率达到最高，以后再增加人，从11增至20人，这前10个人以后增加的10人边际生产率是递减的，虽是递减，但生产也还是有所增加，直到21人，边际生产率为“0”时，再也不能增加人数了。这时前20人的规模是合理的，当边际生产率为0时，总产值最大。由此可见，用边际生产率可以确定总产值，可以确定什么时候边际生产率最大，什么时候最小，什么时候等于0。

边际利润的概念与此类似。

弄清上述的含义及用途，我们就可以明白，所谓边际理论其实质就是把数学应用到经济学中来。我认为这个数学不是常量数学而是变量数学。生产率递增或递减，实际上就是计算“匀变速”的物体的计量之学。

西方的数理学派，把数学运用到生产（投资）、消费、分配等各个方面。无论是宏观经济学还是微观经济学都采用数学方法进行研究。用数学研究经济可以使量的方面更为精确、准确。这种方法对中国的经济学家来说，比较陌生、甚至有偏见、排斥。然而中国经济常用的一些概念往往是模模糊糊，是模模糊糊的经济学，我认为应该改变这种状况。我参写著作《劳动力配置系统论》（再版名为《宏观劳动力配置》），用了很多数学公式。这些公式是我自己创造的，和西方的完全不是一个路子，也不属于西方任何数学分支的一派。西方经济学中数理学派的见解有很多是有用处的，当然我认为也有少数可能是庸俗的，把有用的“拿来主义”为我所用，庸俗的部分就“拿走主义”抛弃之。

五、自由市场经济利与弊

（一）高效率

市场经济是一种高效率的经济类型，首先，从生产力要素的结构及变动来看，自由市场经济是一种以分工为基础的经济。由于分工，每个经济体（个人、企业）都只从事专一的工作，简言之，就是“专”。工作专一了就能生熟，熟了就能生巧，所以每个个人的劳动技能会大大提高。

由于高科技，广泛地用于生产，使劳动手段出现了日新月异的变化，甚至出现了完全机械化、自动化的无人工厂，出现了无人售票甚至无人驾驶的汽车，很多行业也出现以机器人代替人的现象，机器生产比人力生产效率不知要高出多少倍。作为高科技下的劳动手段通过资本这一综合生产力被广泛地运用于生产之中。

其次，从市场经济运行（即供给方的有效供给价格与需求方有支付能力需求的有效价格方面的均衡）来看，生产生产着消费，消费也生产着生产，供给创造着需求，需求也反过来创造着供给。这两者由于价格均衡而不断传递着信息，真的起到了互相促进的作用。

这种相互促进也极大地提高了生产效率。供给、需求、交换这三者相互作用真的是一个良好的经济模型。

第三，竞争使市场经济各要素的主观能动性充分发挥出来。

无论从“自由”二字还是从“公式”的内容来看，自由市场经济的条件就是充分竞争。竞争可以说是自由市场经济的本质和灵魂。它无处不在，无时不有。从供求关系来看，有卖者之间的竞争；从行业来看，俗话说同行是“冤家”；从群体来看，工人之间有竞争，人才之间有竞争，各类职业职位之间也存在竞争。供给者通过竞争会促使其不断改进生产力各要素的利用。为了降低成本，使物尽其用，人尽其才，需求者之间以及供求之间的竞争会使各生产要素、各种消费品的价格趋于合理（如拍卖）。人力、人才在就业方面的竞争会迫使每个人在工作中展现出全套本领、全部能力。每个人都不敢再“磨洋工”、出工不出力，靠忽悠来挣钱了。你忽悠人家，人家就辞退你。促使你必须尽你之才。古人说：“人尽其才，地尽其力，物尽其用，货畅其流”是理想的经济运行模式。自由市场经济符合这个经济模式，那就是竞争。

由于上述三个方面的因素共同作用，使自由市场经济以极高的效率、极高的速度发展起来，这是有目共睹、无可争辩的事实。

（二）不公平

自由市场经济是一种容易产生两极分化的、利益“不公平”的典型经济类型。

我认为造成两极分化的根本原因，归根结底还是由于竞争。竞争有两个方面的作用：一是它使人们不断提高能力，充分的展现其本领，这是正能量；另一方面，它又会造成两极分化，出现“不公”，这是其负能量。

在自由竞争的市场经济中，每个经济体（人或企业）的能力都会充分展现出来。能力有强有弱，再加上不同的机遇，在竞争中必然会出现优胜劣汰的现象。从供给者之间的竞争来看，竞争中胜利者成为富有的资本家，失败者破产，一无所有。昨天是百万富翁，今天就是一无所有的穷光蛋的现象比比皆是。

从被雇佣者来看，有能力、有本领的人可以找到高工资的工作，能力弱的人，只能是低工资甚至找不到工作。同行业、同群体的人这种竞争也有很多。具体表现就是各行业的强者，如拳击的胜利者，称“拳王”，影视界的佼佼者称“明星”，各种球类的胜利者称“球星”，各种比赛的胜利者称“冠军”，优秀媒体主持人称“名嘴”。这些人取得这称号是由于其敢于拼搏，拼搏其实就是竞争。在自由市场经济中，这些被冠为“王”“星”的胜利者是与物资利益挂钩的。在计划经济中，这些“王”“星”被评为优秀工作者，通常只给一张奖状以示表扬就可以了。在市场经济下则不然，一旦获得“王”“星”等称号，身价就会提高。而从事同类工作未获得什么“王”“星”称号的人则只能得到少于他们几十倍、几百倍数量的工资。这也是产生贫富的途径之一，因而不只是资本会造成贫富不均。

其他形成贫富差距的原因还有偶然的机遇，比如一个人买了彩票，一下中了几百万、几千万等。

由此看来，自由市场经济是一种强者的经济，它鼓励强者，对强者是锦上添花，而且又有必然性，只有鼓励强者，市场经济才能飞跃发展。

虽然鼓励强者，然而任何强者都不是永恒的，今天是强者，明天可能会被更强者超越。没有永远的“星”和“王”，只要你努力拼，敢于搏，明天“星”“王”的桂冠就可能戴在你的头上。就这点来看它又是公平的。

虽然如此，那些弱者、工资低者、贫困者还是会从心里感到不公平。公平与不公平是不同角度看的问题。一个是从经济发展角度看，认为是公平，一个则是从人权角度、人人平等的角度看认为是不公平。而更现实的看法，人们经历过了计划经济时代的分配制度，认为那个时代差异很小且主要消费品近乎平均分配才是公平，于是就产生了“不公平”感。

其实公平与不公平只是一个相对的概念，不是绝对收入的多少，市场经济确实产生、存在着收入差距过大的相对不公平。然而从实际收入上看，并非如此。市场经济发展快，用俗话说是蛋糕越做越大，当切这个大蛋糕时，得到较小的那一块也比计划经济时期平均分到的那一块大的多。虽然是“不公平”，但人们生活却越来越好。所以市场经济中的“贫困”也是相对贫困。马克思认为不只有相对贫困还有绝对的贫困。不论相对贫困或绝对贫困，当贫困人数过多，形成一个阶级的时候，就会产生经济危机。

最后再说一句，市场经济出现的贫与富只在于强弱，要想成为“王”“星”只有使自己成为强者，强者才敢于拼搏，敢于拼搏才会赢。

总结上述，与计划经济相对比，市场经济的利弊是高效率、不公平。计划经济则是低效率、公平。

第八章　国家市场经济

- 国家市场的产生
- 就业、货币利息的综合运用
- 财政赤字

一、国家市场经济的产生——凯恩斯理论

自由市场经济会带来繁荣，也会造成两极分化，从而出现经济危机，经济危机是自由市场经济必得的“疾病”。

经济危机早在19世纪就频繁出现过。马克思写过市场经济运行分为四个阶段：危机、萧条、复苏、繁荣。市场经济就是在这四个阶段周而复始，像“打摆子”一样地带病运行着。由于那时人们并没有把社会制度和经济类型区分开来，认为“危机病”就是“资本主义社会制度病”，所以，马克思理论就主张摧毁资本主义社会制度，建立社会主义制度，由计划经济取代市场经济。

随着市场经济的发展，危机越来越严重。1929年终于爆发一场最为严重的危机。就范围来说，是世界性的，所有市场经济国家都出现危机。就时间长度来说，一般危机几年就过去了，而这场危机持续了十几年；就严重程度来说，好多消费品由于无钱购买而批量毁掉，工人失业，企业倒闭。经济危机也引起政治危机，第二次世界大战的发生不能说与此没有关系。

生产过剩可能会导致经济危机，主要现象就是“生产过剩”。这种“生产过剩”并非是生产品对于满足需要的绝对过剩，而是供给对于需求的过剩，是由于虽然有需要但是由于没有钱而买不起，即需求不足的过剩。因此，我把它称为相对过剩。

既然不是真正的绝对过剩，那么危机的根本原因在哪里呢？英国经济学家凯恩斯就写了一本书，名为《就业、利息和货币通论》（以下称《通论》）。《通论》认为出现经济危机的根本原因就在于总需求不足，能够治疗总需求不足的办法就是由国家参与管控经济。这样就能使市场经济正能量充分展现出来，也能维护资本主义社会的稳定。马克思主义是要摧毁资本主义制度、摧毁市场经济，而凯恩斯的理论主要是维护市场经济及资本主义制度，两者是完全相反，针锋相对的。凯恩斯理论的出现无疑是给市场经济病开了一副药方。

二、凯恩斯理论——总量经济学

凯恩斯理论是一个较为完整的体系，内容浩繁，主要内容是总量经济学、宏观经济学。用公式表示就是：供给的有效总价格与有支付能力的需求总价格的均衡。简言之，就是总供给与总需求的均衡。就是因为把供给方与需求方都加了个“总”字，被西方经济学家称做经济学的“革命”。也正因为这个“总”字，才认为进入了国家市场经济时代。也正是因为加了个“总”字才被认为是宏观经济学的产生。

凯恩斯认为，自由市场经济的价格均衡是个量化的商品的供求均衡，是某一类或某一种商品随着供求变化其价格上下产生波动，其波动可由供求关系自动调节，它不是形成经济危机的原因。经济危机的原因是在于总需求的不足，是总需求与总供给的失调所造成的，在供求关系中，总需求不足是主导方面。值得注意的是，他把危机的原因不说成是“生产过剩”，因为“生产过剩”的提法显然是把危机的主要原因归结为生产（供给）方面了。就这点来看，他的说法更近于准确。然而，按政治家的说法，总需求不足应该是无产阶级贫困化。他避讳这个说法，就用总需求不足取而代之，也实在是用心良苦。

《通论》之所以叫总量经济学，不只是在供给需求的前面加“总”字，而且在其他各个方面都冠以“总”字，如总收入、总支出、总储蓄、总投资等等。一切经济现象，都要从整个国家的总体进行认识、研究、想对策。

（一）《就业、利息和货币通论》的主要内容

《通论》的内容较多，且多是用数学公式来表示，我认为，主要内容可以概括为三点：就业、货币与利息的综合运用、财政赤字政策。

1. 就业是《通论》的重中之重

《通论》千方百计描述就业的重要性，凯恩斯认为，经济危机的主要原因就在于总需求的不足，补充总需求不足的方法就是“就业”，因为就业即能补充需求侧的不足，也能增加供给侧的供给，首先还是补充需求侧的不足。因此，他把就业的作用夸大到无以复加的地步，举出的实例，也令人感到惊奇甚至荒唐。

例 1：凯恩斯说如果国家把一堆钞票或者金子埋于某地，然后告知他人可以去挖这些钞票、金子，谁挖到就归谁所有，于是自然有人出资雇工去挖。这个例子，纸币原来就有，等于什么也没生产，出资者可能得到高于其出资的纸币和金子，工人得到了工资，而国家却用掉了原有的纸币和金子。虽然什么也不生产，但工人得到工资却补充了需求，因此此例作为典型的补充需求的例子，这就是需要国家参与并管控就业。

例 2：埃及修金字塔，中国修长城、阿房宫这样的大工程也能促进就业。一方面补充了需求，另一方面则是虽然供法老及皇帝享乐，毕竟也增加了财富，可以说是“双赢”。显然，这个例子与前者不同点是：前者是只补充需求不足，此例是也增加了供给。这样就进一步强调了就业的作用。不过我倒觉得此例有些偏颇。因为修金字塔是不是雇工又发了工资？反正修长城、阿房宫，秦始皇是不给工资的，因为那是靠行政命令强制征徭役的，不但不给钱，晚到了都要杀头的。因此说补充需求完全不可能，就是增加的供给也是劳民伤财，只供皇帝一人享乐。这样的供给不会给市场、给人民带来什么好处。当然也不必较真，只要理解此例的意图在于“双

赢”也就可以了。此例的潜台词也是只要国家出资参与增加就业就能促进经济发展。当然他还提出战争也能增加就业的非常之论。总之，都是强调就业的作用。

例 3：就业不但能增加生产，增加供给，而且其供给的数额不能只看就业者本身生产了多少财富，而是其增加的财富远比其本身生产的财富要多几倍，这就是生产乘数论。此例的原理是部门之间的联系。比如一个就业于纺织厂的工人，他不但增加了纺织品，而且往上游看由于磨损了纺织机械会增加纺织机的产量，纺织机的增加又增加了钢铁的生产量，钢铁生产的增加又增加了采矿业的生产量。往下游看，纺织品的消耗掉的原材料棉花等也要增加棉花的产量，从而又会增加化肥、农药的产量。这样“上滚翻”“下滚翻”的滚来滚去期间增加的财富可能比其直接增加的财富多 5~6 倍，而且可以用数学公式计算出来。

此例的特点就是进一步强调了就业对产出、对供给和对经济发展的作用，从这方面看国家参与就业的管控是更重要的。

2. 就业量的确定

在描述完就业的重要性之后，凯恩斯还想找出一个合理的就业数量。他认为就业量是由总需求与总供给的均衡点决定的。总供给与总需求的均衡与自由市场经济的某种商品的均衡有没有区别呢？有些书中认为是有的，那就是前者的均衡是静态的，后者的均衡是动态的。也就是说前者是指均衡价格逐渐趋于供求大致相当，相对稳定，后者则是均衡价格相对稳定。因此，把总供给与总需求的均衡称为静态均衡，这种分析方法称为静态分析。我对这方面的了解浅薄，我觉得总供给与总需求的均衡也应是动态的，因为是很难找到这个总供给与总需求的近似平衡又不是平衡的亚稳态的平衡，即使出现这一现象，也是昙花一现。

就是说总供给与总需求的均衡点也是不断变动的，说总供给与总需求的均衡决定就业量是对的，然而这个就业量也是因为均衡点的不断变动而变动，更不能理解为“充分就业量”。那么如何观察总均衡点呢？就是要看总的物价水平，总的物价上升就表示总供给的不足，总物价的下降就表示总需求的不足，两者都有不同的就业量。“均衡”这个词很模糊、很奥妙，如果展开讨论恐怕要用掉三缸墨水也不见得得出更清晰的结论。

总供给与总需求的均衡点决定就业量是通过投资表现出来的，如果总供给不足，就会使得人们愿意去投资，投资的数量决定就业的数量。

影响投资的因素有：总均衡的状况、资本的多少、投资者的预期、投资者的偏好和心理（谨慎型或者风险、拼搏型）。依据这些因素可以用数学方法建立投资函数模型，表示出来。无论宏观经济学还是微观经济学都采用函数分析法，有的函数还用了“边际”“弹性”等方面的知识，非常复杂。不要被函数的概念吓到，其实所谓函数就是一个可以用数量表示的经济概念与其他影响这个概念因素的关系。比如说就业是投资的函数，供给是就业的函数，消费和投资是所得的函数等等。每一个因素都可以做自变量又可以做因变量，就此说经济学可以得出很多的函数。在一个公式中是自变量的因素，在另一个公式中可能就是因变量，真是函数“团团转”。

建立了投资函数，能否就以此为依据进行选择投资方向呢？我认为数学所能表示的内容是指能够用数量来表示的主要内容，次要因素、不能用数量表示的因素（如心理因素）是表示不出来的。打个比方，一个人体，数量能表示的只是人体的骨骼系统，并不能表示人体的全貌。理论也好、公式也好，他们都是抽象的、单调的，而客观事实则是丰富多彩的。所以如果要投资还要去找一些有实践经验的人来做指导，比如说找投资公司、“点子”顾问等等。最近，报纸媒体上常见到这样一句话：没有这方面的经验，就不要做这方面的投资。有投资经验的人，可能说不出什么理论，也不懂数学公式，他只是凭自己的多方面的直觉来判断投资方向、是否可以投资。经验主义不好，但又不能就此否定经验。当然我说这些话决不是否定理论、公式，因为它们虽不全面，但能抓住事物的主要方面，对实践也具有指导意义的。再说，理论、公式也是不断发展的，不断丰富而逐渐趋向于事物的整体和全貌。

无论就业由什么决定，那只是理论，真正用于实践的倒不如我国实行的就业政策。李克强总理曾明确表示，到 2020 年进入小康社会，在脱贫攻坚的过程中，确保每个贫困家庭至少有一人就业。

3. 对失业者的安抚

叙述完就业的重要性及就业量之后，还需要从求职角度确定就业人数。《通论》把就业定义为“充分就业”。充分就业与完全就业或全部就业概念不同，它是指有劳动能力且有就业愿望的人的就业。这是两个条件，缺一不可。它也从反面定义了失业。失业是指具备了就业的两个条件但找不到工作的人。不能把没有就业愿望而不找工作的人叫做失业。为什么这样定义“就业”呢？原因是依此就业定义，在统计方面可以提高就业率，降低失业率。

可是还得找点理由说明为什么有些人有劳动能力但不愿去就业呢？理由是这些人图的是清闲，清闲就是自由自、无拘无束且有一定生活来源的一种生活方式。于是就出现一种理论叫机会成本论。这种理论认为，一个人找到了挣钱的工作，同时就失去“清闲”的生活，清闲就是工作的机会成本。有的人重清闲而不去工作，这也是有所得。所谓萝卜白菜、各有所爱，说不上哪个好哪个坏。

然而现实中真有爱清闲而不愿去工作的人吗？是有的。晋朝陶渊明算一个。他做了彭泽令，每月五斗米的薪水，他“不为五斗米折腰”，辞官不做跑回家去采摘东篱下，悠然见南山，优哉游哉去了。然而，想一想他之所以能得到这样的清闲是因为他有土地，起码也是中农以上，甚至是富农。这样人实在是太少。

另一类人是古代的和尚。俗话说馋当屠户懒出家。有一首诗：“铁甲将军夜守关，朝臣待漏五更寒。山寺日高僧未起，算来名利不如闲”。真是清闲之极。从生活方面看，芒鞋破钵随缘化，自己连饭都不做，拿个钵到哪家门口一声“阿弥陀佛”，饭就来了，而且不失身份，不叫要饭叫“化缘”，吃你的饭是你与佛有缘。从政治地位方面看，元朝将社会职业分为十个等级，一官、二吏、三僧、四道、五工、六商、七农、八娼、九儒、十丐。僧人排在第三位，可见其政治地位之高。从精神方面看就更吸人眼球了。活着是慈航普度的高僧，圆寂后还能往生净土，当和尚确是一个清闲的行当。

除此之外，就是乞丐了，俗话说要三年饭，给官都不做。

不过上述都是我国古代的现象。在现今市场经济发达的国家还有这类人吗？显然还有。

这类人不管有多少，有了“机会成本”论多少会得到一点精神安慰。然而真正需安慰的是真正的失业者。失业可以得到清闲，不见得都是坏事。但不论你把清闲说的多宝贵，对于那些不工作就得饿肚子的人来说还得要求去就业。所以“充分就业”的机会成本也难安慰这些人。

机会成本论者会说，机会成本的理论可以适用于诸多领域，比如一块地种小麦就失去种玉米的机会，玉米的损失就是小麦所得的机会成本；一个人上大学选择了理工科就失去文科的机会成本……如果就机会成本的广义来说，用几个字就能表达出来：“有得必有失”，或者再简单一点：“失就是得的机乎成本”。这样表述岂不是更简单、更全面。这就是中国的机会成本论。

由此可见，西方经济学者很会做政治思想工作的。一个失业者会得到“清闲”，真是良好的安慰剂。这种思想通过经济理论做出的政治思想工作比直接去做思想政治工作要好得多，可以说是“润物细无声”。尽管《通论》如何强调就业并想尽办法力图做到“充分就业”，而从现实来看，失业者还是太多，一般来说失业率在 5% 以下就是正常的，有的国家在特殊时期，失业率甚至超过 10%。就业不充分，失业的大量存在说明“需求不足”仍是市场经济的主要问题。看一个国家的经济走势如何，通过观察失业率就可以得出结论。我前几章曾认为观察市场经济有“两面镜子”一个是价值规律，一个是股票市场，现在再加上一面镜子，那就是失业率。总起来说就是三面镜子。而且通过失业率来观察市场经济，比前两面镜子更简单、更直接、更有效。

最后写打油诗一首：

休闲诚可贵，就业价更高，为了填肚皮，迫把休闲抛。

（二）货币利息的综合运用

《通论》中工资、消费、储蓄、投资的论述中都涉及货币、利息的运用问题。本文不谈这些具体问题，只讲货币及货币结构的调控。

设货币总量为 M，消费储蓄为 M1，投资为 M2，则 M=M1+M2。

但有些论文中则设 M1= 消费储蓄，M2=M1+ 投资。两者表述不同，但其含义完全没有差别。我们不用符号只用文字，则是货币总量 = 消费货币量 + 储蓄货币量 + 投资货币量，就可以了。

市场经济既要控制货币总量，也要不断调整其结构部分总量。控制总量就是发行多少货币为宜，调整结构的数量则是以不断调整利息率为手段，利息率有多种，如银行储蓄利率，债券利息率、贴现率等，这里只讲储蓄利率。

货币调控的职能在“央行”，在我国就是指中国人民银行，在美国叫美国联邦储备局（美联储）。中国人民银行不同于其他商业银行，其实它是国家的一个总金融机构，甚至可以叫“管银行的银行”。

央行的职能主要表现在三个方面：发行货币，制定利息率，制定存款准备金率。存款准备金率是指央行与各商业银行发生金融关系的百分数。

因为银行的居民储蓄金额并不全留在银行，其中一部分要上交“央行”，上交部分叫存款准备金，其所占储蓄的比率叫存款准备金率，简称存准率，一般在 15%~20% 上下浮动。存款准备金，一是用于调节市场货币总量的多少，二是用于维护储蓄者的利益，如果银行破产就可以用这部分钱补偿给储蓄者。

下面就具体谈一谈“央行”这三种职能是如何综合运用的。

发行的货币总量是可以计算的。它应等于供给侧供给的全部商品的价格总和。按理说总供给商品的价格总和是多少，就应该发行多少货币。可是，由于一定时期（比如一年）货币的周转次数不是一次，而是多次，所以货币发行总额是商品总价格除以货币周转次数。比如总价格是 1 万亿，周转次数是 4 次，则发行 2500 亿货币就可以了。但是，如何准确确定货币周转次数却是个难点，一般认为周转次数可以计算出来，我认为即使能计算出来也未必很准确，只能是估计出来的数字。因为货币周转次数受多种因素的影响。有的人有钱不花，不进入市场；有的贪官一贪就是几亿，不敢进入市场；还有的是货币的不断适当贬值等等。这些因素使得货币周转次数很难准确。次数既然不准确那么到底应该发行多少货币也很难确定。这样一来，发行的货币总量就可能有时多有时少。货币发行多了会使货币贬值、通货膨胀、物价上涨；货币发行少了就会使银根吃紧，不利于商品流通。对这种现象如何应对呢？就是使用存准率这个法宝。当发现市场货币量多了，就提高存准率，银行储蓄的钱因为存准率提高，上交“央行”的部分多了，流入市场的货币就少了。反之，如发现市场货币量偏少，就降低存准率，使市场的货币量增多。提高存准率一般叫货币“回笼”，降低存准率一般叫“投放”，也叫“放水”。

除了用货币总量调整外，央行还可以通过给银行制定储蓄利率的办法来调整货币结构，即调整用于消费、储蓄、投资各部分货币数量。

国家总是希望消费、储蓄、投资这三者之间有一个合理的比率，其实是很难做到的。因为由于经济因素和心理因素，这三者之间是不断转化的。如何通过利息率进行调整呢？一是当发现人们消费倾向偏低，即消费品需求乏力时，就降低利息率，减少储蓄，促进消费。就是希望居民多花钱，少存款。有人认为降低利息率还有一定程度促进投资的作用。因为存款利息率降低，则银行贷款利息率也必须降低，这有利于投资者降低成本。可是这个作用值得存疑。因为利息率降低则存款必然减少，银行没有更多的存款，则贷出的款也必然减少，投资者能从银行获得低息贷款就很难，于是黑市高利贷就必然出现。就我国现实来说，这是一些中小企业很难得到银行贷款的原因之一，也是“人人贷”“招财宝”等能够出现、存在的原因之一。

反之，如果发现消费趋势过旺，而供给方商品短缺时，则提高利息率，使得人们多储蓄，使储蓄转化为资本，有利于投资者，以促进生产的发展。由此可见，利息率的不断变化，对调整货币结构有一定的作用。

理论上是如此说，然而现实却不一定能完全实现国家的预期。主要原因是经济现象很大一部分取决于居民的心理。国家的预期心理未必能和居民的心理完全一致，有时甚至背道而驰。比如说国家降低利息率原本希望促进消费，可是居民心理则是降低利息率可以不储蓄，也不增加消费，而是拿钱去买股票进行间接投资，或者是去买房子作为投资。还有一部分人，多数是老年人，储蓄利息率甚至低于物价上涨水平，即使是负利率时仍然去储蓄等现象依然存在。由此可见，心理因素对于经济学来说其作用实在非同小可。

《通论》就这方面进行了很多论述，这也是《通论》的一大特色。因此研究市场经济学理应重视对居民经济心理进行研究。

总的来说，“央行”就是通过存准率、利息率对货币总量及分量（结构）进行调控的。所以，存准率、利息率可以认为是货币调控的两大重要“开关”。

（三）财政赤字政策

可以与就业、货币与利息并列的一个重要政策就是国家的财政赤字政策。它是国家干预、参与经济的重要手段。与货币、利息的综合运用来比，它更有直接的作用。

国家干预、参与市场经济的总目标还是“充分就业”，仅用货币、利息的运用还达不到这个目标，要达到这个目标还必须由国家直接干预或参与。

用直接的办法就是当居民和个人投资还不能实现充分就业时，就由国家出资办一些企业以吸纳就业。因为国家也办了一些国有企业（包括美国、英国）。然而事实并不理想。因为国有企业由于产权不清晰、管理不善，导致经济效益很不理想，而且由于国家直接投资占用了人力物力资源，这就妨碍了居民的私人投资，这叫“挤出效应”。国家直接投资不如参与私人投资会有更好的经济效果。

所谓参与就是国家制定一系列鼓励私人投资的政策，如所得税、流通税的降低；创造更为良好的投资环境，如基础设施是否齐备，各种生产要素是否齐全，物流是否畅通等等。这样更有利于私人投资，用此方法实现“充分就业”的效果比用直接投资会更好。

然而，无论是直接还是参与都需要国家有财力支撑才能办得到。国家、政府哪里来的钱呢？国家收入的来源主要是各种税费，然而仅仅依靠这些收入是远远不够的。唯一的办法就是向居民去“借”，借的方式是发行“国债”。

发行国债的必要性还得找一个理由，凯恩斯认为，如果以居民家庭致富的办法来管理国家，失业就是不可避免的。这话是什么意思？就是说居民家庭致富是量体裁衣，看菜吃饭，量入为出，不敢有亏空，不敢借债过日子。如果国家也采取这样的方法，必然会出现失业。这个思想解放不仅用于国家，后来逐步扩大到公司、企业甚至到家庭、个人。

由于国家具有极高的信用度，所以借债是很容易的，即不用抵押也不用担保，只要发出一种国债券作为凭证居民就愿意购买，不担心国家还不起债。国家干预举债的原理是：国家举债，可以补足需求，增加供给，生产发展了又增加了税收，就可以偿还国债。然而实际是仍是不断地入不抵出，出现赤字也越来越大，这样就只有发行越来越多的国债。国债发行的范围不只是本国的居民，外国也可以购买。现在仅我国购买的美国国债就由一万多亿美元，还有像日本、中国香港、中国台湾等地也持有很多的美国国债。美国是世界上最富强的国家，也是欠债最多的国家。

由于国家具有高度的信用，国债到期能还，无论借多少似乎都没有风险。然而，会不会有那么一天，由于国家欠债太多，信用降低，持有国债者要一起变现，从而使国家还不起债呢？这个风险虽然很少，但不能说不存在。正因为如此，如何维护国家信用度就成了一个十分重要的问题。如何评估国家信用度？国家自己认为信用度高不算数，现在国际上有三家（标准普尔公司、穆迪投资者服务公司和惠誉国际信用评级公司）国家信用评级机构，以信用等级不同，不断地发布各个国家的信用评估状况。另外还有世界银行，国际货币基金组织也不断地发出信用评估信息，警示各国不要借债过多，避免发生危险。不仅对各国政府发出这样的信息，还对各国著名的大公司也发出类似信息。

凯恩斯举债管理国家的思想逐渐地又深入到各经济实体及个人。现在很多经济实体几乎都是靠举债经营，欠债的多少要由资本负债率来表示。好多经济实体资产负债率都小于 1，资不抵债，然而由于其仍有信用，表面上仍然是冠冕堂皇。经济实体也发行债券，利息率也高于国债券，但其风险性也较大，一旦宣布破产，持债券者可能连本也得不到。

此外，人们居家过日子的传统观念也改变了，很多人敢于借债过日子。如买房、买车、买高级消费品，自己没钱可以向银行借钱购买。有一个笑话：一个中国老太太，想买房，没有钱就省吃俭用攒钱，可是攒钱的速度总是落后于房价上涨的速度，这样直到老死也没住上新房，另一个是美国老太太，没钱到银行借钱买房，直到死时卖房还债，还有剩余。可见举债过日子的好处。可是要知道，如美国老太太由于某种特殊原因还不起银行贷款，银行承担了风险，她自己也可能破产。

总起来说，举债管理、举债经营、举债过日子还是有一定风险的，而且市场经济就是债务链条，甲欠乙的，乙欠丙的，丙欠甲的，如果有一个环节断掉，必然影响整个链条，这也是出现局部危机的原因。从这点来看，市场经济风险无处不在，无时不有，它是一种风险性经济。敢不敢冒这个风险，是由每个人的心理素质决定，俗话说，撑死胆大的，饿死胆小的。弄潮儿向涛头立，敢向风波浪里行。敢于冒险，敢于拼搏才能发家致富，才能“抱得美人归”。

三、《通论》的实践检验

《通论》的理论首先被19世纪30年代的美国总统罗斯福采纳，用于国家的经济管理。以后英、法也相继效行，并波及到很多市场经济国家，成为国家市场经济的模型。

从实践来看，它拥有一定效果，使过去频频出现的经济危机得到缓和，并使市场经济以缓慢的速度得到发展。展现出其“革命”性的成果，也显示出宏观经济学的作用。然而，事实也并非完全风平浪静。如前几年美国就爆发了一场“次贷危机”。所谓“次贷危机”就是为了刺激消费美国银行就发放购房信贷，就是买房者买房时只要以其所买房屋做抵押，就可以取得银行贷款。这笔住房贷款越来越大，而由于经济不景气，个人所得增加较少等原因使购房者还不起借款，只有以抵押品还债，银行虽然得到了很多房产，但又卖不出去，不能当现金用，这样就出现了危机，当然这只是局部的危机，不是国家经济总危机。

是否出现过国家型的危机呢？我认为有一个，就是希腊经济危机。希腊是欧盟的一员，希腊本身经济发展缓慢，却又实行高工资、高消费，没有钱就通过欧洲银行借钱过日子，钱越借越多，最后还不起债了，没办法就宣布破产，退出欧盟，意思就是欠的这些钱不还了。如果不退欧盟也可以，就是欧盟得继续借给希腊钱，等经济好转了，再一并还账。这使欧盟陷入两难境地，不继续借给希腊钱，以前所有借出的钱全泡汤了，继续借给希腊钱，又怕永远还不上。而最终的决策还是又贷款给希腊300亿欧元。

外国有学者说，希腊之所以出现这种情况，完全是政党政治造成的。各政党为了执政，在选举中都漫天许诺，以争夺选票，谁许诺的多，谁就能执政。执政后，对其许诺条件多少得兑现一些呀，如提高居民生活水平，给工作者涨工资，给居民以福利，没有钱怎么办？只好向外国去借，向欧盟去借。

除了像希腊这样的类似国家危机外，还出现过一些地方政府危机、城市危机。总之这些危机都是由信用级别降低，信用丧失造成的。不可忽视信用评级的作用。信用级别的降低就预示着其危机将要来临。信用危机到来就很难去做什么了。个人是这样，地方政府是这样，国家也是这样。据媒体报道，吉林省延边地区某个乡镇干部，经常到一家餐馆去吃喝，没有钱就欠账，欠账不还，这家餐馆理所当然就不再借餐了，消息一传出，这个乡镇信用度急转直下，无论作什么事情，人们都不愿意与之交往。所以信用确实是立身之本、立国之本，我在学习社会主义核心价值观时，对诚信做白话诗一首：

人言是信应守信，
言成为诚事可成。
诚信可教天下友，
诚信事业万代兴。

第九章　世界市场经济

- 总公式
- 经济一体化进程
- 一带一路与亚投行
- 就业新论

一、世界市场经济的总公式

现在人类已经逐渐走入世界市场经济时代。地球上几乎所有的国家都是市场经济，而其中绝大多数又是国家参与的市场经济。各国之间经济的发展无论供给、需求，都是相互依赖、密切联系着。

各国之间经济密切联系的程度从几个方面可以表现出来。一个方面是每一个国家都有一个对外依存度，它可以用百分数表现出来。有人说对外依存度较高的国家甚至达到20%左右，我认为这可能是发达国家统计的数据，有些国家是专门依赖出口某一种优势产品的经济（如西亚、中东一些国家主要依赖石油出口），则其对外依存度可能会更高。

各国之间经济联系密切的另一表现就是整个世界经济的发展都是由一国或数国的经济牵头，过去的牵头国家属于以美国为首的发达国家，有人做过形象地比喻：美国经济一“咳嗽”，其他国家经济就感冒发烧。现在领头国家除像美国这样的发达国家之外，新兴国家特别是中国经济的发展与世界经济的发展关系更为密切。过去十几年中国经济发展都是以两位数字增长，对世界经济的发展起到巨大的推动作用，近一年中国经济进入“新常态”情况下，外国有些人就担心是硬着陆还是软着陆，深恐一下子跌落太急、太快而对世界经济发展产生不利影响。

世界各国经济之间的联系可以表示为：世界总供给的有效总价格与世界有效需求的有效总价格之间的均衡。

也就是在凯恩斯国家市场经济的公式的基础上，供求两端各冠以“世界”二字。

1. 以上说明每个国家都是世界经济供给侧、需求侧的一员。供给什么、供给多少、需求什么、需要多少都要考虑全世界的总供给和总需求。

2. 以上还说明作为世界的总供给方，每个国家都可以把其过剩的、优势的产品通过国际贸易换回自己国家的短缺的、劣势产品，这样既有利于生产的发展，也有利于补足需求的不足，从而也有利于各国的就业，这当然对每个国家都是有利的。当然，实现均衡是要通过激烈竞争的。有学者把其归纳为四个原理，互通有无原理、比较优势原理、竞争原理、互惠对等原理。这四个原理基本上说明了世界贸易的必要性、优越性、市场性和互利性。由于其必要性和互利性当然会受到各国的普遍接受和欢迎。但是在现实中对于其优势互补性、市场竞争性设置了许多阻碍，甚至抹杀，这主要表现在贸易的价格均衡上。

国际贸易均衡的价格应该是不受任何人为干扰的价格，即供求均衡的竞争价格，用马克思的话就是国际社会必要劳动所形成的价格。然而，现实国际市场上许多商品的价格都被扭曲了。扭曲了的价格，自然会使商品的比较优势削弱了，竞争性也就无从谈起了。

人为价格扭曲概言之就是设置重重关税，配额制，对进口商品进行经济制裁、罚款等等。按道理说，国际贸易的商品价格应该就是该商品的国际生产价格 + 流通费用，但其实际价格却是国际商品价格 = 国际生产价格 + 流通费用 + 进口关税。进口关税使用不同税率，有的商品进口关税非常高，高到什么程度？起码得达到进口商品高于本国商品，有时甚至是国产同类商品的数倍。之所以这样做的目的就是保护进口国生产同类商品的企业不被竞争击败，使其可以继续生存，从而就保持了就业，补足了需求的不足。所以说关税壁垒实际就是保护主义。而这种保护主义保护的就是弱势和落后。通过关税保护落后的方法，按道理说不是一种好的办法，好的办法就是与其展开竞争。弱势自然不敌强势，明知不敌却要亮剑，在竞争中会使弱势逐渐转为强势。在我国改革开放之初，日本的家电产品大量涌入中国，中国与之对应的战略就是竞争，到今天中国的家电产品进入全世界，口号是“让世界爱上中国造”。保护落后，即阻碍了别国的竞争，也使自己国家的同类产品失去竞争力。与别国优势产品竞争既是压力，也是动力。不敢进行竞争，最后必然被淘汰，维护就业的暂时利益也将最终消失。因此，如果不增加关税，让别国进口商品以合理的国际价格进入市场，未必是件坏事，这样才能达到互通有无，互利互惠的目的。道理是这么说，然而不要说取消关税，就是降低关税也很难做到。短时的、眼前的利益看得见、摸得着，如果取消关税壁垒，就会增加失业，这是任何执政者都不愿看到、不能容忍的。

国际贸易的另一个值得人们关注的就是贸易顺差和逆差。都认为顺差比逆差好，贸易顺差说明，本国的剩余产品找到了市场，从而促进了生产，增加了就业，弥补了需求的不足，而逆差则完全相反。

然而从逻辑推理上说，一国的优势外贸商品是与弱势的货币密不可分的。弱势的货币使其生产成本较低，在国际贸易中占有优势，从而取得顺差。但是，当取得顺差时，出口国的货币就逐渐变成强势货币，外币就这样变成了弱势货币。所谓强势货币就是货币要升值，弱势货币就是货币要贬值。前几年美国说中国操纵货币，中国以弱势货币与美国强势货币进行商品交换，美国多是逆差，中国则是顺差，中国从美国那里赚了很多钱，因此要求中国货币升值。如果中国真的货币升值了，对美元来说就是贬值。我国拥有外汇储备在三万亿美元以上，美元就是贬值 1%，也就等于中国损失了 300 亿美元，贸易中取得的顺差就会在不声不响中丧失了。可见“货币战”是多么厉害，其奥妙、其危险远胜于贸易战。

在世界经济中，还出现一种令人深思的现象，就是几乎所有国家都欢迎资本的输入，阻碍资本的输出。反之，对商品来说则是鼓励支持商品的输出，阻碍商品的进入，这两种情况正好完全相反。

为什么欢迎资本输入？因为资本输入可以增加输入国的就业，可以引进先进的技术，先进的管理经验，可以使人们生活得到改善。过去认为外国资本进入就是剥夺进入国家的财富的观念彻底改变了。国际资本是随意流动的，其流动的趋向性就是利润的高低，对外资的吸引力就在于输入国能给其提供获取更高利润的条件，诸如基础设施的完善程度，完整的金融体系，更重要的是各种生产要素的低价及政府的办事效率等。

有人认为，降低企业所得税是引资的最大的条件，其实并非如此。因为有很多发达国家为了限制资本的外流，规定了如果外国企业的所得税率低于该输出国的所得税率时，其降低的部分则必须反还本国，按本国的企业所得税率缴纳。可见这一条规定就是限制资本的输出。

由此可见，资本的输出输入问题也是十分重大的问题，而如何引进资本也是一个更为重要的问题。现在很多国家都欢迎中国去投资，当然，由于中国经济发展的强劲势头不减，许多外国公司输出资本到中国的也有很多。

二、世界经济一体化的进程

什么是世界经济一体化？我认为，世界经济一体化起码应具备以下三个条件：

1. 世界各国都取消关税壁垒，取消贸易保护主义。

2. 加强世界贸易的基础设施建设，使物流时间缩短，货畅其流。

3. 建立完整的世界金融体系，完善、方便金融的借贷。

有人说现在已经是世界经济一体化了。我认为依据上述条件来判断，只能说现在世界经济正在走向一体化的进程，而不能说已经一体化了。

那么，世界经济一体化进程主要表现在哪些方面呢？

（一）会商与论坛

在世界经济一体化进程中，各个国家从维护本国利益出发，对如何协调世界经济发展持有不同的甚至完全对立的观点和行动。解决这个问题，首先是要会商。西方七国（美、英、法、日、德、加、意）集团峰会可以认为是典型代表。这七国都是发达国家，只要它们达成一致意见，世界上经济矛盾纠纷就可以解决了。然而，实际上解决的矛盾并不多。于是又出现了二十国集团会议。二十国集团会议与七国集团会议比较起来就是其中也包括了一些发展中国家，新兴市场国家，中国也是二十国国家集团成员之一。2016 年 9 月在中国杭州召开的二十国集团会议上，实际上还有许多列席国家。总起来说参加会商的国家多了，范围大了，一些发展中国家也有了发言权。除此之外，还有很多国家首脑参加各种峰会和论坛，如达沃斯论坛，既有政界人物参加，也有学者参加，大家出主意、想办法如何解决一些矛盾和分歧。然而，实际解决问题不多，多数流于空谈，甚至公然对立。例如：在研讨如何治理大气环境污染的世界峰会上，在治理环境污染的费用分摊上，发达国家主张由各国分摊，而发展中国家则主张，由于大气污染等环境问题主要是发达国家造成的，因此，发达国家应承担主要责任，应多出环境治理费用。就是在此会议上，由于反对分摊的意见相同，使中国、俄罗斯、巴西、南非、印度五国走在了一起，被称为“金砖”国家，同时也被认为是新兴市场国家的代表。

总起来看，会商也好、论坛也罢，其所得的效果并不是很大。

（二）局部地区经济一体化

习近平说：“空谈误国，实干兴邦”，这句话对于其他国家也适用，一万句空谈也不如一步实际行动，许多国家实际行动就是局部地区的经济一体化。

欧盟形成可以看做是这方面的典型实例。欧盟由 29 个欧洲国家组成（英国退出后是 28 个国家），几乎涵盖了所有的欧洲国家。欧盟可以看成是一种地缘经济一体化。参与欧盟的国家不但在贸易上互相减免关税，而且设立了欧洲银行，统一发行了共同使用的货币——欧元，在对外贸易中，有时会发挥一些整体的作用。所以欧盟可以看做是地区经济一体化的典型。继欧盟之后有出现了很多类似的组织，如东盟、亚太经济合作组织（APEC）、上海经济合作组织，甚至还拟建跨太平洋经济合作组织等等。此外，还成立了许多两国或少数国家的自由贸易区域。例如，我国已经成为全球经济和贸易发展的重要成员方，截至 2017 年 7 月，我国已签订 15 个自贸区协定，涉及 23 个国家或地区。双边或多边的自由贸易区的形成也可以看作是世界经济一体化的一个局部微小的进程。

不要小看这些局部地区经济一体化，万里之行始于足下，聚沙成塔，集腋成裘，如果这些局部逐渐扩展，地区逐渐扩大，就会逐渐地把整个世界联结成一体。然而也要看到这些“盟”或“自由贸易”的经济体并不稳定，如英国不是要脱欧吗？特朗普不是反对建立跨太平洋经合组织么？所以虽然局部地区经济一体化在逐步扩展，但也并不总是一帆风顺的。

除此之外，为了促进世界经济共同发展，还建立了世界银行，国际货币基金组织等。然而能向世界银行、国际货币基金组织取得借款或贷款的能有几家？杯水车薪，难救各国急需资金的大火。再者交通是否畅通也是影响世界经济发展和国际贸易的重要因素，从这方面看，许多国家之间都在存在“断头路”，所以必须连接起来。

三、一带一路与亚投行

2013 年秋天，习近平提出共同建设丝绸之路经济带和 21 世纪海上丝绸之路的倡议。

路上丝绸之路起源于汉武帝时张骞出使西域，海上丝绸之路起源于郑和下西洋。一带一路起源于中国，依托于亚洲，应率先造福于亚洲。然而实际上其辐射力、影响力远非亚洲。陆上丝绸之路可以把亚洲和整个欧洲联结起来。物流通道可以从中国直达德国、法国、西班牙等；海上丝绸之路不仅联通了东南亚诸国，而且其通道将通过中亚、西亚直达非洲。

一带一路倡议秉持亲、诚、惠、容的理念。它排除了地缘政治理念，排除了南北、东西、发达、发展类型国家的理念，任何国家都可以参加一带一路的建设。因此世界上很多知名人士都认为一带一路是把发达国家、发展中国家、新兴市场国家联系起来的纽带。

一带一路的实行方案是共商、共建、共享。与其他峰会、论坛不同，强调要拿出实际行动“共建”、因此短时间内得到世界上 100 多个国家的响应和认同，截止到 2017 年 8 月，仅陆上丝绸之路就有 69 个国家签约共建，到 2018 年 8 月已增至 100 多个国家。

建设一带一路是中国倡议，中国率先做出表率，在资金上中国将出资 400 亿美元成立丝路基金，为一带一路沿线国家基础设施建设、资源开发、产业合作和金融合作等项目提供融资支持。以上诸点说明无论空间范围、实行理念，还是实际行动步和支持力度上都是强有力的。因此，习近平主席将一带一路比喻为亚洲腾飞的两个翅膀，将推动构建人类命运共同体。构建人类命运共同体的论断得到世界上很多有识之士的普遍认同。

除了一带一路建设，习近平主席还提出设立亚投行。要使世界经济持续发展，疏通世界贸易通道，没有强大的金融机构支持是不行的，仅有一个世界银行，一个国际货币基金组织是远远不够的。欧盟经济体的发展是离不开欧洲银行的金融支持的。亚洲要发展也必须设立一个亚洲银行，即“亚洲投资银行”，简称亚投行。“亚投行”主要是中国出资金，但其他出资单位并非只是亚洲国家，欧洲的许多国家如英国、法国等国也会出资。

以上两项说明了中国对世界经济发展的重视，并且极有力的推动了世界贸易的发展，推动了世界经济的可持续发展。

然而最难的问题，阻碍世界贸易和世界经济发展的还是贸易中的保护主义。从 2018 年开始，美国成了贸易保护主义的重要角色，对世界上很多国家增加关税，从而遭到世界各国的普遍反对。不实行保护主义就真的会使某些产品、生产部门遭受损失，会出现大量失业。然而保护主义也只能延缓，却不能消除失业，甚至可以说“保护”的越强，失业的可能性反而越大。还可以说想通过增加投资以消除失业也是不可能的。市场经济中需求不足是常态，失业也是常态，而且失业率会越来越高，也是不可避免的。为什么会这样？有必要探讨一下失业的真正原因，找出解决失业的可行方法。

四、新就业论

（一）技术构成

造成失业的根本原因或终极原因是什么呢？回答这个问题要先了解一下资本的技术构成。

《资本论》中，把资本 K 分为两个部分，一个是不变资本，其中包括劳动手段和原材料，设为 C；另一部分叫可变资本，设为 V，用于购买劳动力。则 K=C+V。其中 C∶V 叫技术构成。这个公式属于马克思理论，西方经济学根本没有这个内容。按西方经济学把资本分为固定资本和滚动资本的划分方法是得不出这个公式的。

C∶V 这个技术构成是不断变化的，总的趋势是 C 部分越来越大，V 部分越来越小。原因就在于科学技术的不断进步，创造了一个胜似一个的先进劳动手段。用这些先进的劳动手段比用劳动力能取得更高的利润。V 越来越小，C 越来越大，甚至有可能出现 K=C，而 V 为 0 的时候。就是说全部资本都用于购买先进的劳动手段，一个工人也不用。看起来这只是个数学游戏，而实际上当一个企业实现全盘机械化、自动化生产时，用的劳动力的人数就很少了。而造成这种原因的背后“操盘手”就是科学技术。正是先进的科学技术，把劳动力从一个部门不断地排挤到另一个部门。例如，先是从第一产业农业部门排挤到第二产业工业部门，再进一步排挤到第三产业服务业部门。现在世界上很多国家都正在走向劳动力从第二产业转向第三产业的时代，中国也不例外。

第三产业是服务和生产精神产品的产业，第三产业相比，第一、第二产业具有相对的有限性，而第三产业则是具有相对的无限性。说第一、第二产业具有有限性是因为这两个产业生产的都是物资产品，人们需要的物资产品就其重要性属于第一位，而就其数量来说又是有限的，原因是肠、胃的需要、暖身的需要是有限的。说“相对”有限是指对食物的需求也是会逐步升级的。说第三产业的相对无限性是指人们对精神产品需要的广度、深度要大得多。然而说第三产业产品的需要也是相对，意思是第三产业产品各种服务和精神产品也有逐步被高科技所取代的趋势。例如医师，现在给人看病的都是人，未来能不能出现其本领胜过人的医生机器人？完全有可能。再以教育为例，未来能否出现机器人教师，讲授过程声情并茂，全面系统的超过真人的讲授呢？完全有可能。总而言之，第三产业看似是能容纳无限人就业的产业，但也有可能被各种各样的智能机器人所代替，劳动力又一次会被挤出，挤到哪里去呢？按路径还应有第四产业、第五产业吗？真不知道过剩的劳动力被“排挤”到何处。由此看来高科技才是就业的真正“杀手”。只要不断地研究并运用高科技，失业的群体必将来越大。

（二）辩证地看待投资与就业的关系

传统的观念和理论认为解决失业问题就要扩大投资，投资越多，失业的人就越少。其实这是片面的理解，甚至还可以说是错误的论断。马克思理论认为，扩大再生产有两种形式，一种是外延型，一种是内涵型。外延型的扩大再生产指技术构成不变，生产就是依靠增加工人。内涵型的扩大再生产，则是指采用先进技术提高劳动生产率而增加生产。

在技术构成不变的情况下，投资与增加劳动力成正比例变化，如最初投资 1000 万元可雇佣 100 个劳动力，当投资增加到 2000 万元时，就雇佣 200 个劳动力。所以从解决就业方面看，就应该搞外延型扩大再生产。可是投资者之所以进行投资不是为了解决就业问题，就业多少是国家考虑的问题，与投资者是没有多大关系的，投资者最关心的是如何取得最大利润。要达到这个目的，必然提高技术构成才能提高劳动生产率，增加利润。按西方经济学的说法，就是就业人数先是随着边际生产率、边际利润的增加而增加，增加到边际生产率、边际利润为零时，利润达到最大值。此时如果再增加就业人数，就会使边际利润为负，增加一个就业就减少一分利润。简单来说，就是当利润达到最大时，再增加就业人数就要亏本了，这时不但不增加反而要减少雇佣工人的数量了。也就是说，越是搞内涵的扩大再生产，就业的工人人数就会越少。

从上述可以看出，投资与就业的关系是：投资初期是增加就业人数，后期逐渐减少就业人数，其减少的数量是与技术构成的提高成正比变化。

如果这个企业全盘机械化、自动化了，就用不了几个工人了。因此，从投资发展的全过程来看，投资解决就业只是解决燃眉之急，而最终将是投资越大，失业率会越高，这就是两者的辩证关系。

在过去的经济学理论中，把生产分为劳动密集型和技术密集型两类。认为劳动密集型的投资会增加更多人就业。这种“劳动密集型”的说法只是生产力落后的一种“自解自嘲”的说法。其实并没有哪个行业是真正的劳动密集型或技术密集型的。任何行业如果进行投资，即使最初是劳动密集型的，而其演变的结果都将是技术密集型。如中国的农业，现在看是劳动密集型的，如果把大量资本投入于农业，最初可能是吸收一部分就业者，使农民转化成农业工人，但随之而来的必然是农业机械化、自动化，使最初就业的农业工人被逐渐排挤到城市中去，到第二、第三产业中去。美国的农业就业只占全部人口的1%左右，一个人生产的农产品能养活100个人，不就是鲜明的例子吗？所以劳动密集型的投资能解决就业问题也只是暂时解决。

（三）如何辩证地看待失业

失业的根本原因是什么？失业是“祸”还是“福”？必须辩证的看待这个问题。

过去认为资本是造成失业的根本原因，因此必须取消资本，推翻资本主义社会，以计划经济取而代之，但结果却是取消资本生产就上不去。其实资本“半是天使，半是野兽”。只看到其是“野兽”造成失业的一面是不对的，还应看到其“天使”的一面，就是资本运作会极大地促进生产的发展。

现在有些人认为造成失业的原因是高科技，电视报道中有人就说，如果人干的活都用机器去干，我还能干什么？我没有工作靠什么生活？这当然也是实情。可是总不能因此就把科学技术的发展也停滞了吧。停滞生产就不能发展，就会落后，就会遭到别国的欺负。因此不但不能取消还要大力促进科学技术的发展。

失业的大量出现，从现象来看确实是与资本和高科技有关。但如何看待失业是福还是祸呢？这个问题的提出似乎是怪论，胡说八道。就失业给人类造成的贫困、痛苦而言，确实是“祸”不是“福”，然而，我认为“塞翁失马焉知非福”，祸可以转化为福。失业是什么？是机器人代替了人类的劳动，劳动是辛苦的。“锄禾日当午，汗滴禾下土，谁知盘中餐，粒粒皆辛苦”，人不是天生就爱劳动，是因为不劳动就不能生存。如果真能天上掉馅饼，谁也不愿去做那辛苦的劳动的。如果辛苦的劳动被机器取代了，这难道不是另一种意义上的“解放”全人类吗？但人们会说这种“解放”我们可受不了，不但天上没掉馅饼，人们找不到工作还得挨饿。科技赐予人类清闲，人类却要以饿肚皮来换取，这真是个两难之题。它使人们如陷入云里雾中，好像钻进总也找不到出口的“八卦阵图”中。可是如果把这个难题解决了，失业就真的会转化为“福”吗？转化之路在何方呢？“山重水复疑无路，柳暗花明又一村”。当失业达到极点时，人类自会找出一条路。我倒有一个想法，那就是减少现在的工作日数，缩短人们的工作时间。

（四）减少劳动时间以增加就业

现在世界上大部分国家，一般的工作日数为每周五至六天，一日工作时间为八小时。

有的国家以前每周定为六天工作，一天休息，休息一天是因为六天工作已经非常疲劳，需要一天以恢复体力和精力。但随着生产力的发展，现在许多国家实行了五天工作制，这说明科技已经“解放”了人类劳动的一部分。每日工作时间八小时的规定，最初是为了反对资本家随意增加劳动时间而定的最高时限。其实每日工作八小时的疲劳度已经相当高了，一天二十四小时，八小时睡眠，八小时工作，再加上上班走路时间，生理需要时间，人闲暇时间真的很少。因此一天八小时工作时间理应逐步缩短，以体现科技赐福于人类的“要求”。如果周工作日由五天减为四天，八小时减少为六小时甚至更少，就会大量地增加就业人数，一个全自动化的企业二十四小时三班倒现在改为四班倒，每班六小时，就可以使就业人数增加四分之一。这样问题不就解决了吗？我认为压缩劳动时间实现就业迟早必然会到来，而且是全世界性的到来。也许有人会说你这个想法是“乌托邦”，真的这样做了，投资者必然会降低工资，就业人数多了，是一个人的活两个人干，一个人的饭两个人吃，怎么才能实现得了？

是有这种可能。一个人的活两个人干，一个人的饭两个人吃，总比一个人的活一个人干好；一个人的饭两个人吃，总比一个人吃饱一个人饿着好。而且工资也未必按劳动时间缩小而等比例缩减，从总收入看，由于就业人数增多了，一家人的总收入也未必减少。这就是新的“按劳分配”。孟子说“不患寡而患不均”，不患劳动时间少，而患劳动时间分配不均。新的按劳分配，不是分配所得，而是分配劳动时间。不能不想到由于实行新的工时制度，个人工资可能会有些下降，这种下降意味着以劳动作为谋生手段的力度下降了。我认为补足以劳动作为谋生手段的力度下降的办法就是不断的增加社会福利。“福利”是什么意思？其实福利无论是按人发放还是按不同人的需求发放，都有按需分配的因素在内。福利增多就意味着按需分配增多了。

现在很多国家如加拿大、德国、瑞典、丹麦、挪威等福利都非常高。前几年媒体有一篇报道说，一个德国留学我国北京大学的女学生回国后，一直不愿去找工作，问她为什么？她说德国福利非常高，工作与不工作的收入差不了多少。因此她干脆就不去工作了。由此我想未来的社会，将是劳动时间逐渐缩短，劳动逐渐地不作为谋生手段，而是作为“乐生要素的第一要素”.。

真的实现了上述各点，将与马克思所预想的共产主义社会不谋而合。而这种社会通过市场经济来实现也不是完全没有可能的。

我认为无论是共产主义社会，还是大同社会，都是人类的理想，什么时候到达并没有一个准确的标志，它是一步一步到达的，不能说哪一天就到了，或终止了，而是逐渐趋近于这个美好社会。最美丽的花朵只有在人脑中存在但又不知其具体形象，现实的花朵无论如何美丽也不如人脑中的虚幻花朵美丽。人类正在采摘这支最美的花，手逐渐趋近，但还没有够到。这正是人类社会不断前进的动力。

第十章　中国市场经济

- 三制归一
- 特色社会主义
- 市场经济成就与问题

一、三制归一

回首20世纪，那是一个风雷激荡的时代，世界上出现了社会主义、资本主义两种类型的社会制度的国家；出现了自由经济市场类型、计划经济类型、国家市场经济类型。三种经济类型并存，而最后三种类型走向了“三制归一”。

如何解决自由市场经济的弊病？那就是要进行无产阶级社会革命，推翻资本主义制度，建立社会主义制度，实行计划经济。1917年俄国革命，开创了社会主义计划经济的先河。二次世界大战后，包括中国在内的很多国家也先后建立了社会主义制度，实行计划经济。

没有进行社会主义革命的许多资本主义国家，由于1929年世界经济大危机，找不到出路。凯恩斯的改良理论一出现就被美、英等老牌资本主义国家所采用，取得了较好的效果。继此，随着1989年苏联的解体，进入了自由市场经济、国家市场经济、计划经济三制并存的时代。

计划经济运行的结果，并非如人们所预想的那样完美。匈牙利经济学家科尔纳说，计划经济是“短缺经济”，尽管计划经济千般好，但有“短缺”这一项就足以致命，确实如此。以俄国为首的苏联所有国家的经济都处在短缺中，有人说俄国可以把卫星升天，但却造不出一颗好的纽扣来。粮食食品短缺尤为严重。德国分为西德和东德，西德采用市场经济，经济发展非常快，东德采用计划经济，经济发展非常缓慢，东德人冲破柏林封锁墙逃往西德。中国的经济发展也是如此，邓小平说，从 1957 年到 1976 年，近 20 年的时间，农民生活并没有提高。大部分城市工人近 20 年没有涨工资。计划经济的“短缺”必然促使人们重新思考和行动，1989 年苏联解体就是这一行动的结果。苏联解体使许多社会主义国家连同社会制度以及经济类型都转化了。处在这种时代潮流中的中国当然也不能例外，也必然实现转型，这是世界大势所趋。就国内来说，农民也不满意人民公社制度，个别人不重视集体劳动，不愿意去挣值不了几个钱的工分，而把精力花在自己的一点自留地上。安徽凤阳小岗村则出现了“地下”的联产承包责任制。这一切说明经济制度的改革也是人心所向。人心所向、大势所趋这就是改革的历史必然性。改革绝不是个人意愿如何，而必须顺应历史潮流才能取得成功。这就是时势造英雄，反之也只有顺应这一历史潮流的杰出人物，才能完成这一使命，这就是英雄造时势。

当计划经济转向为国家市场经济之后，有些实行自由市场经济的国家也大都转入了国家市场经济类型。虽然现在有些人如英国剑桥学派仍然认为自由市场经济好，恐怕也只是明日黄花了。

纵观 20 世纪世界经济类型的变化，前期是分化时代，后期则是合一时代。这正应了《三国演义》的开篇的一段话：分久必合，合久必分。当然反过来说也可以：合久必分，分久必合。但是这一分一合的过程却是不容易的，是付出了巨大的代价才找到这一共同之路的。毛泽东说：人间正道是沧桑。找一条正道是要经过沧海桑田般的变化的，总结一句话就是：大势所迫才使三制归一。

二、中国特色的社会主义

其他社会主义国家经济转型之后，国家的社会性质也转变了。而中国经济转型后，仍然使国家的社会性质不变，仍然保留了社会主义制度，叫中国特色的社会主义制度。

转型的总设计师公认的是邓小平。邓小平转型理论很多，但最重要的最关键的是这样一句话："计划不等于社会主义，资本主义也有计划；市场不等于资本主义，社会主义也有市场"。这句话令人茅塞顿开。这一段话把经济类型和社会制度区分开来，它不但为实行社会主义国家市场经济提供了依据，也为实行市场经济后，仍然能够保持社会主义性质提供依据。

实行市场经济后，如何能使社会主义性质不变化呢？于是邓小平提出四个坚持：其中一个是坚持共产党的领导。习近平说，中国共产党的领导是中国特色社会主义最本质的特征。实际上确实如此，判断社会性质就是依据一个社会的政治倾向。奴隶社会的政治是维护奴隶主的；封建社会的政治是维护地主阶级的；资本主义社会的政治是维护资本家的。那是过去，现在大多数国家实行政党政治。某一个政党不论其名称如何实际都代表一定的阶级、阶层倾向。共产党是为人民群众谋利益的政党，它的宗旨是全心全意为人民服务。所以只要共产党"初心"不变，宗旨不变，就可以说共产党领导的社会就是社会主义社会。

虽然明确了共产党的领导就是社会主义，然而社会主义的内涵究竟是什么？其特色又表现在哪里呢？江泽民提出党的"三个代表"的重要思想，"代表中国先进生产力的发展要求，代表中国先进文化的前进方向，代表着中国最广大人民的根本利益"，明确了党在新时期的领导方向。胡锦涛提出科学发展观并对构建社会主义和谐社会的重要论述。习近平在十九大报告中指出，要培育和践行社会主义核心价值观。即倡导富强、民主、文明、和谐，倡导自由、平等、公正、法治，倡导爱国、敬业、诚信、友善。共12项24个字。我是从三个层面理解核心价值观的：富强、民主、文明、和谐讲的是国家社会层面，说明社会主义要达到的目标；自由、平等、公正、法治则是指政府层面的治理国家的手段和目标；爱国、敬业、诚信、友善则是属于个人层面的，它是对个人行为的要求。当然也可以从既包括生产力也包括生产关系方面、既包括经济基础也包括上层建筑方面去理解。还可以从既包括西方文明也具有明显的中国文明方面去理解。我用十六个字来概括：涵包中外，义贯古今，儒法并用，不忘初心。有感于此，我为社会主义核心价值观白话组诗，共十二首。

1. 富强

美元计超10万亿，航母导弹射卫星，大国外交显风采，人民生活逐日升。

2. 民主

人民为主赋民权，民权法授并非天，需防官主民为仆，整顿吏治国泰安。

3. 文明

五千余年文明国，遵德守礼是中坚，行为规范须健全，爱护绿水与青山。

4. 和谐

和谐社会是大同，男女老少乐融融，爱我老幼也及人，助人为乐是豪雄。

5. 自由

梦莹海阔凭鱼跃，终有天高任鸟飞，要知自由多可贵，去问诗人裴多菲。

6. 法治

法治行为得规范，法规之力大于天，行法就要反特权，立法容易执法难。

7. 公正

公正就是不偏倚，廉能生威公生明，公正天敌是人情，人情公正两难容。

8. 平等

世间角色千万种，应无贵贱与特权，政治经济皆平等，人人追求理当然。

9. 爱国

千家万户组成国，没有国就没有家，人人爱国国强盛，爱国英雄万代夸。

10. 敬业

职业万千无贵贱，分工协作开百花，天道酬勤敬业者，人人都可是专家。

11. 诚信

人言是信应守信，言成为诚事可成，诚信可交天下友，诚信事业万代兴。

12. 友善

欲光门第须为善，己所不欲勿施人，有朋远来应煮酒，助人为乐视其亲。

白话很少诗意，只是为了让人了解其中一些内涵。

想理解中国特色社会主义，就要熟读、领悟、践行社会主义核心价值观。

三、改革开放四十年

改革开放四十年也就是中国实行市场经济制度的四十年。这四十年短暂的改革历程，是世界上发达国家几百年走过的路程，使中国发生了翻天覆地的变化，取得了举世震惊的成就。

（一）改革进程

改革开放的总设计师是邓小平。邓小平的改革过程可以分为解放思想和具体实行两个方面。

在解放思想方面，首先，邓小平认为，贫穷不是社会主义，这与“宁长社会主义的草，不要资本主义的苗”的谬论是决然对立的。发展生产力，改变中国经济落后的面貌使改革具有了必然性、必要性。

然而，在改革面前，政治思想的阻力是“两个凡是”，冲破“两个凡是”的束缚是解放思想的重要一步。

《实践是检验真理的唯一标准》使邓小平获得了哲学理论上的支持，因为此文实际上也是从哲学的角度论证改革的必要性。

“计划经济不等于社会主义，资本主义也有计划；市场经济不等于资本主义，社会主义也有市场”，这段话奠定了社会主义实行市场经济的理论基础。不把经济类型与社会制度区分开来，就容易使人产生实行市场经济就是否定了社会主义。有了这个区分，社会主义实行市场经济就具有了可行性。

此外，安徽凤阳小岗村的联产承包责任制的事实也更增强了其改革的信心。因为“联产承包”本身就是一个暗箱改革，是对人民公社制度的一种否定。“要吃粮，找紫阳，要吃米，找万里”释放出农民要求改革的呼声。

改革开放的面临的第一个问题就是如何进行改革，这是最艰难的一步。

首先，构建市场经济的群体可以是个人，允许私人就业、创业；把国营的一部分小企业通过承包租赁的方式，逐步转让给私人；允许三资（侨资、外资、中外合资）的进入等等。

其次，开放价格，先是把粮食价格放开，并允许生产品（生产资料）进入市场。

第三，设立深圳特区，引进外资、技术、管理，增加就业。

第四，逐步放开各个行业，如银行业等，使其进入市场竞争等等。

（二）改革开放的巨大成就

四十年来，中国经济取得了举世瞩目的成就。

1978 年 ~2013 年，我国国内生产总值（GDP）从 3645.2 亿元增长到 595244 亿元，年平均增长约 9.8%，占世界经济总量的比重超过十分之一，成为仅次于美国的第二大经济体。人均生产总值接近 7000 美元，2018 年 GDP 总值已近 90 万亿，已经位于上中等收入国家行列。我国有 220 余种产品产量居世界首位，是世界制造业第一大国。2013 年底，我国外汇储备达 3.82 万亿美元，连续八年位居世界第一。科学技术突飞猛进，取得了神舟飞船探月工程，“蛟龙”入海，超级计算机、智能机器人、超级杂交水稻等一批关键技术取得重大突破。教育、卫生、服务行业也取得了突飞猛进的发展。

人民生活显著改善，城乡居民收入和生活水平实现了从温饱不足到接近小康的历史性跨越。我国城镇居民家庭人均可支配收入和农村居民家庭人均可支配收入从1978年的343.4元和133.6元提高到2013年的26955元和8896元，按可比价格计算，分别实际增长11.3倍和11.9倍。城乡居民家庭恩格尔系数（食品、消费品占家庭收入中的比重）分别由1978年的57.5%下降到2013年的35%。(数据来自《加快转变经济发展方式》)。五年后的今天，以上数据必定又有很大提高。

经济的迅速发展，也使中国的外交地位提高。习近平出访英国，坐的是“金马车”。出访美国时，特朗普总统全家接待。

巨大成就的事例实在太多，不能列举了。十九大召开又明确很多具体目标，有感于改革开放四十年的巨大成就，通过学习十九大精神，感赋诗一首：

（仿春江花月夜）

1. 百年兴国几迁招，平治经论试比高，和谐盛世云台议[①]，改革开放是英豪。

2. 改革理论创新篇，邓论风骚独领先，代表中国和谐梦[②]，群情振奋万民欢。

3. 科学理论展雄威，神州处处响春雷，奔奔蛰龙腾空起，翔舞吭吟天地回。

4. 经济发展世称雄，四十跨越百年程，总产雄踞世界亚，他年赶美也有凭。

5. 神舟飞船游太空，助推动力是长征[③]，此次长征征宇宙，遥天高奏东方红。

6. 嫦娥一号探月球，迎接嫦娥返乡游，从今不再寒宫守，霓裳羽衣下琼楼。

7. 安居乐业更开怀，好事重重叠叠来，鸡鸭鱼肉下桌去，海味山珍上餐台。

8. 人民政府为人民，民主法治逐日臻，两个百年两步走，目标明确步伐新。

9. 万众欢庆十九大，学习核心价值观，中华复兴中国梦，梦圆不远是明天。

注：①云台：汉朝评议功臣的地方。

②江泽民：三个代表，胡锦涛：和谐社会，习近平：中国梦。

③长征指长征号火箭，又指新长征，语义双关。

四、中国经济面临的问题

十九大提出两个令全国人民十分振奋的目标，一个是建党 100 周年即 2020 年，全面建成小康社会；一个是建国 100 周年即 2050 年建成富强、民主、文明、和谐、美丽的社会。并提出经济要以 6.5%~7% 年增长速度来实现这两个目标。6.5%~7% 的年增长速度是由过去的高速增长转换成中档，主要提高质量和效益的增长速度，这个速度将成为新常态。

新常态下这个中档增长速度实在是相当高的增长速度。世界上还没有哪个国家在经济基数很高的情况下能在长达几十年时间内能保持这样高的增长速度。

然而中国市场经济正面临着巨大的挑战。中国经济的“市场病”（即市场经济出现的问题）正逐渐显现出来。总起来说中国经济的“市场病”有四个方面：生产过剩、失业、中等收入陷阱和收入差距加大（基尼指数提高）。

（一）生产过剩

需求不足、生产过剩是市场经济的常态，是固有的顽疾，任何国家都不能例外。当前中国出现了局部生产过剩的情况。某些服装、家电，甚至钢材、水泥等由于内需不足，外需也不足都出现了过剩情况。对此，国家不得不提出创新，去产能、去库存的策略，以应对这种“过剩”。

对于“过剩”问题，我们需要分清是“相对过剩”还是“绝对过剩”。相对过剩是指需求少于供给，即有需要但没有能力去实现需要。绝对过剩是指生产对需要的过剩，即某一种产品生产已经充分满足了需要，即使“白给”人家都不要了，用西方经济学说就是效用等于零了。应对两种不同过剩的方法是不一样的。应对相对过剩的办法是补充需求的不足；应对绝对过剩的办法是去库存、去产能，不断创新、生产新的产品。

然而，道理看似简单，实际运用起来却非常复杂。比如现有家电、服装等产品出现过剩，究竟是相对过剩还是绝对过剩呢？如果从滞销来看，似乎是绝对过剩，因为这些产品对城市居民来说似乎都已经具备了，没有必要再购买了，是绝对过剩。但如果换一个角度，即把全国的农民也包括进来看，很多农民不是不想购买这些产品，而是支付能力不足，因而就会得出另一个结论，即相对过剩。那么究竟采用哪种办法去“治疗”这种过剩呢？这是值得好好研究一下的。

房产市场更是一个扑朔迷离、令人琢磨不透的问题。改革开放以来，什么物品涨价最快？就是房地产。以北京为例，改革开放之初，大约均价在每平方米 200 元 ~300 元的房价，现在已经涨到 5 万元。比起居民货币收入的增长要高得多。房价增速如此之高，令许多经济学家的预测黯然失色。按道理说，随着改革的深入，许多农民必然进城，形成刚性需求，房价上涨有必然性。然而，实际上进城的农民由于收入过低，一时很难实现买房的需求。所以推动房价上涨的因素不是农民以及新进入城市的居民，而是炒房投机者。炒房集团预期未来的高收益，房价越高越买，房地产商一方面预期农民进城后的巨大购买力，另一方面又看到投机者买房趋向日增的现实，从而不断地增加房产供应。买房投机者的预期高收益动机与房地产商的预期高利润动机不谋而合，从而形成了房价越高越买，越买越高的现象。这纷乱的现象如何理解呢？按道理说，真正想买房的却无能力买房，应该说是房产供给相对过剩，有些经济学家正是以此为依据判断房价会回落。然而事实是投机者补足了需求的不足，反而造成房地产总是供给不足，房价越来越高。房产经济的这种怪象说明供给与需求关系的真相都被假象掩盖住了，假作真时真亦假。把理论界搅得一塌糊涂。如果消除了假象，真相就会显露出来。如何消除假象？消灭房产投机商吗？当然不可能，法律上也不允许。住房限购、提高买房的首付比例，是一种行政和经济相结合的手段，一定力度上限制了投机者，且有利于货币的回笼。然而我认为，扬汤止沸不如釜底抽薪，如果实行房产税就能极大的限阻了投机商。当房产税增加到高于房展投机的预期所得时，就打消了投机购房的动机，从而使房价逐渐趋于合理。可是真的实行了房产税，在低收入者刚性住房需求尚未到来时，又必然打击房地产业，从而影响国家经济发展和财政收入。所以这可能是国家采取限购住房这种中性政策的原因。

“过剩”并不是简单的两个字，其实质内容相当复杂。有必要把相对过剩与绝对过剩、真过剩与假过剩、个别产品过剩与总产品过剩、总需求与总供给的过剩逐一搞清楚，针对不同的过剩采取不同的对策。

（二）失业

从现在到2050年这段时间内，失业问题可能会越来越严重。前面讲过，造成失业的真实原因，一是科学技术的迅猛发展，二是我国农业现代化、集约化势所必然。在这段时间内会有大量的农民被挤出农业部门并转移到其他部门，其中有些人一时很难找到就业岗位也是必然现象。

除了农业人口转移中的失业外，现在城镇中也逐渐出现失业增加的现象。以前大学毕业生不愁找不到工作，现在则显现出就业困难，相对工资下降的现象，致使国家提出鼓励自主创业的政策，据报道，我国有近2%的大学生是通过自主创业而就业的。

凯恩斯理论提出“充分就业”的设想。然而实际上是“充分”不了的，现在发达国家的失业率在10%左右上下浮动就算很不错的了。失业是高科技的产品，是市场经济的产物，任何国家都不能例外，中国就业问题也将日趋严重。

如何解决失业问题，前面“新就业论”中我提出要减少工作天数，缩短工作时间，可能有人认为我这种想法不现实，但我认为迟早这一天会到来。在这一天到来之前如何解决就业问题呢？现在政府的办法就是发展第三产业。因此可以说从现在起到2050年是中国第三产业大发展的时期。1989年我出版了《劳动力配置系统论》，再版改名为《宏观劳动力配置》，在书中我自己设计的一些数学公式计算出其转移速度，发展第三产业的速度，第一、二、三产业的比重等，并把这种转移划分为三个时期，即小转时期，中转时期、大转时期。现在看来我所预计的大转时期已经到来了。大转时期，如在计划经济体制里，三个人的活五个人干，三个人的饭五个人吃，人人都会得到一块大锅饼，不会有失业，但在市场经济体制里，则失业就属必然现象了。

减少劳动力大转移中的失业现象，现在看唯一的可行办法就是发展第三产业。第三产业的理论、构成、运作我在《劳动力配置系统论》中已有很多讲述，这里着重讲第三产业的“无限性”。

第三产业门类繁多，各国划分也不一致，但总的来说，第三产业可分为两大类，一类是服务业，一类是文化产品业。因为第三产业又可理解为是满足眼、耳、身心需要的产业。满足眼、耳、身心需要比满足肠胃需要更具有无限性。以服务来说，古代官宦人家有很多的仆人、丫鬟，《红楼梦》里一个贾宝玉就有四五个丫鬟伺候着，什么都管理的有井有条、细致入微。当然，这是古代的私人服务，现在这诸多种私人家庭服务都已经社会化了。然而社会化了的各种服务远比不上家庭私人服务更全面、更细致、更体贴、更入微。因此社会化服务应向家庭私人服务的标准看齐。要做到这一点，是需要很多服务人员的。比如说古代富人家庭有自己的厨师，吃什么叫厨房去做就可以了，现在得下饭馆，比起私人厨房太不方便了。然而能否改进呢？完全有可能。比如外卖服务，你只要订餐，到时候就给你送上门来，这就方便多了。然而是否还存在改进的余地呢？比如说送餐只是提供产品，能否再进一步服务？提供“大厨”呢？也不是不可以！以此为例，能否提供家庭医生、家庭教师、家庭理发师的普遍上门服务呢？我的这些设想是想说明第三产业不仅是服务部门，还可以在服务的基础上把工作做得更细致，这样就可以吸纳很多劳动力就业。

马斯洛的需求层次理论，把需要划分为：生理需求、安全需求、爱和归属感、尊重需求和自我实现需求。就中国来看，现在正向第三人个需求阶段过渡。在这个阶段，人们的关注点一个是教育，一个是医疗卫生。由于望子成龙，学租房天价租金也在所不惜；生病了大部分人都会去医院，还吃保健品。这两方面的需要都有双重意义，教育、医疗既是消费，也是投资，暂时的消费预期未来可以得到更好的回报。

中国的教育现状是：由于计划生育政策及九年制义务教育政策的推行，导致人口减少，小学至中学教育基本普及，而大学则仍然处于瓶颈状态。之所以这样说因为上大学还得经过考试，有相当一部分人还是考不上。如果人人都能上大学，那才叫满足了需要。当然，如果实现了这一点，上大学和就业也就脱钩了。人人都是知识分子，也就“没”有知识分子了。

医疗卫生行业现在也是一个很大的缺口。实行社会保障制度，医生的缺口就更显突出，看病难仍是普遍存在的现象。尤其在农村，有大病只能进城，花路费、住旅馆、挂不上号。所以大量培养医护人员、合理安排医疗布局等仍是当务之急。医药卫生产业大有发展余地。

从精神产品来看，提供者又分为两大部分：一个是旅游，一个是文化艺术产品。现在旅游业发展很快，但旅游者大多是城镇居民以及农村里一部分富裕的人。与全国人口相比，这部分人还是少数。全面建成小康社会后，旅游人数必将剧增，未来几十年内将是旅游业大发展的时代。旅游业的大发展必然会带动与其相关产业的发展。

值得一提的是文化艺术部门，它们是精神产品的提供者。中国是五千年的文明大国，文化底蕴相当深厚，然而，却没有多少能在世界上进行竞争的文化产品。国展影片难敌进口大片，国粹“京剧”竟遭冷落，有些地区的电视节目竟然接收不到戏剧频道。传统的优秀文章、诗词越来越少，而以白话诗取代之。然而白话诗又有多少精品？我发现现在人们欣赏文艺作品的机遇与过去比不是多了，而是少了。中华人民共和国成立前后，即使是农村人也经常能看到“耍猴子”的，“跑马卖艺”的，“二人转”，说大鼓书的，唱皮影戏的。有钱人家婚丧事还请几天大戏，不要钱，大家随便看等等。所有这些今天都很难看到了。以北京为例，要看戏只能到几家大戏院，路途又远，票价又贵，只有少数人能跑得起、看得起。“著名相声”一次竟要价几千元，春晚一夜成名的演员，出场费高的离谱。这些现象正常吗？能促进文艺事业的大发展吗？我认为整顿发展文化艺术市场是非常必要的。现在有些中小学已经把书法、京剧、优秀的古文学、诗词等引入课堂，这是非常必要的。国粹京剧被逐渐淡化的原因在于京剧是集诗词歌赋、舞蹈、美术、中国音乐、武术于一身的综合艺术，简言之它是集中显示中国文化底蕴的艺术。没有这些知识的群体是很难领会其中的魅力的。随着中国文化的复兴，定会创新出很多精品，定能与世界文化竞争，定能得到全世界人民共同喜爱。所以中国的文化艺术改革道路很长、潜力巨大。从就业来说，未来文化艺术部门将是一个非常广的就业领域。总之，第三产业发展将是解决就业问题、增加就业的可行之路，也是促进经济发展的必须选择之路。

（三）中等收入陷阱

当前，中国经济正受到国际上流行的“中等收入陷阱”现象的威胁。能否顺利地跨越这个陷阱，是中国经济发展的极为重要的一步。

中等收入陷阱是指一个国家的人均收入水平达到一定数量，经济就会陷入延缓、迟滞状态，甚至止步不前。到底人均收入多少才会出现这种现象，说法不一。有认为年收入七千美元者，有三千美元者，也有一千到一万美元者。我国现在人均年 GDP 已近一万美元，无论从哪个标准来看，都已经处在“井口”之中。现实的经济增速放缓也使人们加重了对这方面的关注。

中等收入陷阱出现的原因是什么？为什么有的国家顺利地通过了这个陷阱，而大多数国家却迈不过这一步。虽然众说不一，但是有一点似乎是共识，那就是迈不过陷阱的原因是分配不公。

对于“分配不公”的论点我有两点不同看法。一个是不能说是“分配不公”，只能说是“占有不公”。因为“分配”是政治介入经济中的概念，最初是社会主义国家计划经济中专用的概念。这个概念形成后，人们就“反越时空”，把这个概念运用到历史的、现在的一切经济形态中，把“占有”错误的当作“分配”。实际上占有的不公正是因为没有“分配”。如果真的有“分配”的存在，就可能会减少甚至没有“不公”。

当然，把这两个概念区分开来一时也难以做到，约定俗成是一种很难抗拒的力量。但我相信，迟早“占有”和“分配”的区别会被人们接受的。

另一个是我认为造成中等收入陷阱的主要原因归结为“分配”不公之说与事实也是完全相悖的。按此说法岂不是说凡是通过“陷阱”这一关的国家都是“分配公平”吗？回顾那些跨过“陷阱”的国家，哪一个是“分配公平”的国家？

如果有人问，按照我的说法，把分配不公改成占有不公这只是概念上的区别，其实并无质的差异，说占有不公是形成中等收入陷阱的原因总可以了吧？我认为这样说有一定道理，但也绝不是形成“陷阱”的主要、唯一原因。我认为有些国家顺利通过“陷阱”的主要原因有三个：战争掠夺、殖民地收入和强制的不公平的国际贸易。这三点又可以归结为一点，即暴力掠夺。例如中国在新中国成立前近一百年被外寇掠夺去的白银不下数十亿两，甲午战争爆发后，一次就向日本赔款2亿5千万两，日本也因此迅速发展。西欧英、法、西班牙等国则占有很多殖民地，掠夺殖民地才使这些国家顺利通过陷阱。强制不公平的外贸是指在19和20世纪，无论是西方还是东方列强都是先用武力打开外贸渠道，然后把他们国家的剩余产品以各种形式，进入到一些弱小国家以榨取金银。进入弱小国家的产品，扰乱了弱小国家的经济秩序，从而使列强国家顺利地通过了陷阱。概言之，这些通过“陷阱”的国家，主要不是通过内需，而是以掠夺式的“外需”，才过了这一难关的。

那么现在我国应如何渡过“陷阱”这一难关呢？当然，掠夺殖民地是绝不应当出现的。因此。依照拙见只能是从调整内需和扩大外需两方面着手。

调整内需，即扩大中等收入群体。使国家的收入群体结构呈两头小中间大，即低层收入群体少，高层收入群体也少，而大部分是中等收入群体的“橄榄形”结构。

以扩大中等收入群体“治疗”中等收入陷阱是有道理的。从内需方面看，低收入群体有需要少需求，购买力低；高收入群体则是由有需求无需要，普通东西都有了，需要大多是高端产品，所以也难以形成大众购买力。只有中等收入群体，既有需要也有需求，能形成强大的购买力。从现实来看。无论是教育需求、医疗需求、旅游需求以及劳务、文化需求的强力支撑者主要是中等收入群体，俗称中产阶级。以扩大中等收入群体“治疗”中等收入陷阱看似悖理其实是有道理的，并且扩大中等收入群体是通过“陷阱”的重要途径之一。

另一副治疗“陷阱”病的良药就是国际贸易，以扩大外需补足国内的需求不足。然而，现在国际贸易也出现了严重的挑战。正因如此，习近平才提出建设好“一带一路”，构建人类命运共同体的策略。这一策略不仅会使中国跨越陷阱，而且成果也将为参与的所有国家所共享，初步成果将是共同跨越过陷阱。然而无论是扩大内需战略还是外需战略，其实关键还是不断调整供给侧结构的“创新”。就这个意义上说，只有不断创新，才能顺利地跨越陷阱。

我认为，如果中国经济在2050年之前能一直保持6.5%的增长速度，中等收入陷阱就可以顺利通过。

（四）收入差距加大

1. 中国缩减收入差距的办法

随着市场经济的发展，收入差距的现象越来越严重。这里我没有用“分配不公”的“分配”二字是因为出现收入差距恰恰正是因为没有分配手段的制约。

收入差距的大小是有衡量标准的，即“基尼系数”。基尼系数是衡量一个国家或地区居民收入差距的常用指标。基尼系数最大1，最小为0，基尼系数越接近0表明收入分配趋向平等，国际惯例把0.2以下视为收入绝对平均，0.2–0.3视为比较平均，0.3–0.4视为收入相对合理，0.4–0.5视为收入差距较大，0.5以上视为收入悬殊。

现在世界基尼系数已达0.7，表明收入差距非常大。

从我国情况看，有的大财团一家占有的财富竟达2000亿元。以全国一年GDP为60万亿计算，如果财富有2000亿的有300家，就把GDP全部占有了。当然不会有这么多家。其实在市场经济中使财富占有差距拉大的不只是这样大的财团，其他如明星、大企业的CEO等，其所得收入都远高于普通人。有几百万、几千万的人实在不是少数。这些高收入阶层的大量出现也助推了基尼系数的增加。

虽然有识之士都认为基尼系数高、收入差距现象加大，然而却并无任何药方可以治疗这种“不公平”病，只好承认这是市场经济的癌症，没法治疗。为什么没法治？因为它是市场经济自发形成的，没有“分配”介入调整的余地。由此可以明白我为什么把这种不公平不叫分配不公，而只说是占有或所得不公平了吧。

说没有分配的介入是指政府即不能限制高收入者财产的数量，也不能干预市场主体单位的工资的高低，也不能以任何行政手段削减其占有的财富。征收财产税吗？已经征收所得税了还能再增加吗？如果征收财产税，资本就会流光了。除非世界统一征收财产税，但这样就没人去投资当资本家了，等于取消了资本，也就取消了市场经济。收入差距多大，也只能默认其存在的合理合法性。在法治的国家合法就是合理。所以解决收入差距过大的办法从限制高收入阶层方面是没有路可走的。

然而当世界上其他国家都无办法治疗“不公平病”的时候，作为社会主义国家的中国却有着不同的办法和妙方。那就是通过分配的办法，一方面不限高，另一方面开展扶贫工作。从改革开放到现在，我国已帮助一亿多人口脱离了贫困状态。连联合国都承认，中国在这方面做出了突出的贡献。国际货币基金组织发布的数据显示，中国使5000余万人口脱贫，对此也大力的赞扬。不仅如此，而且预计到2020年，我国将要全面进入小康社会。

所以就中国现状来看，如何缩小基尼系数，总的思路仍是如何使脱贫者进一步富起来。因此政府制定了详细的精准扶贫计划。习近平说：精准扶贫就是要解决好扶持谁的问题，确保把真正的贫困人口弄清楚，把贫困的程度、贫困的原因等搞清楚，要解决好谁来扶的问题，要解决好怎么扶的问题。在具体实施上，国家实施了“五个一批工程”：一是发展生产脱贫一批；二是异地搬迁脱贫一批；三是生态补偿脱贫一批；四是发展教育脱贫一批；五是社会保障兜底一批。一系列政策扶持要倾向于贫困人口以及革命老区等。

所有这些政策都是“分配”，以“分配”手段去减少基尼系数，去缩减不公平的程度。这凸显共产党领导的社会主义社会的特色。

五、几点进言

尽管通过分配可以减弱贫富差距，但是这种现象还是要存在下去。因为这是市场经济的顽症。因此对不同的群体我要“进三言”“劝两句”。

首先，对那些对“贫富差距”现象发微词、看不惯，甚至闹“红眼病”的人说三句话。一句是要把高收入群体的财富视为是国家的财富。纵观历史，任何人所有的财富，短时间内都是为个人所有，但从长时间来看，都是国家的财富。

第二句话就是要辩证全面地看待“资本家”、有钱人。不要仇富，更要看到这些资本家是经济发展的主要的力量。特朗普 2017 年访华带来很多企业家和中国签订了 2535 多亿美元的大单。习近平访英、法、德等国，也带了许多经济界的高层人士，也都签订了双方贸易大单。从国内来看，私人的中小资本贡献的税收几乎是全部税收的 40% 以上。所以说，发展市场经济，这些富人、资本家是有巨大贡献的。

第三句话，收入的多少、生活水平，主要看自己今昔的对比，少与其他人对比。这就是说对比的心态一定要摆正。你总和有钱人对比，就肯定觉得自己收入太少了，太不公平了，会生有怨气。但别人财富多少，与自己有多大关系？你只要看你自己的收入越来越多，日子越来越好就会有越来越多的满足感。据资料显示，改革开放以后，截至 2013 年全国人民生活水平较改革开放前已经提高了十一倍还多，5 年后的今天肯定又有很大提高了。2020 年将全面达到小康社会，“小康”是什么阶段？生活水平如按四个层次：贫困、温饱、小康、富裕来看，已经走到第三个层次了。每一个人全面地审视一下自己的生活，我认为大多数人甚至可以说比过去皇帝的生活还要舒适。皇帝坐过汽车、飞机吗？皇帝享用过各种家用电器吗？现在人们睡的床、住的屋子，几乎都比过去的皇帝好，而且生活会越来越好。

第三句话是对富有者说的。身居富有者之位，必然会引起人们的另眼相看。且孟子有话：“为富不仁矣，为仁不富矣”，似乎更增加人们对富人的认识就是不仁。俗话说，“一家保暖千家怨”，所以身居富位的群体更要去掉为富不仁的形象。为此我给富有者选上社会主义核心价值观的两句话：一是爱国，二是友善。国家兴亡匹夫有责，富有者更应如此。个人之家是小家，国家是大家。国强才有民富，今天家财亿万计者也只有国家强盛了的情况下才能存在。所以富人之富的前提是国家安泰。现在很多大公司“回报社会”，以不同方式在国家遇到自然灾害时实行捐助，这是值得赞扬的。

“友善”也是对所有人的共同要求，对富有阶层尤为必要。逢富必骄，身价抬高是很难与人民大众为友的，富人更要平等待人。再者，我建议富有阶层多做慈善事业，乐善好施，必有善报。所有的人都和谐待人，尽快实现我国建成富强、民主、和谐、文明、美丽的社会主义国家的美好愿景。

下篇

中国市场经济漫谈录

叙　论

市场经济体制在我国已经取得巨大成效，同时也出现了许多问题。我们开个市场经济问题讨论会，会议的宗旨可以概括为：普及、阐释、评议、建言八个字。普及就是把市场经济的专业语言变成通俗语言；阐释就是把专业语言的内涵、外延尽量搞清楚；评议就是评价现行市场经济成功与否的问题；建言就是为中国市场经济的未来发展发表的一些浅见。为此提出以下要求。

（一）语言尽量通俗化，哪怕是村言俚语也可用。

（二）百家争鸣，即不论何种学派、何种观点都可以讲述出来。

（三）求同存异，同者不做结论，异者“仁者见仁，智者见智”，可以各自保留见解。

（四）要有“包容心”，辩论时不攻击对方，不恶语伤人。

为了达到上述目的，在会议的参加者中，我们请来了德先生、赛先生两位经济学家、一位国学家 G 先生，还有不同职业的大众团体。会议中人人都可以畅所欲言。为了记录方便，德先生用“D”代表；赛先生用“S”代表；国学家用“G”代表；团体大众用“Z”代表；主持人用“主”代表。

下面讨论开始。

第一章　市场经济学漫谈

一、经济学的中国文化含义

S：2018年，是我国改革开放的第四十一年，由于实行市场经济体制，经济方面取得了举世瞩目的成就，世界各国现在也几乎都实行市场经济体制。可是由于我读书太少，知识面太窄，直到现在还未见到较全面阐述市场经济体制的书。听说D先生在这方面造诣很深，能否为我们简单介绍一下？

D：不敢当。对于市场经济我也只能说是一知半解。由于西方国家一直是实行市场经济，所以西方经济学者对此有很多著作。著作大体分为两类，一类是微观经济学，一类是宏观经济学。每一类又分为很多学派。所以没有全面阐述市场经济学的著作的说法是不恰当的吧。

S：西方市场经济学的论著我也见过一些，但是感觉都是从市场经济某一个侧面，而不是从整体来进行论述的；并且读起来总是感觉“洋味”太足，没有中国味道。我倒是希望能见到有人写一部有中国味道的市场经济学。

D：想法很好，不过，这实在是太难了吧？实践出真知，中国实行市场经济才几十年，实践积累的经验，知识实在太少，怎么能写出你所希望的市场经济学。我看我们还是先当学生，从学习西方市场经济学开始吧。对此，我介绍两本书：一本是张培刚先生和厉以宁先生的《微观宏观经济学的产生和发展》，一本是林一知先生的《凯恩斯理论与中国经济》，先有了一定基础再谈进一步发展吧。

S：中国市场经济取得成就的时期，党和国家领导人对此也总结出很多经验和理论，我认为这也是市场经济学多出成果的时机，只要同行学者共同努力，一定会写出中国市场经济学。

主：两位先生的谈论过于专业，我们还是从最基本的知识开始讨论吧。

Z1：同意主持人的意见，什么是经济和经济学？我们学习经济学的学生也不太懂。请从这里开始，谁能给解释一下。能不能给经济学下一个中国式的定义。

Z2："经济"总是和钱分不开吧？有钱说经济富裕，没钱说经济拮据，买东西花钱不多说经济便宜，生产发展了，钱多了说经济形势好等等。依此，我认为"经济"就是生财、聚财、用财之道。

D：这种说法似乎有些道理，但一是粗俗，二是不全面，三是没有概括性。据我所知，经济一词缘起于希腊，原意有家庭管理的意思，翻译成中文就是家庭管理，或者说是经营管理的意思。

Z1：如果说"经济"就是家庭管理的意思，那么《红楼梦》中王熙凤就是经济学家了吧？（众笑）

S：Z1 先生的说法近乎玩笑，至于 D 先生的说法可能是"经济"一词的原始含义。"经济"一词后来用之于经济学后，便被人们使用，它是研究生产、分配、交换、消费之间关系的科学。

G：我也学过《政治经济学》，确实是这么说的。但是我觉得这种说法既缺乏概括、归纳性，又洋味十足，不太符合中国国情。我认为"经济"一词中国自古有之，其含义是经世济民，治国兴邦之意。幼读国学，知道一副对联：西汉文章两司马，经济南阳一卧龙。又读史书说，诸葛亮"善治国，不善用兵"，由此可以说明诸葛亮就是大经济学家，经济学就是经世济民之策。给"经济"以这样的定义，才更有概括性、理论性，才更符合中国文化之情。

S：西方经济学有宏观与微观之分，G 先生说法如果用于宏观经济，很有中国味儿，我表示赞同；至于用于养家之术、企业管理之策则属于微观经济学。

主：我们今天讨论的主要内容是宏观的市场经济，所以，我认为 G 先生的说法可以采纳。

G：我甚至认为，诸葛亮不仅是宏观经济管理者，在微观经济方面也有贡献，他的《教子书》不就是一部微观经济管理的著作吗？

S：看来你是《三国》迷，如果《教子书》也算微观经济学，那么，朱熹的《朱子治家格言》就更应该算了。你是把思想家、政治家、经济家都混为一谈了。其实，要讲经济学家、管理学家实在是不少，如古代管仲、商鞅、范蠡、李悝、孟轲等，现代也不少。

D：举这么多人为例，都说他们是经济学家，这其中的很多人又被认为是政治家、思想家，其实这几家是很难严格区分的。因为经济既然是经世济民之论，当然要由思想家提出，由政治家实现，有时则是三者一体，所以在这方面是很难说清楚的。

主：各抒己见，求同存异吧。不过，综上所述，能否说微观经济学是齐家之术，企管之策；宏观经济学就是经世济民之论呢？我看可以，当然这也不是结论。

G：宏观经济学叫做经世济民之论是有中国味儿，但太古气，我看不如叫经世济民学更好一些。

Z1、Z2：这两种叫法都可以，我们看就依主持人之意暂时可以并存。

二、市场经济辨析

主：我们要讨论的经济学就是市场经济学，那么什么是市场经济学呢？

S：依据上述讨论，市场经济学可否能表述为“运用市场机制来实现经世济民，治国安邦的理论”？

主：如无异议，此议可以暂存。

Z1：请问什么是市场呢？

S：市场，按照通俗理解就是商品交换的场所和领域。因而它是商品经济的概念。列宁说过“哪里有社会分工和商品生产，哪里就有市场”。市场产生于原始社会末期，随着社会分工和商品生产的发展而逐渐扩大。在资本主义（现在称发达国家）社会以前，由于社会经济的主要形式是自给自足的自然经济，商品生产和交换还不发达，在国民经济中还不占主要地位，因而市场发展十分缓慢。到了资本主义社会，几乎所有的产品都成了商品，进入市场进行交换，甚至连劳动力也成为商品，也进入市场进行交换，这时，市场的类别和空间都在扩展和扩大。

Z1：具体说有哪些分类呢？

S：传统的分类方法大体有三种：

（一）按产品使用性能分，可以分为消费品市场和生产品市场。消费品市场就是交换可直接用于消费的商品（如衣、食等）市场；生产品市场就是交换生产所需用品（如钢铁、机床、水泥等）的市场。

（二）按照空间范围划分，可以分为国内市场和国际（世界）市场。国内市场进行着企业与个人、企业与企业、个人与个人之间的商品交换；国际市场则是世界各国之间的商品交换。

（三）按商品属性可分为一般商品和特殊商品。消费品和生产品都是一般用品，特殊商品是指货币，各国的货币可以通过银行等金融机构进行交换。与特殊商品类似的还有股票市场、期货市场等。

D：S 先生的上述三种只是一般的、传统的分类方法，我认为还应该补充两种，这两种分类方法对于认识市场经济更有重要意义。

S：补充两种？那就是说还有第四种和第五种了？

D：（四）按商品的形态划分可以分为有形商品和无形商品。消费品、生产品都属于有形商品，另一类是各种劳务，如医生、教师、警察、公务员、文艺工作者等等所提供的服务叫无形商品。因此市场可以分为有形产品市场和无形产品市场，也叫（劳务市场）。

Z1：“无形商品”这个概念倒是头一次听说，难道“劳务”也是商品吗？

D：在马克思经济理论体系里，认为“劳务”不创造价值，不是商品，而在市场经济学里则认为“劳务”也是商品，这是两种理论的不同之处。

（五）按市场发展阶段划分，可以分为自由市场经济与国家参与的市场经济。自由市场经济就是无任何外力干预而完全由“价值规律”进行调节的市场；国家参与的市场经济就是国家通过采取各种措施来干预市场。补充说一句，用“价值规律”调节是《政治经济学》用语；而西方则用“价格均衡”来调节。用一种理论体系的语言来表述另一种体系相似的语言显得很不协调，但为了更容易明白一些又不得不用。

Z1：请问，我们重点讨论的是哪种市场经济呢？

D：宏观市场经济学要讨论的当然是国家参与的市场经济，而不是自由市场经济。但是水有源、树有根，要讨论国家参与的市场经济，还得把自由市场经济作为出发点。

第二章　自由市场经济漫谈

主：今天，我们要讨论自由市场经济，这个问题应该从哪里开始呢？

S：我认为应从“市场机制”开始。

Z1：什么是市场机制？

D：简言之，即是自由市场经济是如何运行的。具体可以用一个公式来表示就是：有效供给与有效需求的价格均衡。

我建议讨论市场机制应按以下的步骤进行：

1. 供给侧与需求侧。

2. 有效供给与有效需求。

3. 价格均衡。

4. 市场经济优势与弊病。

一、供给侧与需求侧

主：就依 D 先生之见，先讨论什么是供给侧、需求侧。

D：简言之，供给侧就是商品的生产方，生产方产出的产品供给市场，所以叫供给方，也可以理解为卖方。需求侧就是商品的消费者根据需要在市场上购买他所需要的商品进行消费，所以叫需求方，也可以理解为买方。

Z1：那么为什么叫供给侧不叫生产侧呢？

D：这个问题提的好。为什么提供给不提生产？大致有三方面原因：一、是为了避免纠纷。什么是生产？生产就是把生产的几个要素结合起来，生产出人们需要的物品，至于是哪几个要素，《西方经济学》与《政治经济学》有不同的表述。西方经济学者以萨伊为代表，认为是人力、资本、土地；政治经济学则认为是劳动力、劳动手段、劳动对象。不同的表述，反映出的不仅是经济含义的差别而是不同的政治倾向。用供给代替生产就不会有这种差别了。二、是市场经济讲的供给的是商品，而生产出来的则是产品。无论市场经济多么发达，商品只能是产品的一部分而不是全部，简单说就是生产一定要大于供给。三、更为重要的是，市场经济讲的商品不只是指有形产品，而且还包括无形的产品，即参加社会工作的各类人群的各种服务。说生产各种物品，人们好理解，如果说生产某种服务，如说生产医生服务、生产教师服务岂不是笑话？而用“供给”的概念就没有这些问题了。

Z1：为什么需求侧不叫消费侧或需要侧呢？我倒认为叫需要侧更合适。

D：这个问题更有意思。“消费”确实是政治经济学的常用语，而且是四个环节（生产、分配、交换、消费）中的一个环节。但是，什么是消费？简言之消费就是把生产出来的东西使用、消耗掉。生产是“生”，消费是“灭”。在无任何中间环节的自给自足的自然经济里，它只是说出物品的变化过程，没有什么经济含义。但是在市场经济中的商品却不只是消费。与消费相近的意思就是我们常说的需要，如说生产是满足需要。但是在市场经济中也不是你需要什么就能得到什么，你有需要但是没有钱去买，只能是空想的需要。而需求则是可以实现的需要，在市场经济中把需求定义为有支付能力的需要。因此，需要与需求的关系是：需要是潜在的需求，需求是可以实现的需要。如果一定要用“需要”表示需求侧也可以，就说需求侧是有支付能力的需要侧。

Z1：D先生这样解释供给侧、需求侧我倒似乎明白了，可是你能否进一步说明，供给侧、需求侧的群体具体是由哪些人组成的呢？

D：一般地说，社会中个人、各企业、部门、各产业都是供给侧群体的一员，具体地说，在座各位只要是就业者，每个人都是供给侧群体的一员。

Z1：我们这些人有的是教师，有的是理发师，有的是文艺工作者，有的是清洁工等等，我们没有生产什么商品，怎么能说我们都是供给者呢？

D：你这么说还是把商品看成是有形的物资产品了，这是个误解。前面我们说过，除了有形的物资产品外，商品中还包括各种无形产品、精神产品、各种劳务。清洁工能使环境整洁、生活愉悦；教师是育人，是开发人力资源这一重要的生产要素；理发师可以使人容颜秀丽、实现人们爱美的愿望；文艺工作者把人世间的喜怒哀乐、悲欢离合演绎给人们，满足人们精神上的需求等等。这些都是人们所需的，怎么能说不是“商品”的供给者呢?

S：D先生这种理论是与《政治经济学》理论相悖的。

D：这是市场经济学的理论，它是与市场经济的现实相吻合的。在发达国家中，生产有形的物资产品的人是非常少的，绝大部分人都是从事各种各样劳务型的工作，如果把后者都排除在供给侧之外，供给侧就没有多少人了。

G：我们讨论的市场经济应遵从于市场经济理论。我认为D先生的说法是有道理的。

Z1：那么，需求侧的群体又是由哪些人构成的呢?

D：需求侧群体也是由构成供给侧群体的那些部分、那些人构成的，换句话说，在座各位即是供给侧群体的一员，也是需求侧群体的一员。作为供给者，你提供有形商品或劳务，作为需求者你又消费这些商品或服务。你供给市场的是一种商品，通过供给商品你取得收入，然后再用这笔收入去购买多种商品。

Z1：这样说需求侧群体和供给侧群体是一样的，是吗?

D：是的。甚至可以说，凡是就业的，人人都是供给侧的一员，人人也都是需求侧的一员。

Z1：那么，社会上的无业者以及老弱病残属于哪一侧呢?

D：狭义的说，这部分人无就业、无收入也就无支出，所以也就不属于供给、需求的任何一侧；广义地说，这部分人也有需要，但这种需要是通过亲朋子女或者国家帮助来实现的，这是另外一个问题，以后再讨论。

Z1：我觉得不用狭义或广义地咬字眼了，应该是需求侧大于供给侧吧?

D：暂时这样理解也可以。

G：为了便于记忆可以编一个顺口溜：人人都是需求侧，供给侧未必是人人。

二、有效供给与有效需求

主：在讨论完供求两侧之后，我们再进一步讨论什么是有效供给和有效需求。先谈有效供给。

Z1：我不明白为什么供给前面要加“有效”二字。

S：我理解是指使用价值吧？就是说你提供的无论何种商品，都应该具有使用价值。

D：S 先生说，“有效”是指使用价值，此说值得商榷。使用价值是《政治经济学》的概念，属于马克思主义理论体系，西方经济学者是不用这一概念的。我倒认为西方经济学者是用“效用”这样一个类似的概念来代替使用价值的，“有效”就是“有效用”的意思。

S：D 先生的阐释是同义语的反复，什么也没有说明。说“效用”同使用价值含义类似，但是更要看到其差别。商品的使用价值概念是客观的、一定的；“效用”则是主观的、有时随人们拥有多少而变化的，比如说随着对某一种商品拥有的增加而效用则递减。所以用“效用”解释“有效”，倒不如用使用价值来理解“有效”更好些。

G：S、D 二位先生争论的深刻内涵我不太明白，但从这种争论中，我倒觉得似乎可以用通俗的、更容易为大众所接受的语言来表达，那就是“有效”就是指提供的商品必须真正有用。有形的物质商品不能是伪劣假冒，至于无形的“劳务”类商品也不能有假，医生必须得真能治病；教师必须得真正讲好课；文艺界演员必须得真正演戏等等。

Z2：我有另一种想法。“有效”应是指那些真正能进入市场交换的商品，有的生产者在生产时是把某种产品作为商品来生产的，但是由于人为因素（欺行霸市、地方主义、关税壁垒等）或自然因素（冷热雨雪）或不可抗力因素等，而使生产的商品无法进入市场，所以这种供给的商品不应说是有效的。

主：看来这个问题比较复杂，不容易说清楚，几种观点都有一定道理，可以并存。但是，我倒更倾向于 D 先生的解释，即“有效”就是有效用，细想想，这种观点包含 S、G、Z1、Z2 各位先生解释的基本方面，以上几位先生的解释不过是D先生解释的细分化。当然这也不是结论。

Z1：那么需求前加上的“有效”又是什么意思？因为，有支付能力，需求必然是有效的。

D：有钱即有支付能力，但不等于就成为现实购买力，因为有钱人不一定都把钱花掉。

Z1：还有有钱不花的人吗？俗话说有钱不花，丢了白搭。

D：是的，有些人就是有钱不花，大体上可以分为两类，一类是不敢花，另一类是舍不得花。有钱不敢花的最好实例就是贪官的钱，最近一两年，媒体曝光许多贪官贪赃甚至几个亿，不敢花，把钱藏在柜子里，埋在地下，查出来后用点钞机数钱，把因钞票数量太多把几个点钞机都用坏了。另一类有钱不愿花的人，他们的动机或为养老，或为留给子孙，或者为了急用钱时用起来方便而进行储蓄。总起来说就是延期消费。这两部分有钱不花的情况，就叫无效需求。

三、价格均衡

D：在自由市场经济中，供给者提供的商品是通过在市场上进行交换才能使商品转移到需求者手中进行消费，所以市场上的交换是联系供求双方的纽带和桥梁。在交换中，谁也不能吃亏，谁也不能占便宜，必须是等价的。

Z1：什么是“等价”？是价值相等吗？

S：是的，等价就是价值相等。价值就是凝结在商品中的抽象的社会必要劳动。可是价值是看不见也摸不着的，它必须用货币表示出来，价格就是以货币形式表现的价值，也可以说价格是价值的货币表现。有了货币之后，一件商品的价值就可以用多少货币表现出来，这就叫商品的价格。

D：西方经济学者不承认劳动价值论，也就不承认价值，所以从来也未在西方见到价格是价值的货币表现这种说法。

S：那么，他们所说的价格又是怎么定出来的？

D：他们所说的价格是以生产费用（成本）再加上批发、零售等利润而形成的市场价格。

S：所以说他们是只讲现象不讲本质，是庸俗的。

G：现象是表面的，更容易为人理解；本质则含深奥之理，容易使人存疑。

S：这些人不是不懂价值的本质，也不是存疑，而是坚决反对，原因就在于为那个阶级说话，就在于政治倾向。

主：这个问题求同存异吧。“同”就是都承认价格的存在，“异”就是本质与现象之争，我们要回答的是价格是如何均衡的。

D：自由市场经济无论供给侧、需求侧都是由千千万万个群体和个人组成的。所谓自由是全方位的，供给侧的生产者们生产什么商品，生产多久，以什么价格出售完全是由生产者自己来定。商品在市场交换中，一般是由供给方先提出一个出售价格，需求方在回应一个购买价格，如两者差距过大，售价太高需求方不买；需求方购买价格太低，供给方则不卖。这样要经过多次的讨价还价，供给方价格降低一些，需求方价格提高一些，双方互相较量而得出结果，求得一个共同认可的价格则交换成功，商品易手。

Z1：这样的交换，大多数是供给方占便宜吧？因为他们知“底”，而且往往出价超过“底”多少倍，漫天要价？而需求方则不知“底”，往往上当。

Z2：市场常出现这种情况。对付的办法就是，你漫天要价，我就地还钱，把购买价也压低很多。

Z1：俗话说买的不如卖的精，你还价再低，往往还是超出正常市场价格，你买方还是要吃亏。

S：你们说的这种情况确实存在，但那是个别现象。在发达的自由市场中供给侧生产同类、同样的商品的生产厂家有很多，他们之间竞争激烈，为了把商品销售出去，谁也不敢过高的提出出售价格，这会导致商品卖不出去。另一方面，需求侧的购买方，通过各种信息渠道，也会知晓市场商品的行情，价格过高则不买，价格过低则供给方不卖，这样供需双方在交易中就容易成交了。

主：还是讨论下“均衡”的含义吧，什么叫“均衡”？

S：我的理解是，市场上每一种、每一次交易成功的价格都叫价格均衡。这种均衡因为供求关系的变动而变动，或者价格高于价值，或者价格低于价值，不断地调整着供求，最终使供求商品量达到平衡。这整个过程归结为一句话，就是价值规律调节。

D：S 先生是计划经济的概念和市场经济的概念混淆在一起了。首先，西方学者根本就不提价值规律；其次，也不能把每一次市场成交的价格认作是均衡。恰恰相反，我倒认为每一次市场成交的价格都是不断变化的，有时高、有时低，这种时高时低的价格应该叫做“不均衡”。这种时高时低不均衡的价格变动，最后终将使商品的供求趋于相近，即均衡。均衡也不是平衡，平衡是计划经济的概念，是静态的，绝对的。均衡则是动态的，相对的。

主：看来，S、D 先生对“均衡”有不同的理解，对此，大家有什么看法？

S：不太明白，不好说什么。我倒觉得从字义上讲“衡”就是就是量一量，“均”就是大体相等，因此价格“均衡”就是用价格量一量供求状况，价格波动较大，说明供求差距较大，就叫不均衡，反之差距较小就叫均衡。

主：暂时放下这个争论，市场经济中用的是“价格调节”这个中性词，大家都可以接受吧？下面请讨论一下价格调节的功能吧。

D：价格调节在我看来有四个方面。

第一，调节商品生产。

市场上，企业所生产的商品的价格高低是调节商品生产最权威的信号。市场价格高，等于向企业发出了“增加生产”的信号。市场价格低，等于向企业发出“减少生产”或转产的信号。价格信息还包含十分丰富的内容，如产品质量、式样、颜色、地域、季节、服务、偏好等经济信息。这些都具体地影响着企业生产经营决策，要求企业作出调节生产的行动。

第二，调节生产要素的合理使用。

一般的说，生产的各种要素如资本、土地、熟练劳动力、科学技术、原材料、矿藏等，在任何国家、任何时期都是短缺的。这些短缺的生产要素究竟用于生产什么？是生产生产品还是生产消费品；是用于发展重工业产品，还是生产轻工业产品；是用于发展第一产业（农业）产品，还是发展第二、三产业产品；在价格信息中会明确反映出来。哪些产品能挣钱，利润更大，企业家就生产哪些产品。这样各种短缺的生产要素就都能得到合理的利用，而不会出现像计划经济理论那样优先发展重工业，而造成今天的钢铁、水泥等生产品的过剩，不得不“去产能”“去库存”。

第三，调节消费。

消费分为生产消费与生活消费。生产消费是指投资于生产的企业（类似于计划经济中的扩大再生产），究竟要不要投资建设这类企业，具体建设生产什么产品的企业，都能从市场的价格信息中反映出来。生活消费是指用于生活消费品的消费。生活消费对价格的反映更为明显，某种生活消费品的价格高，则缩食减衣少购买；某种消费品价格过低，就增加购买量。俗话说“一个便宜三个爱”，又说“贪贱吃穷人”。市场上供给方的大拍卖、大减价、处理品、特价品等商业行为的出现，就是用价格因素影响消费。

第四，调节宏观经济结构。

在市场价格作用下，不仅会改变商品结构，而且会改变行业结构、产业结构。生产某一行业商品不赚钱，生产企业会转向另一行业，如生产电视机行业利润低，就转去生产电脑行业。同样，哪一种产业不赚钱、少赚钱就转向更赚钱的产业，如第一产业转向第二产业，第一、二产业转向第三产业等。

S：D 先生说了四个方面，我认为还有一个方面，就是价格会影响财富的分配。市场中生产的财富是按地主得地租，资本家（投资者）得利润，工人得工资进行分配的。市场中商品价格的高低必然影响到三方面的所得。然而，影响最大的当是资本家。一个成功的投资者，投资方向正确，又善于经营，其商品价格必高，而资本家必然分到的份额越大，于是资本家就成了大富翁。

D：我不认为 S 先生讲的这一条是对的，就是说价格不影响分配，而且我还认为自由市场经济根本就不存在“分配”这个环节。（一语哗然，众目互视。）我认为市场经济是“三元”经济，也就是没有分配这个环节的经济。

四、三元的市场经济（市场经济的弊端）

主：按照预定的程序，本应该讨论市场经济的弊端，但应D先生建议，临时把题目改为“三元的市场经济”。既然如此，就请D先生先谈一谈吧。

D：三元的市场经济是我提出来的。首先我要解释一下“元”的含义。经济学的组成部分一般都认为是由生产、分配、交换、消费四个环节组成的。为了叙述方便，我把环节改为“元”，即由四元组成。当然这是个小问题，如果觉得不合适，仍叫“环节”也可以。

G：就用你的新概念，可是提自由市场经济是三元的，三元是指什么？难道还有一元的、二元的、四元的、五元等的经济吗？

D：自由市场经济的“三元”指的是供给、需求、交换，或者按政治经济学的提法是生产、交换和需要。也就是说，没有“分配”。至于说经济的多元，我认为有二元、三元、四元，没有一元、五元等其他的经济体制。

Z1：二元经济体制指什么？

D：“二元”是指自给自足的自然经济，只有生产和消费，没有交换和分配。

G：你说自然经济没有交换可以理解，没有分配说不通吧？

D：“自给”就是指生产，“自足”就是消费，合起来就是生产什么、消费什么，这不是“二元”吗？

G：自然经济是由千万个家庭组成，一个家庭生产出的产品，在家庭成员之间如老人、小孩、大人之间也要进行分配的。如老人要需要补充营养，小孩要穿新衣服，大人进行劳动要多吃些粮食等，这不也是分配吗？

D：如果这些也叫“分配”，我无话可说，那只好承认其有分配了，可是“分配”的概念不是指一个家庭内部，而是指主体社会成员之间即各个家庭之间是否有财富分配的行为。自然经济体制下，每个家庭都是自给自足的，从而整个社会也都是自给自足的，因而没有分配，只能理解为二元的。

Z1：“三元”的经济是指什么？

D：“三元”经济有两种，一种是计划经济，另一种就是前面讲过的自由市场经济。

Z1：请问计划经济的“三元”是指什么？

D：计划经济的“三元”指的是生产、分配、消费。

S：你是说计划经济没有交换，这不妥吧？计划经济也是社会分工的经济，每个人所消费的物品也是商品，也要用货币进行购买。这不就是交换吗？

D：看问题要看其本质而不能只看现象。是否有交换要看每个人之所得是由价值规律作用通过交换得到的，还是由计划规律依政策、指令而得到的。如是前者就是有交换，如是后者，则只能理解为是分配。具体说：

其一，在计划经济中，不仅每个人的工资是由政府制定，而且每个人实际消费的用品也是由政府规定的，如每个人一个月30斤粮食，半斤肉，三两油，一年几尺布票等，一切都是定量供应的。除了规定的数量之外，你即使有钱在市场上也是买不到的。这些表现出来的就是分配，不是交换。

其二，计划中的“商品”价格是固定价格，如猪肉规定一元钱一斤，长期不变，你拿一斤肉票去买肉确是花一元钱，但是多了没有，有也不卖。有些商品不限量，价格也不变。如果某种“商品”短缺也不涨价，只说缺货。这种固定价格是完全违背价值规律的，价值规律就是靠市场价格波动来反映供求信息的。固定价格使“价格调整生产”的信息完全没有了。

其三，计划经济体制下，由于不是某一种“商品”短缺，而是几乎所有商品都短缺，短缺本来是增加生产的信号，可是在计划经济体制下，这种信号是不起作用的，因为无论哪一个企业或个人都不能自行决定生产什么，这一切都是由国家计划定决定的。

其四，说得更远一点，允许不允许商品生产，货币是否存在，这个问题已经争论了很长时间。马克思曾经设想，到了共产主义社会，黄金只能做为夜壶使用，即要消灭货币。八届六中全会上，还专门讨论了要不要实行商品生产，结果肯定了要进行商品生产。之所以进行讨论，是由于当时社会上大多数当权者都主张计划规律，而否定价值规律，而少部分人则主张仍要价值规律发挥作用，这样对生产生活都有好处。两种主张，两种“规律”打架，无疑是计划规律派总是占上风。会议决定仍要进行商品生产无疑是对价值规律派作了一定的让步。不过这种让步只是形式上允许货币的存在，形式上每个人通过分配得到的商品仍在“市场”（商店、合作社等）用货币购买，而不是直接凭票去领“商品”。

其五，为了区别于资本主义市场的商品生产交换，把资本改称为“资金”，把“利润”改成为“毛利”“净利”，把变动价格改为固定价格。

综合上述，在社会主义计划经济中，“交换”只是形式上的存在，实际上它几乎一点也不起作用，而完全由分配决定一切。这就是我为什么说计划经济是三元经济的原因。

Z1：D 先生的说法似乎有道理，为此我打个比方，价值规律、商品交换在计划经济中就是“聋子耳朵——陪衬”。

Z2：我也有个比方，还不如说是感情破裂该离婚未离的小媳妇。

G：Z1、Z2 先生说法都不雅，应该叫名存实亡吧。

主：请 D 先生说一说为什么把自由市场经济叫三元经济，而不承认有分配环节存在呢?

D：首先我们应该知道“分配”这个概念，它基本不属于市场经济领域的概念，而应该是政治领域中的概念。把分配作为一个环节，是政治家（思想家）把这一概念移植到经济中去的。

G：为什么这样说?

D：分配是一种思想，一种意志，一种权利，它来源于人本主义，认为人人都应平等，它的核心就是主张公平分配，是独立于经济领域之外的。

S：马克思主义认为，一切分配都是由生产资料的占有状况决定的。它本身就属于经济范畴之内，至于说研究分配是人本主义，是公平不公平，更是马克思主义所批判的。拉萨尔、杜林就把研究分配公平与否作为重点，被马克思、恩格斯称作“分配决定论”。

D：你不会把我说成是拉萨尔、杜林主义吧！甚至是分配决定论吧。分配是一种人为的外在的力量。要想进行分配，必须有一种人为的、外在的力量，有一个表现这个力量的实体才有可能。而市场经济中有供给（生产）群体，有需求（消费）群体，有交换群体，你可见到有分配群体吗？如果没有这样一种力量，分配怎么实现的呢？

S：就按萨伊的说法，市场经济中地主得地租、资本得利润、工人得工资，这不是分配吗？是没有一个专门行使分配权力的实体，而那是由价值规律那张看不见的手自发地决定的。

D：价值规律是商品交换规律，它只能调节供求，一切交换都是等价的。地租是使用土地的租金，甚至利润也可以说是使用货币的租金，工资是劳动力使用权的租金，房租是房屋使用权的租金等等。这一切都是等价交换，怎么能说是分配？

再者，如果说价值规律调节分配，那不就是说价值规律也是调节分配的规律了吗？

S：价值规律起作用的条件是资本主义私有制，往深刻说，价值规律调节分配，就是生产资料占有者在调节分配，生产资料占有者就是调节分配的“实体”。

D：说来说去又归结到政治方面了。注重研究分配者都是研究分配是否公平，而其研究结果是：从古至今无论什么社会分配都是不公平。资本主义社会分配不公平到了极点，所以要革命、要造反，推翻资本主义社会。由此不难看出，分配就是政治范畴，而不是经济范畴。因而凡是以分配为重点的人都是政治家而不是经济家。当这些政治家把分配作为一环植入到经济学中后，经济学就改为政治学了。其最明显的表现就是《政治经济学》。

S：你认为《政治经济学》是什么学？

D：《政治经济学》就是《资本论》的缩写本。《资本论》就是揭示资本主义的分配不公，其不公的原因又在于资本所有制，最后得出要革命，去推翻资本主义。从这点看，《政治经济学》形式上是经济学，而其实质是政治学，马克思就是一位思想家、政治家。

S：你这个看法值得商榷吧？

D：毛主席说：“马克思主义的道理，千头万绪，归根结底，就是一句话，造反有理”。这真是一句顶一万句的确切评价。而且，我认为《政治经济学》就是由于把分配纳入其中的，讲“分配”就是讲政治。在自由市场经济中是不讲政治不讲分配的。

S：如果市场中没有“分配”，你怎么解释市场经济中各种所得差异过大的现象？

D：我认为，自由市场经济中所得差异过大、贫富悬殊是市场经济中的自然属性或者叫本质属性，另一个本质属性则是高效的创造财富。这两个本质属性一优一劣是并存的。不要说没有一个“分配”的外力介入，就是有这个外力介入也无济于事的。也就是说只要实行自由的市场经济就必然同时存在这两个本质属性。同时存在也就是并存，要想消灭一方，如消灭贫富差距过大就必然失去高效；要想追求高效快速生产财富，就得允许承认贫富差距的存在。贫富差距就是动力，没有差距就没有动力。

S：那么如何才能消除或减弱自由市场经济出现的分配不公呢？

D：我本是主张自由市场经济消除分配，但是你用“分配不公”来表达，为了叙述的方便易懂，我也同意这种表达。

S：不要用这种说没有“分配”又同意“分配”的矛盾的表达方法，可以用“分配”相近的妥协式语言的表达。D先生说了这么多，很多地方似有新意，但总起来说，只有小部分我能够接受，而大部分是值得商榷的，甚至可以说我是坚决反对的。下面我从七个方面回答这些问题。

首先，D先生只认为在计划经济中有分配而在自然经济或自由市场经济中没有分配，这不仅违背了经济学的常识，也与这两种经济体制运行的实际情况不符。广义地说，原始社会、奴隶社会和封建社会的前、中期都可以说是自给自足的自然经济社会。在原始社会中，部族酋长与部族内部的大众在财物分割上的差异不叫分配吗？在奴隶社会中，奴隶主与奴隶、封建社会中的地主与农民、自由市场经济中的资本家、地主与工人、农民之间的财物上的分割能不叫分配吗？

其次，在自然经济和自由市场经济中，分配所依据的原则是什么？是权力，其中首要的是经济权利，即生产要素占有的多少。谁占有的多，谁就能在分配中多得；谁占有的少，谁就在分配中少得。掌握这种分配权利的人就是酋长、奴隶主、地主、资本家。因而不能说这两种社会分配是自由的，是没有掌控分配的主体的。

第三，说分配是政治的概念更是说不通，分配是经济运行中一个必不可少的环节。大家可以想一想，生产出的各种物品如不先进行分配怎么能进入消费领域实现消费呢？分配是生产和消费之间的桥梁，绝不是政治家“移植”到经济中的政治概念。

第四，说凡是研究分配的人基本上可以认为是政治家、思想家；说《政治经济学》《资本论》本质是政治学说、是革命的学说我也有同感。学《政治经济学》我也曾存有疑问，为什么《资本论》缩写为经济学时，加上“政治”二字？现在明白了，《资本论》虽然形式上内容是研究资本主义经济，而其实质是无产阶级革命。所以，《政治经济学》中的“政治”两个字真是画龙点睛之笔。

第五，我想猜测一下 D 先生之所以说自由市场经济、产品经济中没有分配，是认为只有“外力”作用下的分配才能叫分配，没有“外力”作用下的财富分割是自然的、天经地义的。这种想法是片面的。实际上，有外力作用下的财富分割是分配，没有外力作用也仍然可以进行分配。

Z2：请允许我用一个数学公式来表达：函数中有自变量、因变量和外生变量，自变量、因变量合起来叫内生变量，在经济中可以把生产要素的占有多少看作是自变量，分配所得看作是因变量，而外力干预则是外生变量。没有外生变量，内生变量之间也可以相互作用发生变化。

Z3：我强调一下，内因是主，外因是辅。一切事物的变化，其基本原因还在于内因。

Z1：你们用的这些数字，甚至哲学的语言我们听不懂，你们是不是在说，没有任何外力，任何经济体制内都有一种内力自发地进行分配？

S：是的。

第六，我还想揣测一下，D 先生说的外力是什么呢？就是指国家力、政府力。国家权力的力量、政府政策的力量是远远大于经济权利的力量的，俗话说“有了政权就有了一切”，政权之力高于一切。他之所以认为只有计划经济中才有分配，就是因为计划经济中国家可以通过政权之力决定分配。而且只有这种分配才能叫做“分配”。用经济学中一个通俗的比喻，就是只承认看得见的手的分配是“分配”，而把看不见的手的分配不认为是分配。

第七，D 先生说的市场经济的两种自然属性贫富差距过大与效率并存，我基本同意。

以上就是我对 D 先生观点之浅见，大多是“异”，少数则有“同”。

Z1：先听了 D 先生的说法，觉得是有道理的，可是听了 S 先生的见解之后，也觉得有道理，谁对谁错，说不清楚，真是弄糊涂了。

Z3：我们倒是觉得 S 先生的见解既符合《政治经济学》之理论，也符合各种经济体制的实际情况。我们基本上赞同 S 先生的观点。

Z1：D 先生建议把环节叫“元”，我看还是叫“环节”好。这样说惯了，听起来顺耳。

Z2：我倒认为这是个小分歧。叫“元”也可以，说起来更简便，听惯了也就更顺耳了。

主：各种说法谁对谁错，都是一家之言，赞成还是反对也各由其便，我们也不能以投票方式表决对错，因为真理有时可能在少数人中。总之，我们不做任何结论，留有疑问会更促进大家进行更深入的思考。不过，讨论到此我倒是想问一问，我们讨论的是“自由”的市场经济，难道说还有“不自由”的市场经济吗？

D：有，就是国家干预的市场经济，或者就叫国家市场经济。

第三章　国家市场经济漫谈

一、国家市场经济的特点

主：今天讨论什么是国家市场经济，它是怎样产生的？它的特点和优势什么？

D：了解这个问题还得从自由市场经济谈起。自由市场经济有两个本质的自然属性：一是它的高效率，在短时期内，它创造出大量的财富；另一个是它使收入差距拉大，贫富两极分化，富者愈富，贫者愈贫。这两个属性碰撞的结果就预示着这种自由市场经济体制已到了衰亡阶段，预示着一种新的经济体制必然到来。

Z1：怎样理解两种自然属性的碰撞？

D：诸位想一想，供给侧生产出那么多商品，必然要求需求侧有足够的需求能力才能使经济正常运行。如果需求不足，供给大于需求，市场无法均衡，就必然出现生产过剩。因而生产过剩就是需求不足、工人阶级贫困、失业的另一种说法。

Z1：那么解决生产过剩的方法，补足需求不就可以了吗？

D：为什么我把贫富差距过大叫做市场经济的自然属性？就是说仅靠市场机制的内部调节是解决不了这个问题的。或者再进一步说，在自由市场经济中要补足需求是难以做到的。用马克思的话说就是市场经济越是发展，工人阶级不仅相对贫困化，而且会绝对贫困化，其原因在于资本家的贪婪。

Z1：那么，这种矛盾怎样解决呢？

S：这种办法暂不讨论。

D：另一种办法就是在不改变资本主义制度的条件下，由国家出面干预自由市场经济，以补充需求侧的需求不足。

G：按D先生的说法，这是一种改良的资本主义经济，就是我们说的“国家资本主义”吧？

D：过去我们是这样认识、这样说的，不过这种办法是把资本主义等同于市场经济了。邓小平说资本主义不等同于市场，所以我现在的提法是国家参与的市场经济。

G：按D先生的说法好像是国家干预，补足需求就是从贫困层的工人阶级着想的，是想提高工人阶级的收入，改善工人阶级的生活？

G：从表面上看是有这层意思，但是我认为其真实意图是在于解决生产过剩的经济危机。只要这个问题解决了，对于富人、资产阶级则更为有利。

S：那么D先生认为，国家干预的市场经济与自由市场经济的主要区别，或者说其特点是什么呢？

D：其特点，简言之就是尽量补足需求使之趋近于供给。

Z1：为什么这么说？

D：让我们简单地归纳一下几种已存的经济体制的供求状况就明白了：

其一，自给自足的自然经济生产小于需要；

其二，在计划经济中是产品短缺，也可以说是生产小于需要；

其三，在自由市场经济中是供给与需求的均衡，一般地说追求的就是生产等于需要；

其四，在国家干预的市场经济中则是供给大于需求，一般地说就是生产大于需要。

由此可见生产大于需要，供给大于需求，需求不足就是国家参与的市场经济的特点。国家参与的目标就是想尽办法来补足这个不足。

二、国家干预市场经济的机制

Z1：国家是怎样干预经济的呢？也就是说，国家是怎样补充需求的不足的呢？

D：我们可以用这样一句概括的话来说明，那就是：总有效需求价格与总有效供给价格之间的均衡。把它表达为公式就是：有效总需求价格＝有效总供给价格。

Z1：这不就是自由市场经济均衡公式的两侧，各加一个“总”字吗？加了这个总字就这么重要？

D：是的，就是因为加了这个总字，西方经济学家就认为是一场经济学的革命，而且认为它标志着宏观市场经济的产生。

Z1：把这种不改变社会制度的前提下，进行一些改良，就称之为“革命”，是不是歪曲了革命二字？

D：它指的是经济学的革命，而不是我们通常理解的用一个政权、社会制度去代替另一个政权、社会制度的革命。

G：是谁提出这样一个公式？它怎么就标志着国家进行干预市场经济？

D：提出这个公式的是一个英国的经济学家凯恩斯。他认为自由市场经济中供给与需求的均衡只能反映个别商品价格之间的数量均衡，它可以由价格均衡进行调节，但是价格均衡不能调节总需求量的不足，而出现工人失业、生产过剩经济危机的原因恰恰是总需求量不足，这必须由国家通过政策或计划进行调节，其关键之点就是国家干预就业，实行新的就业政策，以尽量减少失业。凯恩斯提出了一个“充分就业”的概念。

Z1：“充分就业”是不是就是完全就业？

D：不是，所谓“充分就业”是指有劳动能力的人而且就业要求的人都能就业。任何时候都有不愿意就业以及因特殊原因不能就业的人，比如懒汉、僧人、乞丐和残疾人等。

Z1：国家用什么办法来实现“充分就业”呢？

D：当失业太多，生产过剩的时候，由国家或政府投资办企业，哪怕是不生产任何产品的企业，甚至是虚假名义的企业都行。

Z1：这怎么理解？

D：凯恩斯举了这样一个例子：如果国家发出信息，说在某地埋藏了多少金子，谁发掘出来，金子就归于谁。这时，私人资本可能去挖，私人资本如不去挖，国家资本去挖也可以。挖的结果如真的有金子，那就是什么也没生产，因为挖出的这些金子，原本就有的。如果根本就没有金子，等于空耗了人力、物力什么也没有得到。但就算是后一种情况也会促进经济的发展。

Z1：这怎么理解？

D：因为如果有人受雇去“挖金子”，这些人就是就业了，就能取得收入，有了收入就有需求能力进行消费，有了消费就能促进生产消费品的企业扩大生产，消费品扩大生产又必然促使生产生产品的企业扩大生产，而每一种产品生产的扩大，都必然会增加就业人数，这样就业的问题就解决了。生产也发展了。而且他还给出一个数学公式叫做“乘数原理”。按此原理，他计算出每投资一个单位的费用，通过上述滚雪球式的发展就能创造出原来投资 5~6 倍的财富，这叫做“乘数效应”。这个例子，你们信不信？

Z1：好像有些道理，但不好理解。能说一说这个数学公式吗？

主：我们只要用通俗语言，一般地理解就行了，不必讨论公式。

D：比这奇怪的例子还有很多，比如凯恩斯说，修建如埃及金字塔那样的工程，也能促进就业，促进经济发展。你们信不信？

Z1：那样说，中国修长城、盖阿房宫、修运河也都能促进经济发展了？

D：他还认为甚至战争都能促进就业，促进经济发展。你们信不信？

G：我的理解，凯恩斯说法的关键是就业者是否能得到收入，有收入才有“乘数效应”。修金字塔、修长城都是用行政命令的办法强迫人民去服劳役，所以其结果只能是劳民伤财。战争更是死民伤财。至于“挖金子”之例则是国家发工资，因而还有可信之处。

Z 众：我看这些例子都是荒唐可笑的，不能使人相信。

D：信不信由每个人自己去判定。但是要理解，举这些看似荒诞甚至可笑的例子，其真实目的就在于强调“就业”的重要性，因为就业就是补足需求不足。所以，凯恩斯把他的这部著作书名叫《就业、利息和货币通论》。从这部书的书名中我们就能初步理解到他是把“就业”放在第一位的。他用很重要的篇幅阐述他的就业理论，其要点大致如下：

1. 影响投资的因素：投资者的预期，投资的货币数量，灵活偏好等。

2. 投资增加引起所得的增加，两者服从乘数原理。

3. 投资引起就业量的增加，两者也服从乘数原理。

4. 就业量增加，收入增加，可以提高灵活偏好。

5. 灵活偏好重新影响投资，而进入新的均衡。

Z1：这么多新概念，如乘数原理、灵活偏好等我们无法理解。

主：这些具体内容较复杂，我们不便进一步讨论，只要知道他是强调就业这一点就可以了。

D：国家干预主要通过两个方面，一是财政政策，一是货币政策。财政政策一般是强调支出大于输入，货币政策主要是通过调整利息率以均衡对货币的供求。具体内容较多，故不一一详述。

第四章 世界市场经济漫谈

一、世界市场经济初露端倪

主：D先生经过仔细研究与缜密思考，提出一个新的议题，即世界市场经济的概念，如果其成立则有创新之意，为此要进行讨论。请D先生先发言。

D：现在世界经济已经不是一国的市场经济，而是全世界的市场经济，因此，我建议将凯恩斯的国家调控的市场经济公式（模型）改进为世界市场经济的公式，即世界总有效需求价格与世界总有效供给价格之间的均衡。

S：D先生把凯恩斯供求两侧各加了“世界”二字，就创立了一个新的公式，这是不是有照猫画虎、东施效颦之嫌？

D：把外人的只言片语都奉为金科玉律，而国人有什么新的想法则是任意嘲弄，这正是一些中国学者可悲之处。凯恩斯是西方人就是西施，我是东方中国人就是东施吗？

主：请注意语言的包容性。

D：我之所以提出这一新公式是我观察了世界经济近几十年的变化而得出的。现在世界经济一体化的进程日益加速，任何一个国家的经济发展都不只是一国之内供给与需求的均衡问题，而是要考虑世界的总供给与总需求的问题，只是把调控的目标定位为一国之内的供需均衡点是远远不够的，而必须考虑世界的供求均衡。有人说美国经济一打喷嚏，世界就感冒；中国经济一放缓，世界就质疑是硬着陆还是软着陆等等。现在全世界经济低迷，追其根本原因就是在于没有一个调控世界经济的权威机构。

S：既然没有这样的机构，你提出这一公式不是等于空想吗？

D：任何事物都有其产生和发展过程，事物的产生源于需要。恩格斯说过，一旦有某种需要，比十所大学更能推动科学前进。世界经济一体化就需要这样一个组织产生出来，以协调各国经济的发展，而且这样的组织正在产生和发展的过程中。

Z1：你如何断言这样的组织正在产生和发展？

D：我们可以通过两个步骤认识这个问题。

第一步骤，就是近几十年世界各地区经济联盟组织的形成和扩大，如欧盟、东南亚十加三的联盟，上海合作组织，中日韩三国的自由贸易区，以及美国所倡导的跨太平洋伙伴关系协定（TPP）等等。你们如何看待这些联盟或合作组织或自由贸易区的出现？这是因为没有一个世界性协调组织之时，各地区的某些国家之间可以建立这种原始的地区协调组织。这些地区性的组织的出现，就意味着世界调控组织的初步产生。

第二步骤，就是有关世界经济发展的国际性大会频频召开，先是由G7、G8、G20牵头组织大会协商国际经济发展问题，诸如世界环境大会，气候治理大会，如何取消国际贸易壁垒，如何改进国外资本的投资环境，甚至如何去除在世界看来是多余的产能等。2016年9月在我国杭州召开的G二十国际峰会，G二十国家主要领导人几乎全部出席。说是G20，实际上加上被邀请的国家，参加国有几十个。他们商讨什么？就是商讨如何解决世界经济低迷问题。当然这些国家聚在一起还只是通过协商、建议，而习近平主席则强调不要只是谈谈，而要拿出实际行动。

S：即使有这两个步骤，各国之间的分歧仍然很多，将来能出现这样的世界调控组织吗？

D：自然界本没有路，路是人走出来的，起初是荒野小路，继之则是宽阔的马路，冬天已经到了，春天还会远吗？

S：不能想象，怎么能够产生调控世界的强有力组织机构，可能是联合国吗？

D：什么形式的组织我不敢断言，是由联合国增加这样的职能，还是另起炉灶成立一个组织这很难说。但是我敢说有需要就必然会产生，即使不是实体组织，也应是具有调控功能的机构。比如说，如果G20扩大到全世界多数国家都参与，且协商一致得出的决议各国都能推进力行，也应理解为是一种调控。再者说，世界的经济总是在发展的，未来人们肯定会更有智慧，他们会根据世界经济发展新形式，想出更好的对策和办法解决经济协调发展的问题。

S：凯恩斯的公式是强调就业，或者说就业是凯恩斯强调国家干预的点睛之笔，那么你加入“世界”二字之后，强调的是什么呢？

D：当然还是“就业”，不过那是指各国之间的总的就业。但是我想强调有两点，一是打破贸易保护主义，摧毁关税壁垒使世界货畅其流；再一个是拓宽国际资本流通渠道，使资本易于在国际之间自由进出。

二、世界市场经济的障碍——贸易保护问题

Z1：我有两个问题，一个是我国是否已经进入世界市场？第二个问题是现在世界市场经济是不是已经成熟了，或者说现在是不是真的是世界市场经济了？

D：第一个问题很好解答，从40多年前中国提出“开放”，什么是“开放”？就是允许商品、资本的输入输出，而在40多年的实践中，我国已经成为外贸大国，所以说，我国现在已经是名副其实的进入世界市场，不过问题很复杂，现在世界上还有国家不承认中国的市场经济地位。

第二个问题不太好解答，因为现在虽然都提倡世界市场经济，但真正实行起来，却人为的设置很多障碍，也就是说许多国家都存在着贸易保护主义。

G：我的感觉是过去世贸中无论在商品输入还是资本输入方面都存在保护主义，现在好像有一些变化，就是保护主义主要体现在商品输入方面，而对资本输入的保护却不那么严重了，许多国家都希望有外国资本输入。以我国来说，无论是国家还是地方，都大力招商引资，不断降低资本输入的门槛，其他国家也有类似情况。

S：我也有类似感觉，可为什么出现这种情况呢？

D：每个国家输出的商品都是在品质、价格上占有优势的商品，即相较

输入国的同类商品质量好、价格低。这样，输入国家的同类商品就难于进行竞争。为了保护民族工业、本国工业，国家就必然出面干涉，如通过增加进口关税使输出国的商品价格提高，这就限制本国居民购买输出国的商品，而更严重的是想方设法不允许输入这种商品。

G：这不是保护落后吗？这样输入国的同类商品生产就能发展了吗？

D：这就是保护落后，这种做法不一定正确。正确的做法是明知落后也要进行竞争，在竞争中取得胜利，这才是上策。最近媒体传闻，欧洲某些国家如荷兰要输出大量牛奶进入中国，中国的牛奶生产厂家回应是：准备好与之竞争。战场上两敌相遇，明知劣势也要亮剑，这才是勇士，才是上策。

Z1：既然明知劣势却还要竞争，其结果必然是败多胜少，怎么说是上策？

S：改革开放之初，我国有很多人担心进入世界市场，我国的商品难以与别国竞争，可是事实怎么样？经过几十年的商战、大风大浪的搏斗，我国的许多商品在世界上已经占有优势了。

D：如果真的竞争不过，干脆就败下阵来，另谋出路，找出自己有优势的产品，大量出口到别的国家。因为任何一国在某种商品生产上占有优势，那么，它必然会腾出劣势的空间，这种劣势的空间又为别国的优势商品打开输入之门。例如，瑞士的机械表、澳大利亚的牛肉、羊毛，荷兰的乳业都少有对手与之竞争，但这些国家的其他商品也必然依赖于国外的输入。再如美国经济转型，近些年来美国尽往其他国家输出科技产品，本国的轻工业都生产很少，这又为中国的轻工业品输入美国打开了大门。总起来说国际贸易就是优势互补，如果不是这样，凡是对外贸的劣势商品都采取保护主义，你保护，我也保护，就等于毁灭了世界市场经济，其结果是所有国家都不能很快发展。就这个意义上说，保护主义的消失度就是世界市场成熟度的标志。等到世界各国都取消了保护主义的那一天，那才真是“货畅世流”，才能算是真正的世界市场经济了。

G：我看 D 先生说的这一天会很难到来，除非世界统一于一个国家。

S：这是很难，但世界统一于一个国家更是幻想奇谈。

D：虽然永远不会有这样一天，但是人类总有办法会日益趋近这一天。现在几乎每年都召开的多国首脑会议，就是商讨、协调如何促进世贸以发展各国的经济的。至于G先生感觉的第二个问题即对输入资本不但没有什么阻力，反而受到欢迎了，这源于事实使人们对资本输入的观念转变了。从前人们总是认为国家资本输出是对资本输入国的经济侵略或“剥削”。是的，资本输出就是为了赚钱，想赚钱就要寻找各种低价生产要素，并且产品又有销路的国家，然后把资本输入到那些国家，利用这些低廉的生产要素才能赚钱。但只看到这一点就太偏颇了，其实我看资本输出倒是有另一种效应，我把它叫做“流水溢富”效应。就是资本总是像流水那样，输出到生产要素低廉的地区、国家，这些地区、国家富裕起来，促进贫困国经济的发展。不然你就难以理解为什么现在各国都希望别国的投资，所以招商引资肯定是利的方面大于弊的方面。不过我强调一下，输出资本的目的是赚钱，不是为了输入国的经济发展，但其结果确实也会促进别国的经济发展，所以我又把这种现象叫“溢富”。即为了自己发财，而不自觉地又使得别人也发了财。

S：如果把你的意思引申一下，所有贫困地区、贫困国家都在资本输入输出的市场经济作用下而富裕起来了，这样市场经济岂不成了“救世主”了？

D：“救世主”是有意救世，市场经济起这样的作用却是资本输出方原本无意的，它是为了自己发财，而无意中却使别人也发了财，所以我才把它叫做“溢富”。

G：D先生真是市场经济的崇拜者。照你这种说法，市场经济的发展会自动消除贫困，所有的人、国家都会因而进入世界“大同”社会了。这应该叫“市场拜物教”。

D：你可以不同意甚至完全否定这个看法。我相信，如果你能再多活一百年，你会在事实面前自己否定自己的看法。

S：你这么崇拜市场经济，没有看到它使贫富两极分化、加大阶级矛盾的根本弊端？

D：又回到问题的弊病方面了，我不但看到了，而且认为这是必然的。

第五章　中国市场经济漫谈

一、中国经济转型——从两制对立到三制归一

主：什么叫两制对立？

D：“两制”分别指自由市场经济体制和计划经济体制。两制对立的时间应该是1917年至1935年。1917年俄国十月革命成功，标志着计划经济体制的建立，1935年美国实行国家干预的市场经济，标志着自由市场经济的基本结束。所以在1917年至1935年期间是两制并存的时间。

Z1：三制归一是什么意思？

D：“三制”是指计划经济、国家干预的市场经济和自由市场经济。“三制归一”是指以上三种经济体制到1989年都统一于国家管控的市场经济，即计划经济体制消亡了，自由市场经济体制也消亡了。

Z1：您方才不是说到1935年自由市场经济已经基本结束了吗？

D：是的，“基本结束”就是说从世界总体看，还是由少数国家实行着自由市场经济体制。

G：为什么自由市场经济体制和计划经济体制都消亡了呢？

D：这个问题太复杂，绝不是三言五语就能说明白的，它涉及很多理论和实践问题，这里只能简要的说几点。

首先，说自由市场经济，其优点主要有三个方面：一是它的竞争性。自由市场经济中，竞争无时不有、无处不在，有供给侧之间的竞争，需求侧之间的竞争，还有供给侧与需求侧之间的竞争，其中最激烈的当属供给侧之间的竞争。二是自由市场经济是一种高度分工的经济，这种分工使供

给侧每个人、每个企业、公司都是高度专业化的，从而使他们的劳动技能急速的提高。三是为了获取更高的利润，每个供给方都不断的进行科研，采用新技术，创造新产品。以上三点总结起来就是“高效率”。从更深层面说则是人人高度专业化最后形成的一种社会协作力。正因为如此，近一、二百年以来，市场经济创造的财富是惊人的，所生产的产品也是日新月异。

S：D先生只讲到市场经济的优点，这些我都同意，但是更应该看到的是，自由市场经济的缺点和弊病。这种弊病我也归纳为三点：一是它使贫富两极分化；二是造成生产过剩，这里的生产过剩是“相对”过剩，即不是指生产对于需要的过剩，而是由于贫富差距造成的需求不足引起的“过剩”；三是由于这种相对的生产过剩便逐渐出现经济衰退以致经济危机，在经济危机期间，工人大量失业，多数企业、公司倒闭。有些资本家的巨额资产，转瞬间便化为乌有。特别是1929年发生的全世界性经济危机，工人失业、工厂倒闭，过剩的产品被扔入大海，长达几年的时间，无复苏之望，使整个世界经济倒退了几十年。试问，这样的经济体制，它能继续存在下去吗？总的来说，在我看来自由市场经济的弊病要远大于其优越性。马克思就看到了这种现象并把它上升为理论，这就是马克思主义。马克思主义主张推翻资本主义制度（过去确实认为资本主义等同于市场经济），建立社会主义制度，实行计划经济体制。

G：社会主义革命的胜利，使计划经济取代了自由市场经济，那么为什么计划经济体制在实行了数十年后又消亡了呢？

D：这是个在理论和实践上都十分复杂的问题。别说我们这些人，就是大经济学家、政治家、思想家也不是只言片语就能解答得了的。不过要用一句话表述其缺点，那就是匈牙利经济学家科尔纳说的：社会主义计划经济是“短缺经济”，就是什么东西都短缺。

S：为什么科尔纳就说了个“短缺”二字就载入经济史册？字只要是在计划经济时代生存过来的，都知道“短缺”二字。

Z1：可能一部分原因是因为他是外国人，如果是中国人，即使说出来也未必会引起世人的注意。所以我把它叫“洋人效应”。

Z2：要说短缺，“三年自然灾害”时有的地方草都吃光了，饿死很多人，经济好转后也是每人每年几尺布票，每月二三十斤粮食，三两油，一斤肉，这些还是只供给城市人口，至于乡村就更惨了。

主：为什么会形成这样的短缺呢？

G：为什么短缺？理论问题很复杂，我也不懂，但从实践来看，我认为可以用“人不能尽其才，地不能尽其力，物不能尽其用，货不能畅其流”来表述。

S：似乎计划经济时代什么都不好，但是，现在还有相当一部分人留恋那个时代，为什么？就说经济吧，那时候的分配就是公平，这一点很难得。困难时毛主席都几个月不吃肉，周总理更是以身作则，吃饭时是“光盘行动”。

D：你说分配是“公平”，我看也未必全是。毛主席几个月不吃肉，粮食定量是每 26 斤，周总理“光盘行动”也是实情，但是，那些低层的各级领导却完全不一样，最困难时期也是吃“小灶”，几乎个个是脑满肠肥。

Z1：D 先生说的没错，确实如此。当时民间用顺口溜说出这种现象：肚子大、脖子粗，不是领导就是伙夫。把肚子大的人叫“将军肚”，认为伙夫的“勺权”是最值得羡慕的权利。

主：经过一系列的讨论，是否可以用简单的话概括说一下，自由市场经济的优点是“效率”，缺点是“分配不公”，计划经济的优点则是“公平”，缺点则是“短缺”。

Z：众：可以这样概括。

D：计划经济的“短缺”不只是表现在我国，而是具有普遍性，所有的实行计划经济体制的国家包括苏联和欧洲的一些前社会主义国家都是这样，正因为如此，到 1990 年才造成了苏联以及欧洲的所有社会主义国家的解体。而几乎在这一时期，中国也发生了“大转折”，由计划经济体制转向国家调控的市场经济体制。自此，从全世界来看，也都从自由市场经济、计划经济转向了国家干预的市场经济。这就叫“三制归一”。

G：看来“公平”与“效率”是鱼与熊掌不可兼得吗？幼年在一僧人的禅堂里看到一首打油诗：“公道人情两是非，人情公道最难为，若为公道人情失，如做人情公道亏”。现在我把它改几个字：公平效率两是非，效率公平最难为，若为效率公平失，如为公平效率亏。而且我要问一句："三制归一"是否可以理解为是自由市场经济前进了一步，计划经济后退了一步，这样叫计划市场经济不行吗？

G：先生是在这里把市场与计划并列了，其实不管是国家干预的市场经济还是中国的社会主义市场经济都是以市场调节为基础的经济，国家干预也不是完全等同于"计划"的概念。

G：三制并存也好，两制对立也好，最终都归结为国家干预的市场经济，看来其他的都是"岔道"，而只有后者是"正道"，找来找去殊途同归，才找到这个"正道"。我想起三句词："昨夜西风凋碧树，独上高楼，望断天涯路；衣带渐宽终不悔，为伊消得人憔悴；众里寻他千百度，蓦然回首，那人却在灯火阑珊处"。第一句是晏殊所写，第二句是柳永所作，第三句是辛弃疾的名句。王国维先生把这三句放在一起，认为无论做什么事情，大抵都要经过这三种情况，寻寻寻觅觅，最终还是都走到"正道"上了。

S：这三句似乎太隐晦、费解，我想到不如用毛主席的两句诗："天若有情天亦老，人间正道是沧桑"，更恰当些。

Z1：三制归一后，是不是许多国家都实行市场经济体制？但是在表述中，我国一般用"国家调控的"市场经济，其他国家则用"国家干预"或"参与"的市场经济来表述，这两者还会有什么不同吗？

S：我认为是有所不同，但更准确的表述应该是我国实行的是社会主义市场经济，其他许多国家实行的是资本主义市场经济。社会主义市场经济还有许多特点，比如在所有制中，我国还保留相当比重的公有制经济，在分配中应坚持以按劳分配为主体，在政治思想领域中概括起来说就是"四个坚持"。其他国家的市场经济是没有这些特点的，用"调控"代替"参与""干预"正是显示出这些区别。

Z1：能否认为我们现在的市场经济是受凯恩斯理论的影响呢？

D：既然同是市场经济，当然是有共同之处，不过凯恩斯理论的提出，目的是在于挽救、促进资本主义经济的发展，而不是在于实现社会公平。我国的市场经济一方面是为了促进经济的发展，另一方面则是仍然要兼顾公平，也可以叫侧重效率兼顾公平的体制。

G：两种表述虽有些不同，但为了叙述简便，我们是否都可以简称为国家市场经济？

S、D：我们看也可以吧。

二、中国市场经济的特点

主：请D先生概括一下中国市场经济的特点。

D：我认为，中国市场经济有以下特点：

第一，中国市场经济是“不忘初心”的市场经济。中国市场经济是中国共产党领导下的社会主义市场经济。社会主义市场经济的含义就是虽然经济运行采用市场机制，但是仍然不忘初心。不忘初心就是使全体人民共同富裕。现在提出一带一路倡议，通过共商、共建、共享进一步把中国的发展和世界各国的发展联系起来，构建人类命运共同体。

第二，中国市场经济是公有制和私有制并存的市场经济。两种不同的所有制在市场中并行，这在全世界来说也是独此一家。公有制如何适应市场经济中的法则、运行是通过不断改革来实现的。改革初期提法是市场调节起“基础性”作用，后来则是市场调节起“决定性”作用。现在可以说几乎是完全由市场调节。之所以说“几乎”，是因为从价格方面看，除了水、电、气、石油的供给价格在民众参议的情况下由政府制定以外，所有商品的价格完全由市场调节。我认为用不了多久，以上几个方面也会完全由市场调节。公有制私有制并存中私有制经济产值迅猛提升，现在GDP几乎各占一半。

第三，中国市场经济最大特点是保留了“分配”这一环节。“分配”在西方的市场中、在西方的经济学中都是没有的。“分配”的保留有利于“不忘初心”的实现，这是中国市场经济的重要特点。不仅在理论上，在实践中也显示出了它的重要作用。2020年全民奔小康就是最有利的证明。

第四，中国市场经济是开放型的经济。改革初期，西方许多国家不承认中国经济是市场经济，加入世界贸易组织这么多年了，甚至还有一些国家不认同中国是完全的市场经济。然而，实践证明，现在世界各国经济的发展，在很大程度上是由中国经济带动的。有人说世界市场经济过去是由美国领头，美国“咳嗽”，世界就感冒。现在变成中国是领军人物，中国提议建设了“亚投行”和“一带一路”。中国经济发展速度稍许降低，由过去重速度转向重质量的新常态后，就引起了许多国家担心，深恐“硬着陆”，甚至改变方向。然而中国宣布继续扩大改革开放。在美国实行“单边主义”采取保护政策时，中国则积极推进多边主义，出台了多种促进世界贸易的举措，获得了世界上包括发达国家在内的许多国家的赞同。如果有人问哪一个国家的市场经济最有开放性？回答是：中国！哪一个国家市场经济最具有特殊性？回答仍然是：中国！

三、中国经济转型后取得的伟大成就

主：我们转为市场经济体制已经三十多年了，请诸位各用简短的语言表达转型后各方面的成就与感受。

D：这三十年我们走过了发达国家一百余年的里程。我国的 GDP 总量仅次于美国，位居世界第二。人均国内生产总值将近 8000 美元。我国是世界第一大贸易国，第一大商品生产输出国，第二大投资输出国，第一大外汇储备国。

Z1：科学技术突飞猛进；神舟飞天、嫦娥探月、蛟龙潜海；超级计算机、智能机器人、超级杂交水稻等关键技术实现重大突破。

Z2：人民生活显著改善，改革开放 30 多年我国人民生活水平提高 10 倍以上。

S：总之，20 世纪 50 年代，我们提出超英赶美的豪言壮语，今天完全实现了。我们国家的国际影响力越来越高。

Z：我们的高速公路、高速铁路星罗棋布，出行时每当看到这些路网时，才领会到毛泽东提出的一张白纸可画出最新最美的图画的意境，真是美极了。

G：简言之是巨龙腾飞，中国正在实现复兴之梦。

主：三十多年的辉煌成就要一一列举，恐怕几天几夜也说不完。这样吧，我见到 G 先生写了一首关于改革 30 年的成就诗，颇具总结性、概括性，能否为我们朗诵一遍呢？

G：遵命。标题：颂改革开放四十年组诗一首，格仿《春江花月夜》

百年兴国几迁招，平治经纶试比高。
和谐盛世云台议，改革开放是英豪。
改革理论创新篇，邓论风骚独领先。
三个代表指航向，引领科学发展观。
重要讲话展神威，神州处处响春雷。
莽莽蛰龙腾空起，翔舞亢吟天地回。
经济发展世称雄，卅载跨越百年程。
今日超英豪语现，他年赶美岂无凭。
神舟飞船游太空，助推动力是“长征”。
此次长征征宇宙，遥天高奏东方红。
嫦娥一号探月球，迎接嫦娥返乡游。
从今不再寒宫守，霓裳羽衣下琼楼。
安居乐业更开怀，好事重重叠叠来。
鸡鸭肉蛋下桌下，海味山珍上餐台。
人民政府为人民，民主法治逐日臻。
雪雨风霜全不怕，只缘有党暖身心。
巨龙腾起几人惊，任尔东西南北风。
高举红旗仰天笑，中华崛起卫和平。

四、市场病的防治

主：当我们对辉煌成就无比兴奋之时我们要问在国家宏观调控的市场经济体制中还有没有市场病。

S：当然会有，必然会有，那就是出现了贫富差距过大。

D：应该叫“红眼病”。自实行市场经济体制以来，社会上流行着“两仇”：一仇富，二仇官。

主：我们今天讨论“仇富”。

S：自实行市场经济体体制以来，富人迅猛增多，富的程度实在是惊人，几百亿、几千亿的大有人在，这必然引起社会上很多人“红眼病”。这是贫富之间仇恨的表现。

Z：太惊人了！一个家庭资产有几千亿。2016 年全国 GDP 总量约 60 万亿，这样 300 个这样家庭就把 GDP 分光了。

我们不谈阶级矛盾，这种“仇恨”自古以来就有。俗话说“一家饱暖千家怨”，对于这样的差距，特别是刚从“公平”世界，计划经济体制转过来的人更是难以接受。

G：孟子说：“为仁不富矣，为富不仁矣”，对于富人，无论是怎样富起来的，都要把他们的财富“剥夺”过来。

S：孟子还说：“不患寡而患不均”。

D：看来孟子应该称作是仇恨分配不均的老祖宗，而且认为所有的富人都是不仁。其实不应该说所有富者都“不仁”。富者，有贪腐而富、诈骗而富、走私而富、抢劫而富，说这类富人是“不仁”是对的。对这类富人，一定要依法惩戒；至于说完全遵循市场规则靠个人之才能、智慧而富的，有何不仁？如果要“剥夺”他们的财富，如何“剥夺”？强行没收吗？这样他们的资本就会出逃；提高纳税率吗？可以，但也要有个限度。如果提高到他们无利润、负利润，他们还能继续投资吗？总之一句话，这样做就是取消市场经济体制。

S：不管怎么说，贫富差距拉大就会出现社会不稳。

D：对于贫富差距拉大到什么程度，才会出现不稳的可能性？西方有经济学家就提出“基尼系数”的概念，此系数是把全国人口分层，每层百分之二十。其中收入最高层的百分之二十的人口占有的 GDP 份额不应超过百分之六十，即 0.6，超过了 0.6 就可能出现社会不稳的征兆。

Z：为什么是 0.6，而不是 0.5 或者 0.7 等？

S：我才疏学浅，他怎么得出这个数字的结论，我也不知道，可能是归纳各国长期的历史资料得出来的吧。详情可询问这方面的专家。

D：对于其是否科学，我们也不能妄下结论。西方经济学往往是对经济现象都实行定量化，这是他们的特点。不过，我认为任何量化的东西都只是提出一个界限。比如，一个大江河的水位洪峰值达到多少，就可能有危险，但真正达到此值时并未出现灾难，因为我们还可以采取或分洪或加高堤坝的方法，使这个风险排除。对于基尼系数超过 0.6 时，我们也有补救的方法。

Z：怎么补救？

D：简言之，就是不抑富而扶贫。不能抑富，我已经说了，为什么扶贫就能化解这种矛盾的风险？我有这么个看法，就是贫富差距的怨恨程度不是看富人财富的绝对值。方才有人说一家饱暖就有千家怨，那么一家有几十亿、几百亿时，是否大家的怨恨程度就增加几百倍、几千倍呢？不是的。

Z：怨恨程度不是由富人财富的绝对值来决定的，那是由什么决定的？

D：我认为由贫困家庭的生活状况的变动决定的。如果贫困家庭的生活日益恶化，必然出现不稳；反之，如果贫困家庭的生活日益变好，就会缓冲甚至化解这种矛盾。假设有贫富两家同时进入一高档酒店，富人点一桌燕窝、鱼翅，甚至“龙肝凤胆”，而贫家的一桌鸡鸭鱼肉，此时，贫家对富家当然也羡慕，甚至感到不公，但是它决不会出现“朱门酒肉臭，路有冻死骨”差距那样大地怨恨。

Z：看来你说的也有些道理，可是怎么扶贫呢？

S：这一点我和 D 先生有同感。我国政府在再分配领域中一直把扶贫、消贫作为施政的重要方面。如何扶贫方法很多，我不能都说到，拣重要的说，如对老弱病残实行“医保”，对低收入者补助，对 60 岁以上老人的福利补助，最低工资标准的确定，财政支出中对“老少边穷”群体的倾斜等等。

D：李总理最近说到 2020 年全面建成小康社会。习主席说要确保零就业家庭动态“清零”，就是说要保每户家庭至少一个人就业，这种充满爱心、自信心的豪迈语言，就是我们说的社会主义市场经济兼顾公平的体现。

Z：分配差距与不公平的问题使我们明白了一些，可是现在在社会上出现的很多诸如贪官污吏、偷盗、抢劫、走私、诈骗等现象，很多都和市场经济有关吧，在计划经济体制中很少见到这种现象。

D：你说计划经济时代没有贪官污吏，那为什么还搞“三反”“五反”，搞“四清”，不过那时候不叫反贪而叫做反多吃多拿多占。因为闭关锁国就无“走私”；因为没有“电信”，就没有电信诈骗，至于偷盗你们想想真的没有吗？

Z：我想有吧，宋丹丹，不是她演的那个小品，还拔社会主义羊毛呢（众大笑），不过那时候不叫偷盗，顶多算做小拿小摸。细想起来，那个时候都穷，自然也没有什么可偷可盗的。

D：以上主要从经济层面谈到如何消除“红眼病”的。但我觉得更重要的是从思想观念上如何看待富人。

G：富人存在是合理的。战国后期的荀况肯定贫富差异的合理性，反对财富的平均分配，主张有“贫富贵贱之等足以相兼临者，是养天下之本也”，而平均分配反而会引起乱。

D：有道理，我要补充的是，其一，富人的存在激发了人们生产生活的斗志，奔富是生产发展的内在动力。允许善待富人的存在才能激发人人奔富的念头。其二，有富人，他们才进行投资解决就业。其三，更为重要的是如何看待富人的财产，从暂时的角度看是个人的，而从长远的宏观角度看则是国家的、全民的。

Z：这是老生常谈吧？有什么新的理解？

D：富人家有百亿千亿，那只是个账面的数字，他本人能消费多少！楼房千间，他只睡一床之地。他的那些财产经过若干年后，由于各种不同原因迟早还是社会的。从古至今，王侯将相，富人大佬，哪个都是生不带来，死不带去。秦始皇、西太后倒是把财富带进了坟墓，而现在不也被人挖出去了么！

G：S先生说的有理，古代帝王总说自己拥有天下，“普天之下莫非王土”。可是所有的王都死去了，一寸土都没带走。

D：不要认为富人总是不仁，总是吝啬。2016年5月10日，《新京报》刊登一条新闻：“安邦保险集团宣布未来十年百亿元设立奋斗教育慈善基金”，以帮助海外深造的中国学子，并说他们是以感恩之心回报社会。还有福耀玻璃董事长曹德旺近几年捐献给慈善机构的善款就80多个亿。有这样的富人做慈善，你们说好不好？

Z：好！应赠予“慈善家”称号。

第六章　需求侧结构与补足需求

一、层次需要论

主：改革开放四十多年来，我国有十年多的经济发展速度都在10%以上，去年则降到9%，2018年计划增长在6.5%~7%之间，这是否意味着已经出现了生产过剩的征兆呢？

S：GDP基数大了，增长速度必然降低，就算是7%左右的增长速度在全世界的排名也是很靠前的，不能以此来判断是否出现生产过剩迹象。要想了解什么是生产过剩，有必要先知道什么是绝对过剩，什么是相对过剩。

主：这可是个新提法，说来大家听一听。

S：我们过去学过的政治经济学主要强调的是生产是为了满足需要，苏联对此又加入很多附加词，把它表述为：在高度技术基础上使生产不断增长和完善的办法满足人民日益增长的物质和文化需要，并称之为是社会主义基本经济规律。

Z：我们也知道，这是斯大林说的。

S：不在于是谁说的，我们要探讨的是，生产是否能满足需要，这要从什么是需要开始。

“需要”指的是人们的生理和心理的“自然欲望”。中国有句话叫做“欲壑难填”，就是说这种欲望是永远满足不了的，是无限的。

其次，我们看“生产”，不要说在很低的生产力，就是加上在“高度技术上”的生产力，也是有限的。

第三，以有限的生产“满足”无限的需要，总体说是满足不了的。就是需要总是大于生产的，不会出现什么过剩。

第四，在生产与需要这两个环节中，生产是一个木制水桶中的短板，能生产什么，人们就需要什么，这叫生产创造需要。

第五，虽然从总体上看，生产也永远满足不了需要，但是从结构上又出现在某些产品有“过剩”的现象，这应叫“结构过剩”。

第六，于是就出现了有一个悖论现象：从需求的无限性来看，永远不会出现过剩，但从结构上又确实有些产品在一定时间出现过剩，这种过剩作叫绝对过剩。绝对过剩会迫使创新，结果出现新的产品、新的部门、新的产业如农业、工业、第一产业、第二产业、第三产业等等。

第七，之所以出现这样的产业顺序也是由需要决定的，因为需要除了无限性外，还有一个层次性。层次性就是按需要轻重缓急排列的顺序链。

Z：S先生讲得有些听懂了，有些还是不懂，试问1，什么是绝对过剩？绝对过剩又怎么会促使新的产品、部门、产业的产生？ 2，什么是层次性需要？顺序是怎么安排的？

S：问题1，绝对过剩就是某些产品已经完全满足了人们的自然愿望，再多了就不需要了。比如说，你吃了一顿丰盛的宴席之后，再给你什么也不想吃了，白给也不要了。既然这类产品人们不需要了，生产方就去生产别的产品去了，于是新的产品产生了。比如马克思讲的农业劳动生产力提高以后，有了剩余粮食，才为以后手工业、工业生产打下了基础，劳动力才能从农业转移到工业中来。

问题2，需要层次性有多种排列方法，我认为就中国来说，最早排列的应该是孔子，他的说法是“食色性也”，就是食色皆为“性”。“食”是为了保存自己的生命；人常说“民以食为天”，这是大家所公认的；“色”是动物“延续生命”的一种本能，是在其生命结束后DNA能遗存下来，延续了DNA，就延续了生命。灵魂未见其有，人死也不能复生，但DNA可以遗传，就这个意义上说“色”就是相当于延续了生命。所以对其需要顺序“性”也应该排列在前。

Z1：农民还有一种说法叫“三十亩地一头牛，老婆孩子热炕头”，确实“食色”应排在前列。

Z2：这样理解有些牵强附会，也不全面吧？中国民间有这样的顺口溜：一想食，二想衣，有了衣食想新居，有了新居想娇妻，有了娇妻想马骑…这样排序是否更好。

S：粗俗易懂又很形象，但是，不够全面，也不符合经济学的规范用语。

Z：主持人不是说尽量用通俗的语言来表达吗？

主：是的，表达的很好。

S：需要层次表达多种多样，比如还有按吃、穿、住、用、行、乐来表示的，还有一些用概括精练的语言为社会主义基本经济规律中的物质和文化的需要等等。但我觉得说得最全面的应该是大家所熟悉的马斯洛层次需要论：生理需要、安全需要、情感和归属需要、尊重需要、自我实现需要。

Z：前三项还可理解，什么叫尊重需要？什么是自我实现需要。

S："尊重需要"，按字面理解就是希望得到尊重。至于自我实现需要，是努力实现潜力，使自己成为所期望的人物。不管怎么说，这种需要的顺序还是基本符合大众的现实需要顺序的、也符合因发展而产生的第一、二、三产业的顺序。也就是生产中的产业顺序和需要中的层次顺序是一致的。

Z：那么与需要层次论相对应的，第一、二、三产业顺序应叫"层次生产论"，可以吗？

S：这种说法很有新意，虽未见诸书本，在我们这个场合可以用。

Z：那么，层次需要论和层次生产论谁先谁后？

S：鸡生蛋蛋生鸡不好回答。我想还是理论产生于实践，高于实践，并用来指导实践，是否正确还要接受实践的检验。

主：您方才谈到生产和需要的关系中只讲绝对过剩，从未涉及相对过剩，您是否认为谈生产和需要的时候就没有相对过剩，因而也不是这种理论体系的研究内容呢？

S：是的。我认为相对过剩只是市场经济中所研究的问题。所以，这个问题还是请 D 先生讲吧。

D：主持人和 S 先生的看法是对的。相对过剩确实是市场经济研究的主要内容。我们知道，宏观上市场经济学就是研究总有效供给和总有效需求均衡的问题，简言之，就是供给和需求。请注意，供给和需求与生产和需求虽然有联系，但绝不是相同的概念。

首先，我们讨论一下“需要”和“需求”的关系。“需要”是“欲”，是人的自然欲望，是人的自然属性，是无限的。而“需求”则是在特定的条件下能够实现的需要，是市场经济学的概念，是有限的。第二，需要是需求之源，需求之母，没有需要就没有需求；反之，没有支付能力的需要，只能是画饼充饥。所以，市场经济学中才把需求定义为有支付能力的需要，所以需求是需要的实现方式。

Z：D 先生说的话听起来像绕口令，你的意思是不是说，某种东西对我有用就想要，这是需要，但又没钱，买不起，这叫需求不足，是吗？

D：是这个意思。

Z：你这是把明白的事说糊涂了。

D：每行都有专业语言，你是外行，所以才觉得的糊涂。

G：其实把糊涂的问题说明白了，才是学者。

S：D 先生的论述颇有新意，敢问这是您多年研究的心得吗？

D：不敢当，这种表述确是我的一己之见。但是，需要与需求之不同，在《西方政治经济学》出现后已有所显现，不过那时各种经济学理论体系各有各的用语，究竟两者之间有何异同并没有深究。

主：你是说，虽然没有深究其差异，但溯本追源还是西方经济学者提出来的，是吗？

D：要想溯本追源，还不能说是西方人。我国战国后期赵国人荀子即荀况，几乎早于西方人近千年就把“欲”与“求”区分开来。他认为“欲”是不必要也不可能完全满足的，而“求”是有可能满足的。他还进一步分析了欲望和满足手段之间的关系。指出“使欲不必不穷于物，物不必屈于欲，两者相持而长”。这种相互制约，相互促进欲和求之间的关系。

G：看来五千年文明，在各方面都有无尽的宝藏，这都需要我们整理和深入挖掘呀！

S：我们再看一下，需求与供给之间的关系。去研究生产与需要之间的关系的时候，我们认为生产是一个水桶的短板，生产是主导方面，生产决定需要，创造需要；而在研究供给和需求的时候，则是需求是短板，是主导方面，需求拉动供给，创造供给。没有需求就没有供给。

S：D 先生这种说法是否认为需求是有限的、而供给是无限的。

D：在一定时期内，有效需求确是有限的；而供给虽不能说是无限的，可是，由于生产力的提高，除非稀缺物资，否则我们日常生活生产中的用品，只要有需求它都能生产出来。

S：请注意，您这里又有“生产”概念了。这不成了生产与需求的关系了吗？

D：我不说“生产出来”而说“供给出来”，你不觉得别扭吗？我这样说是由于生产和供给有同点和异点。其同点是生产、是供给之源、供给之母，就这个意义上说两者近似可以通用；另一方面又不完全等同于供给；生产是指生产物品的全部，而供给仅是全部产品中用于供给市场的那部分商品，所以，我们才称作“有效供给”。就因为有这个区别，所以，宏观市场经济学的研究才表述为有效供给与有效需求的均衡。

S：请问，你方才为什么又用“宏观”二字？

D：您提醒的好。所以用宏观二字是为了和微观相区别。准确的说，宏观市场经济学是研究总的有效供给和总的有效需求的关系，再具体点说，是总的有效供给价格和总的有效需求价格之间的均衡的关系。它和微观经济学所研究的“个量”（个别产品、部门）之间的均衡是有区别的。

主：本题不是讨论“相对过剩”吗？ D 先生说这些话和相对过剩有什么联系？

D：马上就接近正题了：总有效供给和总有效需求如果长期处于不均衡状态，而这种不均衡状态又表现为总有效需求不足，就发生生产过剩，这种过剩不是生产对于需要的过剩，而是供给对于需求的过剩。所以叫“相对过剩”。出现“相对过剩”的原因就在于“分配不公”，贫富两极分化，而其结果就出现了经济危机。

S：那么说，当某些产品出现过剩情况就预示着经济危机的到来吗？

D：某些产品的过剩，有可能是生产大于需要的绝对过剩，也有可能是相对过剩，这要具体分析；不过即使某些产品的相对过剩也不足以形成经济危机。我们说的相对过剩是指长期的总有效需求小于总有效供给，才能形成经济危机。

S：您在总供给与总需求不均衡中怎么总是假设有效需求不足，而不是有效供给不足呢?

D：这不是谁的“假设”，有效总需求不足是市场经济造成的，是市场经济宏观属性。这是实行市场经济国家中的公认结论。

Z：人们认为市场经济有风险、有毛病，还真是这样啊。

D：要辩证地看待有效总需求的不足。经济之所以不断地向前发展，动力恰恰在于有效总需求的不足。尽管这个“不足”是个永远填不满的无底洞，但是它引起人们无尽的希望和不懈的追求，把社会不断推向前进。

主：S先生的论述是“相对过剩”，只是市场经济的现象，那么市场经济中有没有绝对过剩呢?

D：个别产品、部门会有，就是生产大于需求的现象。出现这种现象就要创新、转产，从而产生新的产品、新的部门、新的产业，从国家管理的角度看，这些问题都需要解决，但它不是宏观市场经济理论主要的研究对象。

最后，我再说一句总结的话：生产大于需要叫绝对过剩；供给大于需求叫相对过剩；绝对过剩只能是结构过剩，相对过剩既是结构过剩，又可能是总量过剩。结构绝对过剩说明的是需求有能力但不需要；结构相对过剩指的是有需要但无需求能力。解决结构绝对过剩的办法是创新，即进行供给侧改革；解决结构相对过剩的办法是补充需求的不足。总量没有绝对过剩，出现总量相对过剩则预示经济不景气或者出现行业及整体经济危机。

二、层次需要之探源

主：今天我们讨论从第三产业内部结构上看应优先发展哪个行业，以及如何发展。

D：我认为在讨论第三产业问题之前，对“层次论”做些补充以及对需要层次论进行探源，因为有了这些补充和探源，我们才能更容易理解主持人今天主张讨论的问题。

主：好，请D先生发表高见。

D：首先，我认为“层次”具有普遍性，我们讨论过层次需要论与以层次生产论（相对过剩的是层次需求论与层次供给论）。其次，不只需要论与生产论有“层次”，虽不能说万事万物都有层次，但可以说很多事物都有层次。无论是生活用品、生产用品都有层次，如高、中、低档，就是层次。再广泛地说，从服务业来看，教育、医药卫生有层次，更广泛地说贫富有层次，城市有层次，官位有层次……这些层次一般地表示是用三层法：或高、中、低，或小、中、大，或贫、中、富，或初、中、高等等。而人类的各种需要都是追求由低层向高层的过程。

G：等一下，我发表一下看法。各种层次不应表现为三层，有两层就可以了。如贫与富，小与大，高与低。层次的存在就是差异，差异就是矛盾，只有两分法才符合矛盾论，才符合对立统一理论，因此不必谈“中”。

D：就门外汉谈谈哲学吧。有差异就有矛盾，矛盾主要表现在为“三分法”的两极，两极斗争最终的结果是“中”。就斗争双方来说它是“隐态”，而斗争的结果则是“中”，没有“中”就只有“斗”。比如，就贫富来说吧，贫富差距过大就会出现社会不稳。单方面来说，一个社会，贫人过多会出现不稳，富人过多也会出现不稳，只有介于贫富之间的中间收入层增多才会出现稳定局面。再比如，就产品或服务来说，高档产品只是为富人所需，低档产品为贫人所需，而只有中档产品才为中等收入阶层所需。所以层次划分是离不开“中”的。

G：我是赞成层次分法有“中”的，中国国学说“致中和天地位焉，万物育焉”。其意是说只有中和人才能稳居于天地间，才能使万物生长发展。有中等阶层过多则社会稳，社会稳则“和”。只讲“差异”“矛盾”就只有斗争，而斗争的结果就是差异缩小，矛盾环节缓解，这就是“中”。

Z：经济上强调“中”可以理解。而政治上的中间派就是墙头草，是不可赞许的！

Z：政治斗争的双方或几方各自表面为方向不同的分力，而最后的胜利方往往表现为几个分力的合力，这就是“中”。

主：不要过多纠结于哲学问题，还是讲正题：经济问题吧。

Z：讲这些问题有利于更深刻地认识经济问题。我还要说，所有的矛盾都既是绝对的，又是相对的。就绝对看，可能是解决了矛盾，就相对看，矛盾又是永远解决不了的。比如，我们现在通过扶贫等改革可以使贫富差距缩小，而且随着经济发展，贫困人家会“消失”，但是经济不论如何发展还是会有贫富之分的。这种“相对的”贫富之分是永远存在的。所以，任何事物的层次分类都会永远存在。有层次的存在才会有动力，这是好事而不是坏事。

主：D 先生不是说层次需要论还要探源吗？请言之。

D：在探讨层次需要论时，我们说过“需要”是一种欲望。这种欲望是无限的，是永远填不完的无底洞。因此，我就常想为什么人有这样无限的需要？最初想到的是外界的诱惑，准确地说是自然界的诱惑。佛家把自然界叫做“大千世界”，没人解释过什么叫“大千”，我的理解自然界实在是太奇妙了，有美丽的山川大海，百鸟皆鸣，群山共舞。正是这美好的自然赋予我们无穷的物质，无限的妙景，才使人们产生了无限的欲望。

S：此说可疑。同样的自然界，为什么狮子、老虎、鸟类等无此欲望？比如老虎有肉就满足了，鸟类一食一侣一巢足矣。这些需要都是有限的，而人类的需要却是无限的。

Z：那是因为无论兽类、鸟类，它们都没有满足更多欲望的能力。因而，可否认为人类的能力是产生需要的原因？

D：此说颇近了。但能力似乎应改为劳动，人类通过自己的劳动，与自然界的赋予相结合创造出各种各样，日新月异的财富。老虎食生肉即可，人类把肉做成各式各样的美食；鸟有一巢安身即可，人类却利用自然物建成了高耸入云的楼台亭馆；鸟类靠翅膀飞行，人类则驭马车、汽车、飞机而行；鸟兽类以增毛、减毛而御寒暑，人类则制成各类美丽的服装……总之，人类是把原本自然的“大千”世界变成“花花世界”，正是这个“花花世界”才是人们产生了无限的欲望。毛泽东说“江山如此多娇，引无数英雄竞折腰”。

S：此说似有道理。

D：只这样说我认为还不完善。因为这些只是外因，是否还有人的内因的存在呢？我想是有的。这个内因就是人类感知外界的五个感知器官，即眼耳鼻舌身（触）五个器官，或者再加上“意”。

Z：什么是“意”，这是我的很不成熟的想法，我认为“意”就是由感知器官聚集而升华，和我们常说的精神。这五类器官中，鼻需出气，舌知美味，身需美衣美食美色，所以这三个器官的需要都可以看做是生存的需要。至于眼耳的需要更为奇异、强大。眼能观看花花世界的所有奇妙景象，耳能听到这个世界所有美妙的声音。

D：我讲这些，所要强调的是。眼耳的需要才是精神需要，才是享乐需要，才是无限需要。需要的无限性主要由这两种器官表现出来。总结上述，我认为，层次需要论之无限性形成既有外部条件，即花花世界，也有内部条件即眼耳鼻舌身等感知器官，这些感知器官能感知这个花花世界，感知器官感知的层次可以认为是层次需要之源、之母。

S：纯粹是离经叛道，天方夜谭，不应该叫标新立异。

D：随你怎么说，标新立异有什么不好？现在不是提倡创新吗？创新中应该包括思想观念的创新吧？我姑妄言之，我希望你也姑妄听之吧。

主：请发言注意包容性，大家还有问题吗？

Z：D 先生说感知器官中眼最重要，那么，请问，哪个最不重要？要是叫你去掉一个，先去哪个？

D：这真是个怪问题，重要性可以排排层次，要说去掉那个实难回答。

G：我能回答：是鼻子和耳朵吧。

主：怎么个说法？

G：我给大家讲一个故事。从前有个人处事总爱占小便宜，人送外号“铁公鸡”，一毛不拔。他在居室上挂了一块匾：大书“圣、贤、愁”。八仙中张果老、吕洞宾大不服气，想教训一下“铁公鸡”，来到其居室请他吃酒，以圣、贤、愁三字为题，各作诗一首，然后从身上割下一物以做下酒菜。铁公鸡答应了。张果老以“圣”字为题，说道：口耳王，壶中有酒我先尝，盘中无有就酒菜，割下鼻子尝一尝，随即割下鼻子。李洞宾以“贤”字为题，说道，臣、又、贝、臣、又、贝，壶中有酒我先醉，盘中无有就酒菜，割下耳朵配一配，随即割下耳朵。铁公鸡一看来真的了，出了一身汗。随即人急智生，以“愁”字为题，说道，禾、火、心、禾、火、心，壶中有酒我先斟，盘中无有就酒菜，拔下汗毛表寸心。随即，拔下一根汗毛。张吕二仙说，谁说一毛不拔，到底还是我们的法力大，逼你拔下一根汗毛。从这个故事里看，不是鼻子耳朵重要性差一些吗？（众大笑）

三、消费结构与倾向——消费等于享受

主：前面我们讨论了需要、需求的问题。有效需求的实现就进入消费。今天我们就讨论消费这个问题。

D：用通俗而形象的语言就是：“三驾马车”拉动生产的增长也促进消费。这三驾马车是：国内消费、国外消费（外贸）和国家消费。

S：请问D先生，这里为什么又用“消费”一词而不用需求了呢？

D：一是政治经济学常用此词和生产对应；更为重要的是“消费”和需求有相近的意思，需求的实现，就进入消费领域，进行消费。所以用“消费”一词表达更容易为大众所接受。当然，有时也可用“内需”。

主：GDP这块大蛋糕首先要切成三块，那么，从我国现状看，这三块蛋糕各有多大呢？

D：大约说，我国国内消费约占60%，国外消费约占20%，国家消费约占20%，与国外一些国家比较，有人认为，国内消费比重稍少；国家消费、国外消费比重略偏大。

S：为什么这样呢？

D：在计划经济转向市场经济的初期，我国的税收较重，约占28%以上，其他发达国家，则只占15%左右；居民收入又未与GDP增长同步，外贸又出现逐年增长趋势，结果就出现了上述情况。

S：预期这种情况会有所变化吗？

D：是的。由于国际经济疲软，外贸的比重可能会有所降低；近年来，分配上又是居民收入增长与GDP增长同步，甚至略高；现在国家又对企业实行减税政策等，将会出现内需消费的比重提高，而国外消费和国家消

费，有所降低的情况。

主：请先谈谈国内消费的趋势变化。

D：国内消费可分为生活消费品的消费和生产品的消费，我们先谈谈消费品的消费。国内消费品趋势的变化可以促进消费结构的变化。一定程度上反映出来消费结构，又可以从 CPI 这个国家统计局常用的居民消费价格分类表示出来。这个分类是：食品、烟酒、衣着、居住、生活用品及服务、交通和通讯、教育文化和娱乐、医疗保险、其他用品和服务。

S：请大家注意这个分类和需要层次论有相似之处；不仅如此，而且和我们提出的“生产层次论”即第一、二、三产业的排序也近乎相似。

G：对此我很有感想：一个复杂的事物，人们从不同的角度看，就有不同的理论。从需要来看，有需要层次论；从生产来看，有生产层次论；从现在来看又有统计上的消费层次论。其实都大体相似，这样就不是“窥一斑而见全豹”了。也就是说是一个完整的供求理论了。

D：消费的各个组成部分叫做消费结构，从消费结构的变化中，可以反映经济发展的状况和人们的富裕程度。

Z：富裕程度还有指标吗？

D：虽然算不上精确地指标，起码也能算作参考指标，这就是恩格尔定律。恩格尔把消费结构中食品所占的份额看作是富裕程度的标志，食品份额所占的比重越大就表示越贫穷，比重越小就表示越富有。具体说如果食品所占份额占 50% 以上就是贫穷家庭；占 50%~40% 就是小康范围；介于 40%~20% 之间属于富裕范围；低于 20% 就是富裕家庭。显然处于 50%~40% 就是中等收入家庭，大致相当于我们说的温饱型家庭吧！而目前发达国家中的饮食支出约占 15%~20%。

主：照此说法大家可以自己大致估算一下，各自属于哪类家庭。（众沉默）

D：大家都不说，但我保守的估计一下，食品消费占 30% 以下的人占大多数吧？可以说我们绝大多数人达到并超过了温饱阶段，正在向小康阶段过渡，因此，我们的领导人才把2020年作为全面建成小康社会的实现目标。

S：这也就是说现在相当一部分人已达到了小康的标准，而另一部分人已由温饱型向小康型转化。

D：是的，在这个阶段，不仅消费层次上发生变化，而且对每个层次内部的产品质量层次也发生变化，如食品要吃绿色产品，衣着要穿名牌。如吃肉要吃“黑”猪肉，吃蛋要吃柴鸡蛋，化妆要用国外化妆品，衣着要高于 ×× 牌的知名度等。

S：这就是说过去人们常消费的低档消费品就难于出售了。这就是我们现在提出的供给侧的改革，这种改革简化成两个重要的字就是“创新”，只有不断创造出新的产品才能满足人们日益增长的新的需求。

主：怎么样理解消费等于享受?

主：春节时，人们特别是农村人都贴春联，上有横幅，写着“五福临门”，大家可知道这“五福”是指什么?

Z1：可是福、禄、寿、喜、贵?

Z2：不对，问得五种福，你把福和其他四种并列，怎么说得通?

Z1：那么，可否说是“禄、寿、喜、贵、财”?

Z2：也值得商榷，因为“禄”与“财”意有重合。

G：我认为，这五福应该是“口福、眼福、嗅福、耳福、身福”。

Z1：吃好东西叫饱口福，观赏美丽的景色叫饱眼福，至于说饱嗅福、饱耳福、饱身福很少听说，怎么理解?

G：嗅福就是“闻香”，酒店门前常贴有招牌“闻香下马，知味停车”。按顺序它应在“口福”之前；“耳福”说的是享受美好的声音，你们可知道“孔子闻韶，三月不知肉味”，这是指懂音乐的更高级之福；至于“身福”指的更多：穿好衣服、住好房子，找一个真爱的爱人等都是，所以这三项都可以用“饱”字当头。所以，我说的“五福”含义没有错。

主：“五福”含义应当以 G 先生的理解为是，但是“五福”没有人会白赠给你，你得花钱去买。我的问题是，假设你有一定的钱，你是否舍得花钱去买这“五福”? 如果你舍得花钱，这就是“消费”。你消费了，你就享受了这“五福”，这就是今天的命题：“消费等于享受”。

Z1：你说的“消费等于享受”我不太同意，看你是哪个层次的消费。我没有多少钱，吃只能是萝卜、白菜，穿的也是低档服装，这样的消费能叫“享受”吗？所以无论是哪一方面，都是高档的消费那才叫“享受”。

Z2：我同意 Z1 的说法，俗话说的是“四大香”：早晨觉、二房妻、油煎饺子、爆炒鸡，那才叫“享受”。

Z3：Z2 说的“四大香”只能算旧时“土”财主追求的低级享受层次。更高级的层次，我在 20 世纪 50 年代听到了四句话：吃中国菜，住美国楼，穿法国衣裳，娶日本媳妇。（众大笑）

Z1：前三项好理解，为什么要娶日本媳妇？

Z3：我再说一个笑话你就明白了：一个炎热的夏天，公园的凉椅上坐着三对夫妻，一对是西方人，一对是中国人，一对是日本人。天热要打扇子，西方人是男人为女人打扇，日本人是女人为男人打扇，中国人是 AA 制，各自打扇。可见日本女人是最体贴关爱男人的。（众笑）

Z1：你说的是过去，现在娶日本媳妇也未见得夏天就为你打扇；你娶个中国媳妇也不见得还是“AA 制”，恐怕是男人为女人打扇了。

G：说说笑话可以，免得会场沉闷，但我以为，消费虽有层次，不能说只有高层次才算享受，低层次就不是享受，这里面还有个精神层面的问题，那就是“知足常乐”。孔子的大弟子颜回，人家给他一钵饭，一瓢水喝，他就很满足了，也就是感到享受了。所以孔子说：“贤哉颜回也”。

主：大家不要只说笑话或引经据典了，我的问题还是：你有一定的钱，你是否舍得花掉，去买“五福”呢？

Z1：我会的。人生在世转眼就是百年，有钱为什么不花？有钱不花丢了白搭，花了才是你的钱。

Z2：我挣钱不多，得攒点钱供孩子上学，以后还要为孩子留点财产。

Z1：思想太旧了，“儿孙自有儿孙福，不为儿孙当马牛”。

Z3：我想钱不能多花了，人生坎坷太多，总得留点钱以防未来有不测。

Z3：即使有钱也应省吃俭用，省下的钱，存入银行储蓄，准备将来买房子。

Z5：通过“储蓄”买房子，储蓄那点利息钱能赶上房价上涨快吗？有谁靠储蓄发财了？储蓄的利息最多是保值就不错了，而且现在银行储蓄是负利率，就是说，利息的收入赶不上消费指数 CPI 的上涨幅度。储蓄保不了值，而且要赔钱的。

Z4：即使赔点钱，我还是手中有现金呀，比起我用钱的时候再贷款总是要好啊！

Z1：赔一点钱？巴菲特说得好：如果所得税率是 120%，但是如果每年储蓄亏损 6% 的话，那么用不了 10 年，你的老本就赔光了。

S：所以说储蓄负利率就是向储蓄的人征税。

D：不能这么简单理解负利率政策吧？去年几次降准（降低存款准备金率），几次降息，意图“去杠杆”“放水”，把储蓄在银行的钱释放出来，增加市场的货币量，使之驱向于扩大消费，或扩大投资。

S：实际上大众所想的未必和政府想法一致，实际上，没有创新产品，扩大不了消费，担心投资风险而不敢投资，于是乎就转向“投机”，今天炒股票，造成短期“牛市”，明天又撤出，又成了“熊市”；转而又炒房地产，把经济学家看似过剩的房地产，价格反而上涨了。总之，就是炒来炒去的进行“投机”活动。它使得预测的经济学家黯然失色，脸上无光。

Z4：如果我不储蓄，而去炒股票呢？

D：2016 年炒股者每人平均亏 45 万，你还敢炒吗？

S：所以我倒是有个疑问，像“投机”这样一种去银行杠杆的方法，利弊那个更多些呢？

主：什么意思？你具体想法是什么呢？

S：我打个比方：银行好比是蓄水池，而千百万个储户的钱好似涓涓细流。蓄水池把这些不同方向的涓涓细流吸纳进来，汇成巨资，然后根据投资者的需要，再有选择地、定向地把水放出去。现在负利率就是把这些细流阻挡在蓄水池之外，无处去，它就自然会横冲直撞、到处乱流了。这就不仅助长投机，而且形成了大量的私募资金。私募资金利率较高，优于银行的储蓄利率，吸引力大批资金的进入，结果是很多人受骗上当。所以这种现象不是“去杠杆”所预想的结果吧？

主：勿离题太远，还是讨论消费的问题吧。

Z1：经过这番争论，我更认为还是把钱花了好，消费好，比 Z1、Z2、Z3 先生的主张都好。

D：各位先生对于收入（所得）去向的主张各有不同，但归纳起来无非是即时消费和延期消费，延期消费中包括储蓄、投资、投机，再简单一些可以表示为支出 = 消费 + 储蓄。这个公式用经济学语言表达就叫消费倾向。消费倾向很难说那个更好，个人根据具体情况随意选择。至于延期消费主张手握现金好的叫“灵活偏好”动机，通过储蓄预防未来的心理叫谨慎动机，用之于投机的叫投机动机，也很难说哪个好与坏。

Z1：我还是相信消费等于享受，有钱就花，消费层次越高越好。

Z2：我认为还是以勤俭为好，所谓勤俭持家家业盛，现在政府不也是提倡节约、反对浪费、反对享乐吗？ Z1 是崇奢论。

Z1：一个人在自己具有相当支付能力的前提下，驱向高一层次的消费叫享受，不叫享乐，也不叫浪费。至于对“节俭”的理解，也要与时俱进，因势而异：“一粥一饭当思来之不易，半丝半缕恒念物力维艰”。朱子言论是生产力非常低下的格言，而今天市场经济快速发展，此言就值得商榷了。试想一件衣服新三年、旧三年、缝缝补补又三年，不把服装销售商和供给者都饿死？你说主张消费者为“崇奢论”者，我看只要适度的倒是应当“奢”一下，而你的“崇俭论”倒是真是过时了。只有一定的“奢”，才能补充需求的不足。

主：看来俭与奢各有主张，这只是消费倾向的不同，而这种不同又是由心理和预期的不同所致，所以不能说哪个对哪个错。不过从今天发言者看来，年龄大一些的多崇“俭”，年龄小一些的多崇“奢”，这也叫“代沟”吧。而从人数上说，接受消费等于享受者多。我个人认为，从当今来看，应该是尽可能的多消费。一者，是因为延期消费者那些顾虑，政府已经通过多种社会保障制度使你免去了后顾之忧；二者，欣逢这个盛世也理应享受一下；三者，现在是消费决定生产的时代，只有多消费才能多生产，国民经济才能大大提升。

Z1：我想起一件事。1963 年天灾人祸已过，经济形势好转，此时北京市出现了储藏猪肉过多的情况，于是政府号召大家吃“爱国肉”，凡有工作的每人二斤，我也买了二斤，一炖红烧肉，吃的美美的。于是我想到现在能否用此办法扩大消费呢？

D：那是行政命令的办法，现在来看也还没有到采用这种办法的程度和必要。

四、扩大中等收入群体

主：最近党和国家领导提出要不断扩大中等收入群体的决策，大家可以就此决策展开讨论。重点是什么是中等收入群体？为什么要扩大中等收入群体？以及这一群体扩大的后果如何？

S：据权威专业人士称，中等收入群体有很多定义，国际通行的标准是“收入处于社会平均收入或收入中位数及其附近区间的劳动者”。

D：从讨论题目和定义来看，显然就是扩大中等收入劳动者在所有劳动者中的比重，因此又形象的指出其目标就是形成“橄榄型”的分配结构，即在收入群体中高收入群体、低收入群体都只占一小部分，而大部分劳动者则属于中等收入群体，这是可以理解的。但是我觉得这个定义还有些疑问。按此定义，任何国家或者一个国家的任何时期不管其整体收入多少，都有一个中等收入水平，没有一个具体的数量标准。这似乎不符合领导所说的中等收入的原意。现在在国际上，“中等收入”一词是有特定的数量标准的特定用语。

S：中等收入的数量和标准时什么？

D：市场经济发展的一个通病就是人们经常担心出现“中等收入陷阱”，中等收入虽然无明确具体的数字，但是从“中等收入陷阱”中得数据可以得知其一二。“中等收入”的标准是在劳动者平均月收入1千美元到1.2万美元之间。

S：不管此数字有几分参考价值，那只是“将进入陷阱”时的数字，2015年我国人均年GDP是7575美元，因此，从平均数上看，我们现在离此数字还较远；再者，我们现在谈的是“分配结构改变”的问题，这个问题与“中等收入陷阱”概念是有区别的，现在我们可以不谈。

D：我承认这二者是有一定区别，但是我国中等收入者现在的实际收入水平已经接近“中等收入陷阱”中的中等收入水平。因此，我认为这两个问题可以联系在一起讨论的。

S：请问我国现在有多少人属于中等收入水平呢？

D：报道说，全国共有 7000 万人口达到中等收入水平，只占全国人口的 5% 左右，这是根据出国留学和出国旅游等数据推算出来的。

S：看，话又说回来了，不管此数据是否可靠，D 先生方才引用的数据，只能理解为国际上专用的“中等收入”数据，就是说这 7000 万人口已经进入到月收入 1000 到 12500 美元的水平，如果是这个水平，那么中等收入人数就按百分之五计算也实在太少了；而按 2015 年人均 GDP 年均 7575 美元来算，人均月收入仅有 600 余美元，按此数据估算那么可能 5% 也达不到，也就是说，5% 的估值也多了。

D：关于“中等收入水平”我还见到一个数据说，美国人只要全部资产（包括固定资产和流动资产）达到 15 万美元的家庭就统计为“中产阶级”家庭。

S：这个数字低了些吧？ 15 万美元折合人民币也就 100 多万元，现在，北京市民只要有 40 平方米 ~ 50 平方米的房屋，一套就超过 100 万元，那么整个城市居民以 1500 万计，都应算作中产阶级了。另据 2015 年全国 1% 人口抽样调查数据显示，全国总人口为 137349 万人，居住在乡村的人口 60599 万人，占总人口的 44.2%；居住在城镇的人口为 76750 万人，占总人口的 55.88%。这些城镇人口，就算有 50% 达到 15 万美元，那么中产阶级人口也应达到 4 亿以上了。已有的数据差异很大，很难得出准确数值。

D：退一步说，我们理解不断扩大“中等收入”群体中的“中等收入”，就按 S 先生所说的 4 亿多，说扩大“中等收入”群体就是扩大这个收入水平的群体，而不是扩大收入平均数及其左右的群体吧。

G：S、D 两位先生的理解并无多大矛盾，仁者见仁、智者见智吧。我倒想说的是，即使真有 4 亿人口达到国际上说的“中等收入水平”，那么，要想达到“橄榄形”分配结构，还是任重而道远。“橄榄形”的两头有多尖？就是高低收入每头各有一个亿吧，中等收入群体也至少有 12 个亿，要完成这个使命，也还是相当艰巨的。

主：这个问题到此为止，下面谈谈这个决策的意义吧。

D：我用三句话24个字来说明之。即中等收入群体是：社会稳定的梁檩柱，精神文明的发射台，需求不足的补充者。

主：解释一下吧。

D：整个社会收入群体可以分为三层：低收入群体，高收入群体和中等收入群体。高、低两层都有其明显的弊端病。“饱暖生淫欲、贫寒起盗心”。贫寒即使不盗而走正路那也是毛泽东说的“穷则思变，要干，要革命”，古今的农民起义革命大都因此而起。所以贫穷是社会不稳之源；富人富了之后，或者是其本人，或者是其后代中，有一部分人会走向吃、喝、嫖、赌、抽（吸毒）的道路，或者声色狗马、玩物尚志，很难有“五世其昌”者。故也是社会动乱之苗，伤风败俗之草。与之相比，中层收入群体中，这种社会现象要少得多。

S：何以见得?

D：管仲说过：“仓廪实而知荣辱”，就是说中等收入群体讲文明知礼仪是社会稳定的梁檩柱，如果说党的一系列扶贫政策、消除贫困是社会的稳定基础，而梁檩柱则是在这个基础上构建起来的高楼大厦，当然这不过是个比喻。

S：又如何理解是“需求不足的补充者”呢?

D：市场经济最具有需求能力者就是中等收入群体，而不是低收入者（穷人）或高收入者（富人）。对此，我也归纳为三句话：“穷人有需要而无需求”，就是说他需要的东西很多，但是没钱买不起。“富人有需求无需要”，就是说富人对一般的消费品早已经满足了，有钱也不往这方面消费了，而是把钱用于投机、炒股、投资方面去了。只有中层收入者，既有需要、又有需求，根据需求能力大小，实现其需要。

主：按照你这种理解，似乎可以解释现在经济中出现的结构过剩的现象了吧?

D：是的。我们在投资中探讨了某些重工业产品如煤炭、钢、水泥等产品过剩的问题。我认为这些重工业产品的过剩原因不能说完全是由于我国向市场经济转型所产生的问题，而是由于在计划经济体制下，过于相信“重工业优先发展”的理论指导所造成的。现在我们来分析一下第二产业除重工业外，其他行业产品过剩情况，那就是市场经济造成的了。比如，就我们生活需要的一些用品来说，衣、食、住、用、行各项，除“食”是由于生产季节性、周期性而出现“蒜你狠”“姜你军”“猪周期”等情况以外，其他几项都出现过剩现象，而且是“绝对过剩”。即不是由于需求不足而是需要已经得到满足的过剩。可能有人问，什么叫满足需要呢？我认为这是个过程，用经济学家的专用术语说就是某种需要的产品的“边际效用”等于零时就叫需要的满足。

Z1：什么是边际效用？

D：用通俗的话打比方说：你吃馒头吃第一个时效用最大，增加一个到第二个时效用就不如第一个大，到第三个时效用更小了，当你饱了时，白送你也吃不下去了，就是满足了。这种随着馒头一个一个的增加而效用越来越少，就叫边际效用递减，边际效用等于零时就叫满足。其他物品也是一样，比如同样的毛衣你有需求又有能力，你可以买几件，但是你再有钱也不可能更多的去买，因为对你没有效用了。

S：同样的毛衣，任何时候使用价值都是一样的，怎么说效用递减？纯粹是唯心主义。

D：对于西方的任何一种学说，既不能盲目的崇拜，也不能盲目的批判。你想想，只有用“效用递减”才能说明“满足”的过程，用使用价值不变能说明这个问题吗？

Z：说到底不就是说东西太多了，对消费者没用了吗？谈过程有什么用？

D：因为有这个“过程”在未达到满足之前供给方总是认为产品有销路而不断生产，到真的看到这种产品已无需要时产品就过剩了。

S：您认为现在的这些产品是绝对过剩还是相对过剩？

D：我认为这要从宏观角度还是从微观角度看。从微观也就是某一角度看如楼房、家电、服装等产品结构都出现供过于求的现象，其需求能力小于供给能力，出现了结构性的绝对过剩；但是，如果从宏观角度，即把全国人民都看做不仅是需要者，而且都是需求者，都有相当于中等收入水平的支付能力，倒又是相对过剩。比如，楼房的供给，现在空置房很多，但如果假设农民和城市的低收入者都能买得起房，则房源的数量就不是多而是少了。因而又是相对过剩了。

S：您这是什么理论？不是公说公有理、婆说婆有理吗？

D：不能这样说。我一是说现在达到中等收入水平的人数还太少；二是说站在不同的角度看问题的人会得出不同的结论。房子这么难卖，有许多房地产商还是以天价购置土地，他们就是认为房子卖不出去是暂时的，未来随着中等收入群体的增加，现在不能实现的需要就会转化成可以实现的需求。“需要是潜在的需求”，或者用经济界专用术语说这是房地产商的“长期预期”。

S：我似乎明白了，你是说只要不断的增加中等收入群体的人数，这看似绝对过剩的现象就会变成相对过剩是吗？要是这样，岂不是说就不要去产能、去库存了？

D：俗话说，远水解不了近渴，明知某产品未来需要潜力很大，但那是未来，谁能有那么多闲置资金用于保产能、保库存？所以，燃眉之急，当去还得去。而能够尽快缩短这个未来的长期预期，最好的办法就是不断扩大中等收入群体，这是经济稳中求好的最好决策。

主；讨论不要离题太远，D 先生，你认为扩大中等收入群体的重点放在哪呢？

D：我认为应该放在农民群体，或者说应着重解决“三农”问题。我想，到 2020 年城市人口中会有绝大部分达到中等收入水平，现在也不妨假设全部达到，即使这样这部分人也不过是 7 亿多人，相对全国 14 亿人口来说，能说收入是橄榄形结构吗？所以重点还是要从农民群体中找出路。

D：不仅如此，我认为无论是扩大中等收入群体、发展第三产业，还是城镇化问题都要从解决“三农”问题入手，这是重中之重，急中之急。

S：三农问题的方向是什么？

D：农业要转化成城镇人口，乡镇要转化成星罗棋布的中小城市，农业要从粗狂型转向集约型的现代化大生产。这个目标实现了，“中等收入群体”必然会大大增加。

S：你认为“三农”中以哪项为重？

D：粗放型农业转向集约型的现代化大生产，这才是关键。

大家都知道，按照传统的农村人口转向城市，大体有这么几条途径。一是农民子弟考上中专以上学校；二是参军；三是改革开放后，允许农民工进城中的一部分人；四是农村中先富起来的一部分人，如乡镇企业的经营管理人员，农村的基层干部如村、镇支书等人；这部分人富裕程度有的已经超过了中等收入水平；五是自主创业。

Z：不错，现在农民总体说收入还是很低，但村、乡干部这个群体不说是全部，也是大部分都富起来了，去年我还乡探亲时，就亲眼见过一个村支书开高档轿车去乡里开会，那气势真叫“牛”啊。

D：即使这四个部分加起来，也只是极少数人，而大多数农民还是进不了城，也成不了“中等收入群体”。因而我认为要想达到既定目标，只有农业真的实现“现代化”才有可能。

实现农业现代化，从20世纪50年代起的计划经济时代就已经提出，如果说工业现代化我们已经接近了世界先进水平，那么，农业则相差甚远。有好些地方农业生产有人说是“10075”式的，就是用扁担、箩筐、镰刀、牛进行生产。这样低的农业劳动生产率怎么能与现代化工业相适应？怎么能与日益提高的对农产品的需求相适应？怎么能使大多数农民富起来？怎么能实现城镇化？和别国数字比，感叹、牢骚都没有用，只有找到农业问题的弊病之根到底在哪里，用政策推动，根治，才能实现农业现代化。

S：你不要完全否定农业发展事实，20世纪50年代，城乡人口的比重是2∶8，现在这个比例已经是变成大致是6∶7了。

D：6∶7就是表示一个农业人口只能提供一个多一点的城市人口的农产品，而且还需要大量进口某些农产品；在美国这个比例大约在2∶98相差近50倍，而美国的农产品还大量的出口。由此数字你应不会再说我是完全否定农业发展了吧。

S：你认为这个“根本弊病”在哪里？

D：简言之，就是土地产权的“虚化”。

让我们回忆一下中国土地制度变迁的历史。中华人民共和国成立前，中国农民的问题说到底就是个土地问题。中华人民共和国成立后，广大的农民分到了土地，生产的积极性大大地提高，从1949年到1955年仅几年的时间，从过去的吃不上饭，到全国粮食基本自给自足。我记得那时候，猪肉 3 角钱一斤，玉米 7 分钱一斤。可是以后接连搞合作化，由生产队一直升到人民公社，甚至一乡一社、一县一社，叫“一大二公”，越大越公，把农民分的土地又公有化了。如果说中华人民共和国成立时期是农民“剥夺”了地主的土地，这个公有化就是“剥夺”了农民的土地。就农民个人来说，留那点“自留地”也是“资本主义尾巴”。结果是农民用怠工、出工不出力来抗议，大家就都吃不上饭了。于是就出现了“两条路线的改制之争”。1978 年寒冬，安徽省凤阳县小岗大队，一群庄稼汉们聚集在一起，立下一个新的契约，宣告了一种新的土地制度——土地家庭联产承包责任制在中国大地上诞生了。蓄之既久，其发必速，到 1983 年底，全国 94% 以上的生产队已发生了同样的转变。在 1978~1984 年这段时间，农业总产值年均增速达到了 7%，成为中华人民共和国成立后农业发展的最快时期。

然而，随着经济的发展，这种土地家庭联产承包责任制出现了效果递减。虽然政府通过科技投入、疏通商品渠道、财政反哺三农等办法，促使农业快速发展，但今天当我们重新审视这一制度时，发现它本身仍是一个小农土地制度。通过这个制度要想达到农业集约化经营的现代化农业是很难办到的。

S：为什么？

D：其一，这种“承包”大多是在农民一家一户小量承包，每家每户都有那么一小片土地，生产方法仍然是“10075”式的旧式方法，收入很少，为了补充收入，老弱病残在家守着这块土地，年轻人则外出打工以弥补家庭收入之不足，这样的家庭实在太多了，能富起来吗？能走向农业现代化的大生产吗？

其二，更为重要的是农民对土地的产权是“虚”的。土地的所有实权到底是属于谁？名义上是国家的，实际上又是集体的。“承包”是向谁承包？是农民个人向集体承包，他们只在承包期限内，按照承包规定所给予的权利进行生产经营，一到期限，则土地交回，什么也没有了。这和中华人民共和国成立前农民租用地主的土地有什么区别？

S：当然有区别。中华人民共和国成立前农民租用地主的土地，地租是相当高的，借款是高利贷，那时有个农民苦难的歌谣：农民头上两把刀，租子重、利钱高。而“承包”的租费是很低的，期限也很长，有的可以长达70年。

D：无论长达多少年，在农民心中这块地终不是他自己的；这是心病也是现实，这就影响了农民扩大再生产的积极性。如果还不理解，大家可以回忆一下《资本论》中马克思是怎么说的：农业资本家租用地主的土地，由于有租用期限在内，农业资本家是不会进行长期的投资的（如大型水利、农田改良等），因为租期已满，这些长期的大型投资就会归地主所有。今天的承包制就犯了这个毛病。所以这种土地承包制如不进一步改进，农业很难实现现代化的。

S：您对怎样改进有想法吗？

D：我想什么都不值得一提，我看中央已经看到这一问题了，最近在凤阳县小岗村又召集了会议，习主席也到会了，提出让大家想办法，如何改进完善土地承包权、土地流转权。

S：什么是流转权？

D：不太肯定，猜想是允许土地转让、买卖吧？不过即使这样。土地转让买卖的收入仍然是“集体”所有，农民个人得不到什么实际利益，得到的收益主要是农村那些基层干部。

S：别吞吞吐吐，你是否是主张把土地仍然分给农民，实行土地私有制？

D：我不确定，不过我认为党中央和政府可以考虑一下这个问题。

S：如果真的实行了农民土地私有制会发生什么问题？

D：肯定会发生土地兼并的现象，少数农民成为大农场主，农业资本家；多数农民会失去土地。失去土地的农民会得到出卖土地的收入而走向城市，充实第二、三产业；而成为农场主或农业资本家的人，就会大展身手进行投资，兴修水利，改良土壤，购买先进农业机具，雇佣农业工人等，从而走向集约型的现代化生产之路。

顺便说一下，最近国务院又出台“土十条”，内容是对土地污染进行有力监督检查。我想如果真的实行了土地私有制，有了自己土地的农民也好，土地兼并后的农场主也好，都会自动严控土地污染，这可能是防治土地污染的最佳办法。

S：你的这种设想，农场主会富裕起来，可是因兼并而失去土地的农民能接受吗？他们大量进入城市，城市能接受得了吗？

D：兼并的结果是农场主这一部分将进入中等收入，甚至富裕阶层，而城市发展第三产业的需要也肯定能吸纳失去土地的这部分人。你担心进入城市的人的生活问题，请问，现在走进城市的人，他们不是生活的很好吗？不要想农民都是“驽马恋栈豆”。

S：如果不实行这种土地私有兼并的办法，而是在集体所有的前提下，兴办大农场不可以吗？

D：你不是说又要搞人民公社式的办法吧！实践证明，那种行政式的、强制的、命令式的办法永远是行不通的，打个比方，那是“拔苗助长”，而采用兼并式的，则是用经济的办法，自然瓜熟蒂落，水到渠成。

要知道，无论是从扩大中等收入者群体看，还是从发展第三产业看，都将是多数农民脱离土地的过程。这个过程表面上看也许是“痛苦”的，而实际上，这可能是两个百年实现中国梦的关键一步，可能是人人都能过上幸福生活要经历的道路。不要杞人忧天，更不要有“驽马恋栈豆”无能者的思想。

第七章 供给侧结构与改革创新

一、三大产业

主：什么是层次供给？D先生在20世纪90年代就研究过第一、二、三产业的问题，今天自然有更多地心得，请谈一谈吧。

D：层次供给与层次需求是相对应的概念。层次供给按产业分为第一、二、三产业。大体上是第一产业供给生存需要的产品，第二产业供给发展需要的产品，第三产业供给享乐、社交、自我实现的产品。我在1989年出版一本书，书名《劳动力配置系统》，初版仅印刷3000册，后因联合国国际劳工局的工作人员阿姆扎德来中国考察后认为此书可以作为劳动经济工作者高级培训班教材，经中国劳动学会研究再版出版5000册，而书名改为《宏观劳动力配置》。此书有很多数学公式，但不够通俗，因而读者甚少。由书名可知，这本书准确点说不是研究第一、二、三产业，而是研究劳动力如何由第一产业转向第二产业，再由第一、二产业转向第三产业的。其实在今天看来这就是研究供给侧发展和供给侧改革的。这是一。第二，那时还是计划经济时代，劳动力配置在哪一产业全凭行政调拨，所以在转移方式上，没有多少笔墨。第三，在此书中我曾把劳动力由第一、二产业向第三产业转移分为小转、中转和大转三个阶段，并简述了它们的转移条件。

主：这些遗憾，你今天都可以直抒胸臆，把它补充进来了。

S：我认为从现在起到2050年将是劳动力由第一、二产业向第三产业大转移的阶段，现在仅仅是大转移的开始。同时，我认为也是供给侧改革的主要内容。

D：为什么是2050年左右？

S：现在我们都提“中国梦”，它的具体内容是什么？就是第一阶段到2020年，也就是中国共产党建党100周年时要全面建成小康社会；第二阶段是再经过30年，即中华人民共和国成立100周年，我们要建成富强、民主、文明的社会，那时我国的第一、二、三产业结构将比现在发生翻天覆地的变化。

S：为什么你又说这个大转移又是从现在“开始”呢？

D：说是“现在”开始，是因为我认为“开始”的条件已经初步显现或具备了。

S：哪些条件？

D：第一，前面我们讨论过，新产品、新产业的出现，必须以原有产品、产业结构绝对过剩（即生产对于需要的过剩）为前提，现在这个“前提”已经初始显现了。

第二，在市场经济体制下，第三产业的发展首要条件是资金，现在市场的资本量是非常充裕的。资本是什么？资本是生产要素的结合体，是生产力的具体化，资本转入第三产业，那么劳动力、劳动工具、劳动对象、科学技术都必将转入第三产业。

第三，是需求的变化。这是第三产业的内在动因。过时的过剩的产品没有需求，是需求拉动要求生产出新的产品。

第四，需求变化的原因是居民收入的提高，可支配收入的增加，我国居民人均可支配收入在2015年是7575美元，消费层次正由发展层次转入享乐层次。

第五，人力资源的充裕量，由于第一、二产业出现结构性的绝对过剩，这就给发展第三产业的人力提供充足的保证。

Z：你认为出现第一、二产业的“绝对过剩”是什么意思，表现在哪些方面？

D：第一产业的“绝对过剩”是农业产品的“绝对过剩”，现在已现端倪但不明显，我们这里主要谈第二产业的“绝对过剩”。第二产业按计划经济的分类方法包括轻工业和重工业，按现在的具体分类方法，比如采掘业、制造业、水力、电力、蒸汽、煤气和建筑业。现在出现“绝对过剩”

的行业主要表现在制造业和采掘业，具体的说有钢铁业、煤炭业、水泥业以及制造日常生活用品的轻工业都出现了“绝对过剩”现象。就煤炭业来说，山西煤炭大省，今年的负债1.1万亿，可见其严重性。要注意这里的“绝对过剩”是指生产大于需要，而不是供给大于需求。

Z：为什么你判断是生产大于需要而不是供给大于需求？

D：如果是供给大于需求的相对过剩我们补足需求，产品还有销路；而生产大于需求即使补足需求，甚至于赔本促销仍然销售不出去，所以，叫“绝对过剩”，这时就只有去库存、去产能。

Z：要去库存，特别是去产能实行转产必然有一部分人失业呢。

S：现在有国外媒体载文说中国的去产能将会使180万人失去工作。

D：此言毫无根据。即使转产也不是这个部门行业全部转出，而只能是部分的产品质次价高的企业转出去，怎么能有那么多人？骇人听闻！

S：总有一部分人要失业的。特别是那些就业于民营小企业的人员。

D：这就是转型的阵痛吧，不可避免。但是，如果有创新，这部分失业人员就会就业于新兴部门。

S：失业人员再转到新的部门去，中间总要有一个过程。

D：所以转型快尽量缩小这个转型期间，而这个时间的短暂失业，国家也会有安排的。

第六，舆论、理论的助推。现在无论是社会舆论、学者专家的理论几乎一致认为，只有大力发展第三产业，才是中国经济可持续发展的必由之路。

G：这么说是万事俱备，只欠东风了？

S：现在是冬尽回春，东风已起，现在政府提出的供给侧改革，去库存、去产能、万众创业、全民创新等等就是“东风”。

主：据了解，先生对第三产业的研究很有深度，请给大家说一说吧。

D：不敢当。关于第三产业问题，我是在1989年出版的《劳动力配置系统论》中做了很多探讨。比如劳动力由第一、二产业的转移及计算出其转移数量等，关于这些问题，如有兴趣，请惠阅此书。我这里只挑一些重要问题，简单谈一谈看法。

大家知道，在计划经济时代，我们经济部门的排序是农业、轻工业、重工业和商业，叫做无农不稳，无工不富，无商不活。除了上述部门，其他部门都认为是不生产有形产品，不创造价值的，但是随着经济的发展，这些人为不创造价值的部门占 GDP 的比重越来越大，占劳动力的比重越来越大。如日本、美国等国家已占 80% 以上，这样，如果再认为这些部门不是生产部门就很难说了，于是第三产业之说就出现了。

最早提出这一概念的是英国经济学家新西兰奥塔格大学教授费希尔。此后澳大利亚和新西兰两个国家在社会经济统计中开始出现第一、二、三产业的概念。

第三产业的概念是一个在发展中的科学范畴，它所包括的范围在不断变化着，第三产业究竟包括哪些行业，世界各国的用法不尽一致。就是在同一国家里，不同经济学家所说的第三产业也不一样。

1985 年，我国公布的第一、二、三产业的划分标准是：第一产业包括农业、林业、牧业和渔业等，第二产业包括采掘业、制造业、水力、电力、蒸汽、煤气和建筑业；第三产业主要是除上述第一、二产业之外的流通和服务两大部分。

第三产业具体说主要是可分为四个层次。第一层次为流通部分。包括交通运输业、邮电通讯业、商业饮食业、物资供销和仓储业；第二层次为生产和生活服务部门。包括金融业、保险业、地质普查业、房地产、公用事业，居民服务业、旅游业、咨询信息服务业和各类技术服务也等；第三层次为提高科学文化水平和居民素质服务的部门。包括教育、文化、卫生、体育和社会福利事业等等；第四个层次为社会公共服务，包括国家机关、党政机关、社会团体以及军队和警察等。

G：请问：第三产业是不是生产部门？创不创造价值，以及它是按什么原则划分的？

D：第三产业作为一大行业，在整体上应属于生产部门，与农业（第一产业）和工业（第二产业）一样创造使用价值，也创造价值。

第一、二、三产业划分法依据的是其产品在人们的消费结构中所处的层次不同（有生存需要，有发展需要，有享乐需要），产品形态不同（有形产品、无形产品），生产过程和消费过程可分离程度不同，即先生产后消费，还是生产与消费过程统一不可分离。也就是说第一、二产业产品是先生产后消费，而第三产业则是生产与消费同步的。

主：D 先生说了这么多，能否再简练概括一下什么是第三产业。

D：高度概括地说，第三产业应称作“提供劳务和精神产品的部门”。

主：D 先生能否概括地谈谈发展第三产业的必要性呢？

D：第一，发展第三产业，能提供服务于发展层次和享乐层次等精神需要的产品，进一步提高人民的生活水平。

第二，第三产业如教育、科学技术等部门的发展可以进一步提供优质的生产要素，从而提高生产力的水平。

第三，未来我国将建立很多的中小城市，没有第三产业的发展是很难建成的。

第四，更为重要的是它能吸纳的由第一、二产业产品过剩而转移出去的劳动力，也就是说，第三产业的发展过程也就是劳动力由第一、二产业转向第三产业的大转移过程。要想更多地了解这个问题请阅拙著《劳动力配置系统论》（再版改为《宏观劳动力配置》）。

二、生产消费与投资

主：今天我们讨论生产消费吧。

S：生产消费另一种叫法叫“投资”。什么是投资，一般地说投资是在所得中用于购买资本资产的行为。

Z：不太明白，请细说。

S：第一，投资是一种购买行为，也是一种需求和消费。

第二，它购买的是“资本资产”，通俗地说就是购买的生产品在商品中分为两大类。一是用于生活品通常叫消费品；另一类叫生产品，它近似于《政治经济学》中的生产资料。

第三，它的消费是对生产品的消费，消费的结果是在生产出生产品或者消费品，所以这种消费能生产出新的产品。

第四，它再生产出来的产品的价格总和要大于它投资的价格总和，就是增加了财富，充足了供给。

第五，更重要的是，投资中有一部分资本是用于购买劳动力，实现劳动力就业，这是凯恩斯理论中最为重要的问题。

第六，由于劳动力的就业，有了工资就又增加了新的需求，这种新的需求又促进了生产，进一步增加供给。

这一套需求—供给—需求—供给，好像是团团转，因此才产生倍数论，或“乘数论”的效益。虽然实践中未必达到这么高的效益，也足以显示出它对增加生产、发展经济的重要性，因此，无论何种经济理论中都肯定要发展生产，首要的就是增加投资。

第七，投资的资本从哪里来？它是在支配所得（收入）中的一部分，一般地说就是收入中用于生活消费中的剩余部分。

Z：个人收入消费剩余部分是很小的，怎么就成了资本？

D：这就是银行所起的“杠杆”或中介作用，个人收入中用于消费的剩余部分，一般的都用于储蓄，银行把千万个小份额的储蓄聚集起来，再贷给有投资需要的人进行投资。

Z：是否能说所有的投资都来自于储蓄。

D：可以这样说：总储蓄货币等于总投资。不过我还要补充一句，对这个问题凯恩斯和萨伊有不同的看法，但我还是认为两者是有关系的。

Z：这样说，我国的储蓄额实在是太大了，甚至有十几万亿，要都转化成投资不是可以更能加快生产的发展吗？

D：所以国家政策是鼓励民间投资，这是供给侧改革的一个重要方面。

S：储蓄等与投资。按这种说法能否理解为是银行把货币转化成了资本。

D：大体可以这样理解。

S：这么说倒是可以给《政治经济学》补上一个环节，那里只是说货币转化成资本，没有说是由哪个主体转化的。

D：《政治经济学》给资本下的定义是能带来子货币的货币就是资本，它叙述的是资本产生的过程。

S：还有不对的地方啊。您说储蓄等于投资，这样要经过银行，但不经过银行也可以，私人募集资金而成资本。

D：这样说也有一定道理，因为资本就数量说是总收入扣除总消费的剩余部分，经过不经过银行都可以转化。所以从逻辑上说，不是不可以，这个现象今天仍然存在。但是，第一，私人募集到的资金量不会很多，进行不了大的投资；第二，私募资金的利率很高，近似高利贷借款，利息高留给投资人获得利润的空间就少了，就是说借款投资的风险更大了；第三，贷款方也承担着风险，如果投资者真有风险或者资不抵债，甚至破产，那么，借出的钱就泡汤了。所以，从大道理说，还是储蓄等与投资。

Z：如果说能带来子货币的母货币就是资本，那么，可以说用来储蓄的货币也叫资本。

D：储蓄是一种延期的消费，利息不会很高，最多也只能是保值，你见谁靠储蓄发家了？我的看法是储蓄的利息率大体等于通货膨胀率，所以那不能叫资本。

S：我有钱不用于储蓄。而是用于购买诸如黄金、房地产、股票等，是不是也叫投资？

D：从市场上买的任何物品，目的不是为了自用消费，而是投资赚钱的货币都应叫做资本。所以资本市场非常多：股票市场、黄金市场、货币市场，甚至钢铁市场、煤炭市场等等，按时间分还有现货市场、期货市场。

Z：到现在才算稍微明白了什么叫市场经济了。那么，是否任何市场都有风险呢？

D：除了用于购买消费品的消费品市场外，其他上述各种市场都有赔有赚，都有风险。所以，市场经济是一种具有各种风险的经济体制。

主：发言已离题太远，我们还是继续谈投资吧。

S：现在国家政策是鼓励投资。为什么要进行供给侧改革。主要原因是原来的投资方向不好，投资方向好的话就不需要做太多供给侧改革。生产的产品不好，生产出来没人买，就产生了个别部门、产品、产能过剩的现象，这对投资而言，不是好事情，因此，首先要解决的是往哪方面投资。

D：所以，当前又提出要大众创业，万众创新，只要能研制出新产品，那么投资就有了方向。“创新”是创业的前提，没有创新，民间资本是不敢贸然投资实体经济的。这样，这些民间资本就乱“炒”，一会儿炒股票，一会儿炒黄金，一会儿又炒房地产，这就出现了一些怪现象，近年来冰冷的房地产被炒得火热；还有很多人拿中国的钱到美国去投资。所以要吸引民间投资，关键还是创新。

D：就个别投资者而言，哪个领域适于创业，哪个产品算是创新，一般人还是不好判断。

S：因此有人提出投资行业专家应有具体建议，现在很多投资机构认为产业投资方向应倾向于消费、服务行业。比如，有一个“信中利”资本集团，它是一个全产业链的投资机构，此机构主张投三高、三大、三新九个领域。三高是高科技、高端制造、高品质服务和消费；三大是大文化、大健康、大环保；三新是新材料、新能源和新模式。如果投资者的投资符合这九大领域，它就贷款于你，不符合就不贷。

现在民间资本很多都在观望：一是不能投资，是指如不放开某些垄断部门，民间资本不能进入；二是不想投资，是因为没有公平竞争的环境；三是不敢投资，因为民间小资本与大资本竞争总是弱势方，胜算甚少。所以要使民间资本进入，就要放开垄断部门，营造公平环境，让利于中小企业，减少税负。

S：有了这九个领域自然要好得多，但这也不过是个大方向，具体要投资于哪些产品，还要投资者自己进行预测和决策的。然而不管有怎样的风险，也不管去进行新的投资时是否有心理的、技术上的障碍，一旦出现新的需求，且供给方已具备供给条件时，新的产品、新的产业必然会产生。

D：现在这些条件已基本具备了，方向则肯定是第三产业，所以第三产业大发展时期已经到来了。

三、大力发展第三产业

1. 大健康需求的时代

主：今天我们讨论医疗卫生的供求问题。诸多问题专业性很强，为此，我们请来了医疗卫生管理专家 W 先生，采用问答式，以 W 先生为主，大家也可以互动问答。

S：请问何为大健康？当前我国医、卫的总的供求情况以及未来发展趋势如何？

W：大健康简言之就是保健加医疗，至于医、卫供求形势，由于当前我国社会是由温饱型向小康型转变，按层次需要论来说是由生存型向发展型转变，所以对医、卫的需求呈现日益增长之势，相对说，医、卫的供给呈现短板，无论从人均配给医生数量，还是人均配给病床数量都远远低于发达国家。

S：需求日益增长主要表现在哪些发面呢？

W：我看主要有两方面原因：一是居民人均可支配收入增长很快，更为重要的是，我国的医疗保障政策是到 2020 年实现医疗、保险全覆盖。你想 13 个多亿的人口，若人人有大病、小病都去就医，这需要多么充足的医疗资源！ 2013 年中国健康产业规模将近 2 万亿元。

S：供给短缺具体表现在哪里？

W：我刚才说的是总量短缺，其实，我们对于现有的医、卫资源利用的不好，更加剧了短缺。

S：怎么利用不好？

W：第一，医、卫供给空间布局不合理。由于我国是城乡二元经济体制，城乡收入差别过大，所以我们的医、卫供给布局大多集中于城市，而相对来说，农村的医疗资源匮乏；其次是医疗体系模式，放眼全球，只有少数国家的医疗体系采用全职雇佣模式，全球大多数国家采取医生多点执业，自由职业模式，医生并没有“事业编制”一说。如果我们变更医疗体系模式，医药人员就可以更加充分地发挥作用。

Z：按您说的挂号难、看病难就是因为供给短缺吗？

W：当然。不过还有具体原因。你说的挂号难、看病难是到那些知名医院，大医院。而到小医院、民营医院就没有这种现象了，在那里病人很少，医生也很热情。

Z：小医院、民营医院医疗设备相对差、医生医术相对低，当然病人不愿意去了，看病谁不找名医呀。

W：生活水平提高了，就医要求的品味也高了，这是必然的。然而，病人不去小医院、民营医院还有更重要的原因，那就是我们现在的医疗保险体制规定的是“定点医院”，你到非定点医院就医，你的医保卡是不能用的，医药费用也是不能报销的。

D：据媒体报道，现在有很多医科大学毕业生，毕业后不去当医生，而是改行做医药、医疗器械商了，是吗?

W：有这种现象。市场经济环境下哪里挣钱多，就往哪里去，这是利益驱动，另一方面，也与医生所处的地位和环境有关。

G：地位、环境？自古以来就有说法，不为“名相”就为名医，悬壶济世，救死扶伤。“济世”是至高之誉，医位仅次于“相”位。名誉、地位均位居前列，你说的地位、环境是何意?

W：大家都知道，最近几年，多次出现医患纠纷的报道，打伤医生，甚至伤害医护人员生命，医生转行转业不能说与此无关，更有甚者有的医生甚至不会让其子女学医了。为避免这种现象发生，大医院都请警察进驻以防医闹。

Z：您认为，医患纠纷，主要责任在哪方？是“医”还是“患”？

W：具体问题具体分析吧。

Z：为什么这样说?

W：一些患者，对医院的看法有问题。在这些人眼里，医院是什么病都可以治好的，治不好就是水平不高，甚至是医疗事故，心里有火就发脾气。正确的看法是，医院是“天使的摇篮地，病人的修理所，灵魂的登天台”，如果什么病都能看好，只生不死，那现在的地球就挤塌了。

Z：你只说了患者一方，那么医生呢?

一些医生比较“冷漠”，越是大医院越是这样。就是说他们不像以前人们理解的医生那样体贴关怀，暖言温语了。

Z：真是这样。看完病后，有的医生连一句话也不说，更不用说病人的知情权了。

W：甚至有人说是医德不高，不过我倒觉得也情有可原。因为，现在去看病好比一条“流水线”，每一位医生都是流程中的一个工作时处于紧张状态；再者，诊断结果还要经过各个环节的检测，有时医生不便告知，有时我倒觉得医生的工作倒是很辛苦的。

Z：看来每一方都有原因。

S：现在医疗界出现许多怪现象。比如一些民办、小医院包租有名大医院的科室，借以敛财，你对这个问题怎么看？

W：这种现象说到底，既是供需矛盾问题，也是民办、小医院求生之道，无人去看病，只好用大医院之名，借壳生蛋；另一方面也说明大医院管理不善，才给予寻租机会。

G：现在三甲医院无疑是医、卫界金字塔的顶峰，一获此称号，则“医庭若市”，无此称号者则门可罗雀，你对这个问题怎么看？另外，医院等级都是政府授予的，有这个必要吗？

W：大医院能获得的投资多，有更好的先进医疗设备，能留住高端的人才，能治疗很多疑难杂症，这些肯定是对患者有利；但是也有负面影响，就是垄断了先进的医疗资源，使之不能流向中小城市，广阔的农村更是无缘。北京、上海等城市在考虑如何去三甲门诊，把医疗供给资源逐步分流到社区和乡镇医院。这样，医院的等级也可能随之而解。

D：医院等级应由市场法则来决定。哪个医院医术高、医德好由患者投票来决定。

Z：医、卫界一直存在中西医之争，您对这个问题有何看法？

W：从世界来看，无疑西医占主导地位，其优势是“术”；中医是中国国医，有几千年历史，其优势是“药”。重要的药理、成分、作用应该走向定性、定量研究，去年屠呦呦的“青蒿素”不是得了诺贝尔奖了么，这给中国医学界增了光。从现实来看，患者对中医的需求势头不减。我的看法是：西医治大病、急病、显病；中医治小病、慢病、隐病（或杂病），两者相辅相成应是必走之路。

S：您对医疗界的创新、改革有何看法？

W：（一）增加供给。

增加供给就是加大投资力度。由于这个领域的开放性、慈善性，特别要激励民间投资。要创业投资，首先要抓住投资机会，现在医疗界有很多

“痛点”，如挂号问题、黄牛问题、供求关系问题，投资创业者针对这些问题，提出解决方案就是投资机会。其次，要抓住投资方向，有专家建议第一个方向是辅助诊断、辅助手术的医疗器械类；第二个方向是医生社区、医生工具类应用；第三个方向是医疗数据的结构化与分享；第四个方向是高端医院，还有人建议应投资于移动医疗市场，并预计2017年中国移动医疗市场规模将超120亿元，还有人建议应投资于DNA基因技术研究等。据《新京报》报道，2016年5月9日，新京报《寻找中国创客》五月论坛在北京举行，会上很多知名投资人和创业者认为健康创业正在风口之上，大健康产业进入爆发期。马云多次说过，阿里巴巴要投资两个H，一个是Happiness（快乐），另一个是Health（健康）。王建林的万达集团，年初宣布将投资150亿元建设三座综合性国际医院，创下中国企业医疗行业单笔投资的最高纪录。IDG资本创始合伙人很早就开始布局健康产业市场，先后投了几十个医疗机构。

（二）改进结构。

即改进医疗布局的空间结构，使高端医疗资源配置由大城市转向社区、乡镇、农村；以及调整培养高、中、低级的医疗人才结构等等。

（三）改革管理体制。

即政府要创造大健康、医卫界公平竞争的环境。比如，政府只管医疗单位的资质鉴定，凡符合资质的医疗单位都可以允许实行医保人员的就医，打破现在的定点就医，同城就医，甚至实行医保卡的全国一卡通等等。现在实行的许多不必要的管理和限制都放开，让其由市场进行调节。

2. 教育公平优先发展

主：古人说过：一日之计在于晨，一年之计在于春，十年之计在树木，百年之计在树人，大家可知其意？

Z1：我认为说的是有远大目光之人，看待人生长远之计就是教育，就是通过教育培养人才。

Z2：人才都是培养出来的吗？有没有“天才”？

Z3：我反对“天才”论。

G：是的，人的一切才能大多是后天学来的，所以非生而知之，而是学而知之。学以致用，其用有四：一曰修身，二曰齐家，三曰治国，四曰平天下。有一副对联说：风声雨声读书声，声声在耳；家事国事天下事，事事关心。

Z4：书中自有黄金屋，书中自有颜如玉。用现在的说法，应该是读书好找工作；读书可以进城，读书可以找好对象，读书很可能升官。

S：诸位说法似乎都有些道理，我的看法是教育是一国富强之基石，更是创建文明、和谐社会的根本。

Z：怎么说？

S：第一，教育是培养人才，科学技术是第一生产力，要富国强兵，必须有优秀的人才。第二，社会主义核心价值观包含了三方面的内容：富强、民主、文明、和谐是国家层面的价值目标；自由、平等、公正、法制是社会层面的价值取向；爱国、敬业、诚信、友善是公民个人层面的价值准则。三方面无论从哪个层次来看，都主要通过教育来实现。

D：总结大家发言，我认为，理解教育应该有三个要点：第一，对国家来说，发展教育既是国家的一种消费，也是国家的一种投资，是发展生产力的长期投资。第二，对个人来说，既是消费，又是投资。第三，就公平来说，教育是公平的起点，也是实现公平的最重要手段。

主：教育如此重要，可是在古代，它只是权富之家的专利，很多穷苦百姓都是“文盲”。

D：随着人均国内生产总值的提升和人民生活水平的改善，我国社会进入发展型消费阶段。人民群众对于接受更好更公平的教育的愿望越来越强烈。其强烈程度，我认为远远超出诸如购车、购房、旅游等之上。因为它惠及子孙后代，它提供的是一个正常向上流动的渠道，因而教育公平是社会公平的重要基础。

S：说教育公平是实现社会公平的基础，因为它是一种“底线公平”“起点公平”，也就是说，它使每一个人的人生都站在同一起跑线上。

Z：“底线公平”表现在哪里？

S：普遍受惠的首先就是九年制义务教育的实行。这一政策的实行就意味着我国人民最低的文化水平是九年，也就是初中的水平。

G：最低九年文化，了不起。旧社会讲“受尽十年寒窗苦，一举成名天下知”。何谓“举”？就是“举人”，是省级的文人，高于“秀才”。九年文化按旧社会的标准就是人人都是“秀才”了，真是“旧时王谢堂前燕，飞入寻常百姓家”。

S：然而，仅有九年义务教育底线公平还不够，人民希望更进一步加强教育水平，如升高中、考大学等。现在可以说是人人望子成龙的时代。

Z：是的，我觉得现在人们把钱的一半甚至更多都花在对子女的教育上了，学前教育选择好的幼儿园，接着就是请家教，择名校。

Z2：农村更不用说，一个孩子考上大学就像中了状元似的。为实现考大学的目标，有的父亲卖血供儿上学，有的卖房供儿上学，有的随校陪读，有的甚至花几十倍的高价去租好学校附近的“学区房”，考大学时陪考，入大学时陪送，每一所大学在新生报到日都是车水马龙，门庭若市，熙熙攘攘，胜似节日。

S：鉴于旺盛的教育需求，只有把教育资源做大，才能更好地实现教育公平。必须坚持教育优先发展战略。党的十八大报告把努力办好人民满意的教育放在改善民生和加强社会建设之首，做出了优先发展教育的战略决策，实施推动教育优先发展“一把手工程”。

Z：什么是“一把手工程”？

S：就是切实做到教育发展规划优先安排，教育投入优先保障，公共资源优先满足。实行教育优先发展目标责任制和问责制，形成保障教育优先发展的领导体制、决策机制和制度规范，确保教育改革发展目标落到实处。

D：为了满足人民对子女升大学的日益增长的需求，首先采取的办法是充分利用大学教育资源，从 2000 年起，大学逐年扩招。2018 年大学毕业生就将达到 760 多万人，可见其发展速度之快。

S：尽管如此，从国家统计局 2016 年 4 月 21 日发布的“2015 年的调查数据”看，我国人口总数是 137349 万人，而受高等教育具有大学（包括大专）以上教育程度的人口为 17093 万人，仅为总人口的 12.4% 多一点，与发达国家还相差甚远。

主：你认为怎样才能尽快缩小这个差距？我国教育的供求状况怎么样？

S：除少数边远贫困生以外，我国初中以下的教育资源足够满足需求，甚至可以说已经呈现过剩态势。一个是由于以前的独生子女政策使学苗渐少，再者就是由于人民生活水平提高，出现了好多地区撤销乡村小学，而学生则到乡、镇、甚至城市求学的现象。反之，大学教育资源仍不足，是个短板。

Z：大学招生数量逐年提高，录取率逐年上升，怎么能说大学教育资源是短板？

S：升大学还要考试，只要有考试就说明供不应求，就是短板。

Z：你是说不要考试，高中生人人都能直接上大学？你这不是说要普及大学教育吗？

S：“普及义务教育”是指政府出资，具有一定的强制性，而大学教育则仍按市场规则运行，即使这样，升大学的意愿和支付能力也趋于普遍性。

Z：为什么人们对于子女升大学具有如此强烈的愿望？

S：用经济学术语来说，子女升大学是一种“亚刚性”需求。刚性需求是指对生活必需品的需求，如吃饭、喝水，无论价格高低，都要吃、喝。“亚刚性”是说，它虽然不像吃喝那样刚性需要，但也仅次于刚性。

Z：为什么会是这样？

S：对于子女升大学，人们不只是把它看作是消费，而更认为这是一种“投资”，投资又是为了取得更大的收益回报。这种投资的“资本”一般不是很大，它包括两项：一项是学费，另一项是“机会成本”。

Z：什么是“机会成本”？

S：机会成本是指一个有劳动能力的人因为上了大学就失去了就业、失去了挣钱的机会。读四年大学就失去了四年工作挣钱的机会。这就是说读大学的投资“资本”等于学费加“机会成本”，而它的收益回报则是读大学后工作多年的收入。所以我认为讲“投资”不能失去这一块。

Z：按你的说法，不用考试人人都可进大学读书，将来人人都是大学毕业。这是幻想吧，真有那么一天么？

S：不管还有多少年，那一天总会到来的。

Z：那时人人都是“知识分子”了。

S：人人都是，就是谁也不是，“知识分子”的概念那时也将消失。

Z：一切事物在宇宙时空之辽阔长河中都是“过客”，都是昙花一现，一切存在的都将消失，不要有什么惋惜。

Z1：我不这样认为，大学之上说不定还有“大学”，知识是无穷尽的，所以“知识分子”的概念还会存在。

G：“知识分子”概念是否存在并不重要，最重要的是脑体劳动的差别将消除，同时也有助于工农差别、城乡差别的消除。简言之，它就是能消除三大差别最有利的途径。

Z：别离题太远。最近几年高考显示，女状元多于男状元，对这个问题应该怎么看？

S：这是好现象啊！它至少说明女人的智商不比男人低。它比唱一千遍“谁说女子不如男”，比宣传一万遍“生男生女都一样”更有说服力。也许慢慢会消除“重男轻女”的观念。

Z：真要是这样，现在性别比例男大于女的现象也会改变。男人找对象就容易得多了。物以稀为贵，现在年轻女孩的身价实在是太高了。

Z2：不见得吧？现在不只是有“剩男”，也有“剩女”。

Z1：“剩女”等于“圣女”也，也许不是嫁不出去，而是因为身份大贵，要求条件太高而不轻嫁。这和男女比例失调，女性短缺决不是一回事。

S：总之，慢慢地会改变重男轻女的陈旧观念。

Z：中国怎么会形成这种观念？是受孔夫子影响吗？孔子曾经说过：“唯小人与女子难养也，近之则不逊，远之则怨”。

S：孔子没说女人不好，也只是说女人很不好相处。至于是否有更深层的原因我倒有一个看法：孔子是历史学家，他见史书中之夏桀亡于妹喜，商纣亡于妲己，周幽王败于褒姒之烽火戏诸侯，因此对于女人才印象不好。

D：女子好不好，孔子一个人说了不算，请看中国字的“好”字，就是女子二字组成，至于男子之“男”就是耕田的劳动力。从这一点上看男女之高下立见分晓。

Z1:《红楼梦》里贾宝玉说:“女人是水做的,男人是泥做的”,可见他是个女性崇拜者。

Z2:贾宝玉喜欢的是妙龄少女,少女是什么?合起来就是个“妙”字。

S:你们这么说我倒想起了有一副猜字联:“山石岩下古木枯,此木成柴;白水泉边女子好,少女更妙”。

Z1:不错,此联是赞美女子的,但对于女子的看法始终不统一,比如时而说“红颜祸水”,时而又说“倾国倾城”,对“倾国倾城”做何理解?是说她能倾人之国,倾人之城?是祸水?还是她的价值可以与一国一城相比?

S:只能理解为至美之极,至于是褒是贬,仁者见仁,智者见智。无论怎么说,“女状元”增多的现象,有助于实现男女平等,一扫男尊女卑之社会偏见。

Z1:现在已经不是“男尊女卑”,而大部分家里是“女尊男卑”了。现在大部分是女子当家作主。

Z2:人们真应该是“不重生男重生女”了。

主:方才就“你对大学教育存在的问题有哪些看法”进行了问卷调查,问卷统计结果主要是三个方面:1. 一般化无特色;2. 理论联系实际不够;3. 教授治校、去行政化改革未见成效。就此三个问题请谈谈看法。

D:都说要办“特色大学”,去一般化,但很难。什么叫特色?是指某个系某个专业只有你一家独有?这根本办不到;是指某个专业自己独有教材?因为教材都是统编统用哪能有特色?如果说讲授应有特色,也不容易。要说某个餐馆有特色菜,私房菜我相信,要说让授课者拿出点“独家学”,很少见,即使有这种学问,社会也未必承认。因此,一般化必然成为常态。

S:我认为还应提“特色”,应办“特色”大学,某个学科专业虽然很多大学都有,但某一学校在硬件上、教学力量上较其他学校有优势,这就叫特色。

D:过去某一大学的专业侧重某一方面,如清华大学以土木工程为优,北大以人文为优。现在学校越来越大,什么院、系、专业都彼此差不多,倒也看不出优在哪里？硬件设备上只要有钱都可以提上去，教学上都是统一教材，教授者怎么能发挥特长？

Z：我在大学里做过老师，数、理、工科不说，就以文科论，所编教材多是一般常识性内容，不用讲，学生自己也能看懂，上课怎么讲？一般有三种讲法：一是照本宣科，学生自然不欢迎；二是不讲内容，教材内容让学生自己去看，讲一些其他故事，以吸引学生眼球；三是有学问的老师把教材内容按照自己的思路组成几个部分来讲，但内容依旧。

G：我看能否办特色大学关键是大学办学的独立自主权的问题，据媒体报道，深圳前几年建立一个“南方科技大学”，宣称是“培养科学家的大学”，专业多为理、化、工科，毕业后大部分送往国外留学。然而直到2017年却有40%的学生选择不去深造，而是去就业，又加上派去一名北大的原副校长做校长，改变了原来的管理体制。有人说“南方科技大学”的建特色大学的改革失败了。虽然如此，我还是认为给大学办学以独立自主权，仍然是办特色大学的一条可以试探的路子。

S：我谈谈理论与实践结合的问题。大学教育问题是应好好地进行研究，一是相应专业都应建立实践基地，如医学专业就很好，大学下设附属医院，实践效果不错。但有些专业如外语，不能仅限于请外教，最好学哪门外语就让学生到哪个国家相应机构实习，否则就只能是书本上的外语，不能用于实践。我还想，有的专业理论知识不多，四年制学校有两年或三年学理论，用将近一半的时间去参与实际工作，而不应走马观花的实习。

S：至于去行政化、教授治校，走什么路子才走得通，值得研究。现在一般是成立个学术委员会，给予科研鉴定、评职称、评学术论文等方面的权力。其他人权、事权、财权仍然属于行政。不是不给，怎么给？给了教授们能承担得了吗？于是许多学校想出个办法：尽量提拔教授当官，校长是教授，副校长不论分管哪个方面都是教授，好多处长也都是教授，这样一来，校长治校就成了教授治校。然而这是实质性的改革吗？再去行政化，学校不是政府，不应该谈“行政”，但几乎所有学校又都是国立、省立、市立。管教育的都是官，当然其下属的校长、书记也必然是官，如何能去得了？

D：一个老教育家说：大学不是土生而是土长，如何办还是到有成熟经验的国家去取经吧。不过，我倒认为提建“特色大学”不如建名牌大学，还是建“名牌”大学吧。

3. 繁荣文化产业

主：今天我们讨论的是关于精神文化产品的需要。

S：现在全国人民都在为实现“中国梦”而奋斗。何为中国梦？可以概括为“两个一百年”的目标，第一个一百年，是从1921年建党起至2020年要全面建成小康社会；第二个一百年，是从1949年建立中华人民共和国起至2049年要建成富强、民主、文明、和谐的国家，实现中华民族的伟大复兴。在这期间，全国人民的收入必将大大提高，因而需求也将提高，由发展型需要转化为享乐型需要；由物质产品需要转向精神产品需要。

Z：你说的享乐、精神需要具体指哪些部门的产品？

S：狭义的说就是文化艺术部门的产品，广义的说应该还包括旅游、体育等部门的产品。

Z：旅游包括在精神产品之内还可以理解，据报道，现在旅游产品已达1万多亿元，未来几年内，将达到2万亿元，全民旅游业正在兴起，但是为什么把体育也包含在内？

S：体育，溯其源就是传统的“武”，武的作用最初是御敌，随着近代武器的发展、更新，御敌的作用就转化为健身，各种体育赛事都是为了健身，这种健身有竞争性、愉悦性和观赏性的特点。你们都看到了吧，无论是世界奥运会、洲际运动会，还是国家运动会，门票都很贵，都一票难求。每种运动都有各自的“粉丝”跟着队员各处跑，几乎达到狂热程度。正是基于这些状况，我们说体育已经由健身产品带动了娱乐产品、精神产品的发展。

Z：那么，文化艺术产品包括哪些方面呢？

G：我理解狭义地说应该包括文学、诗歌、戏剧、书法、绘画等；广义地说还应该包括食品、服装、生活习俗等方面。

Z：太多了，挑主要的说，你最关注的是什么？而且现在供求关系怎么样？

S：就说戏剧这类吧，现在到底是供给侧短缺还是需求侧短缺？我还真不敢料定。要说是需求侧短缺呢，现在人们收入多了，生活水平提高了，是“不差钱”了，不然旅游能那么热吗？可我个人感觉我们现在对戏剧等艺术产品欣赏反而越来越少了，不知大家是否有此感觉？

Z1：您说的有道理，我也有这种感觉。小时候我家住在东北农村，虽在乡下，看的节目还真不少。如正在早饭的时候外面“咣咣咣”，锣声鸣响，出去一看，两个人一男一女，就地表演，连唱带扭，“二人转”开场了，于是来了许多观众，演完一出戏暂停一会儿，大家赏钱多少都行，没钱的也可以白看。过了几天，锣声响了，耍猴的、耍马戏又演起来了。还有，谁家有婚丧嫁娶或有病还愿，就请三天戏，至少也是驴皮影唱上三天……总之，那个时候，我记忆中欣赏的文艺节目其实不少，现在这些在农村都很少见到了。

Z2：对 Z1 先生之言我也有同感，小时候我家在小城市，那时候看节目很方便。我记得，那时在我们小城里面有好几个演节目的地方，每个地方都有说书的、说相声的、唱评戏的、说快板的，一天起码演上四五个小时，晚上也演四个小时，不卖票、随便进、随便出，演完一个节目，演员拿个容器到观众面前，随便赏，没钱走人也可以，看时间长短随自己的便，那日子还真的值得回忆呢！

Z3：以上，两位先生说的都是看节目的方便性，我再说一说票价吧。那时在城市的大戏园子演出的都是大剧团的，演出的主要是京剧、评剧，我记得当时的票价 4 角钱，那时我们的月薪是 40 元左右，一个月薪能买 100 张票，现在虽然收入多了，可是要买票的话每月买 10 张也不够。再说票价的灵活性，戏园子入场门口有一个“卖票”的，说白了也没有票据就是收钱的。全场票价 4 角钱；演到一半你进去也可以，2 角钱；演到四分之三你进去也可以，1 角钱。你们说是不是艺术家增加了收入又方便了观众？今天说这些只能当做美好的回忆了。

D：诸位先生的话太恋旧了吧，当回忆往事时得要和现在全面对比，现在，戏台子已经搬进每一个家庭了，你要看什么节目，打开电视，里面百花齐放、姹紫嫣红，与你们回忆的那个时代的节目相比，天上地下，真是不可同日而语。

Z1：你太夸大电视的作用了，请问电视里看到的节目能和现场观看相比吗？电视是只见一斑，不见全貌，而且全是平面，全无立体感觉。如果其效果相同，人们为何还要到戏院看戏？奥运会开幕式 5000 元一张门票，人们还要去现场看。如果看电视与现场观看等效，那岂不是白花这 5000 元了？

主：大家争论的焦点在哪里呢？是说艺术供给侧短缺呢？还是说票价太高、人们看不起了呢？

S：说不清楚，毛病究竟在哪里我想是两者兼而有之吧！

G：让我们回忆一下中国文艺的发展历程吧，对这个问题的理解也许有些帮助。秦国以前不说，从汉代起至各朝代的大体方向是：汉赋（文章）、唐诗、宋词、元曲、清戏剧、民国评书、相声等，现在的是小品等。汉赋华丽秀美，意境深远，作之者少，品之者寡，只能在文化圈里欣赏；唐诗比汉赋要浅显得多，但格律要求太严，且思想已经太窄，终至发展到宋词。词者诗之余也，意境展宽，字数不限。但词有“词牌”，且仍押音节，仍受限制；于是词到元代又发展为曲，曲不像词那样受词牌束缚，字数不拘，更重要的是多用口头语，意近白话，于是就出现了以曲为主调的戏剧，如王实甫的《西厢记》、汤显祖的《牡丹亭》、洪昇的《长生殿》等。到了清朝这些以曲为主演的剧就进化成戏剧，可以集唱、念、做、打于一身。清中、末期直至民国相当一段时间内，是戏曲的鼎盛时期，梅兰芳先生 20 世纪 30 年代到美国演出，风靡美国，之后甚至排名世界三大表演体系之一。然而，风华之年不会永在。早在 19 世纪 50 年代之后，用李世济先生的话说就是感到“断代”了。不仅京剧如此，其他地方剧种以及评书、相声等也都感到日渐稀少，到了今天还剩下的风光剧种只有“小品”了。

我想说明的是，从文艺发展的历史长河来看，是从少数人的“圣殿”逐步走向大众的民间，是一个由雅到俗、由文言到白话的过程，是一个由皇家贵族、达官富室的专赏走向民间大众、老百姓的欣赏的过程。

S：你说的似有道理，但问题是今天老百姓为什么不愿意欣赏这些艺术了呢？具体说，你认为出现这种现象主要原因是在供给侧还是需求侧呢？

Z1：我的看法是在供给侧，现在民间艺人太少了，我看过电影《舞台姐妹》，里面有两句歌词：年年难唱年年唱，处处无家处处家，说的是艺人“闯江湖”，现在有几个闯江湖的？再者传统艺术也缺乏创新，戏剧总是守着那几个传统流派，很少创新。相声也总是那几个传统段子，一出来就是捧、逗，你想想侯宝林的“关公战秦琼”“请灶王爷”，马三立的“治痒秘方”，几句话都是“包袱”，逗得你就想笑，我认为与现在的相声比优秀很多。

Z2：我看是在需求侧，你说的闯江湖时代，那是艺人的苦难年代，如今的艺人可不一样了，一夜成名、一剧成名、一歌成名，有了名够吃很久的了，头天成名，第二天出场费就几十万，谁还去摆摊卖艺呀？

Z1：你说了半天问题还不是出在供给侧吗？怎么说在需求侧？

Z2：我还没说完，举个例子，比如去国家大剧院，看一场戏几百元，听一场相声甚至高达 8888 元，你看得起吗？所以说在需求侧。

Z3：你说的买不起票也有道理。8888 元还还不算高，据报道，某明星演唱会票价是 599999 元，有人一辈子也挣不了这个数。所以我想能否把票价降低，在乡镇、小城市多设一些演出点，让广大民众也能欣赏这些艺术呢？

Z1：我看做不到，你想想，现在很多大腕的出场费高达几百万、几千万，甚至几个亿，能下到乡下去挣那几个小钱吗？现在是市场经济，又不能用行政命令。再说，如果真有一些这样想为民作贡献的艺术家去演了，可能也没有多少人看，原因是什么？观众恐怕只有那些和几位老先生年龄差不多的人了，80 年代以后的年轻人很少有这方面的兴趣，至于小孩更不用说了，打开电脑娱乐网站，有趣的游戏多得很，谁都会玩，既无障碍又不要求品味。

Z4：这样说就出现一个怪圈：即使有人演也没有多少人看，越少有人看就涨票价少演，越涨票价就越没人看得起。要像这样的话艺术存在的空间是不是太小了？发展下去不是消亡，也只能供有钱人们享乐了。艺术走向民间，又回到圣殿，又回到供少数人享乐的地方去了。

G：真是良辰美景奈何天，赏心乐事谁家院。

S：争论的是什么呀？看来你们都是留恋过去，赶不上时代形势。须知任何事物都有产生、成长、成熟、衰老的过程，比如艺术到了衰老阶段，如能有所创新并符合时代发展潮流，必然延长其存在时间，否则，必然走向衰亡，同时可能会孕育新的更高级的艺术形式的诞生。现在就是电视剧时代，艺术院校招生时竞争激烈，甚至出现 150：1 录取的情况。

Z1：能概括说一说戏曲、相声、书法等状况吗？

G：戏曲无戏、书法无法、相声无相。

主：关于文艺，好多问题我们还不能说得很清楚，但愿怀旧的人们把旧事当作一个美好的回忆，不会出现你们过去想象的那样了，要适应新的艺术形式，此议题结束。

S：主持人请慢，我还有问题：《新京报》有篇报道“西学东渐”三十年，人文精神的光晕复归了吗？有一段话“我们今天置身的文化现实是远远不能够令人满意的，甚至可以说它正处在深刻的危机之中，作为这危机的一个重要方面。当代知识分子，或者就更大范围来说当代文化人的精神状态普遍不良，人格的萎缩、趣味的粗劣、想象力的匮乏和思想、学术上的‘失语’，正是其触目的表现”。这是否说文艺发展的问题主要还是供给侧方面？对此在座诸位有何看法？

主：我们恐怕还难以就其正确与否进行评价，因此，对这个问题只能存疑，不进行讨论。解决文艺的供求问题，我看关键还是在“创新”“创业”这个“双创”上。

G：对于创业、创新的涵义我有新的体会，以一联表述之：

万众创业可保证绝无一人失业

全民创新意在为供给创造需求

此联立意当然也包括文化艺术部门在内。

4. 科技创新的春天

主：发展第三产业首要的是创新，中央提出了大众创业，万众创新。中央接着又提出了六大创新理念：科技创新、制度创新、管理创新、商业模式创新、业态创新和文化创新，把科技创新列为五大创新之首。请大家谈谈这方面的体会吧。

S：我认为科技创新第一声春雷，早在改革开放前期，邓小平把知识分子列为是工人阶级的一部分，并宣称科学技术是第一生产力的时候就响起了。今天科技创新的春天终于到来了。

G：科学技术是第一生产力的提法，是与《政治经济学》中生产力的内涵不相符的，但这种理念上的改革又是科学的，这为今天的科技创新打下了基础。

D：今天之所以强调科技创新第一位，不仅是对科技是第一生产力的认定，同时也与国内外形势有关。首先从外部来看，当前世界范围内新一轮科技革命和产业变革加速演进，我国只有努力在科技创新发展上进行新部署才能跟上世界发展大势，把握发展的主动权。其次，也是国内经济面临形势的需要，不论是产品结构过剩以及供给侧改革，这些都要求通过科技创新来解决。

Z：科技创新的主体是谁呢？

S：创新群体是从科技人员为主体的“小众”向小众与大众创新互动转变。这无疑是给知识分子下达了重要的使命。因为知识可以上升为科学，科学可以转化为技术，所以说科技是第一生产力，也就是知识是第一生产力。

D：请不要转换概念，知识与生产力虽相似，但还是完全不同吧。

S：俄文中有一个词“знание - зтосила”译成中文就是知识就是力量。当时学习理解不深，今天我确信这个“力量”虽然含义很广，但是，用于发展方面它就是科技，就是生产力。

G：孟子说：“无恒产而有恒心者，唯士为能”，这个“恒心”就是知识，就是力量，它远胜于“恒产”。

S：所以习主席说“要聚天下英才而用之”，就此而言，科技创新的春天也就是知识的春天，知识分子的春天。

G：看到今天尊重知识，尊重人才的政策，不禁使我想起近两千年中国知识分子的起伏跌宕。

S：知识分子起伏跌宕是必然的，俗话说“乱世重武，治世用文”。

G：这话有道理，孔子是中国文化的代表，如果统治者重视文化发展，孔子地位升，则知识分子地位也升；如果统治不重视文化发展，孔子地位降，则中国知识分子地位也降。孔子地位升时被称为孔圣人；地位降时，可能只是被认为是一名为人们授业解惑的长者而以。有感于此，我做了一首打油诗，大家愿意听吗？

主：您朗诵吧，我们洗耳恭听。

G：“国学夫如何，荣辱几波折。伤麟悲道去，周游贻凤歌。弟子三千众，秦灰血泪河。汉武独尊后，王圣封几箩。世界孔子院，世界风靡多。四维八纲举，明礼是先河。今朝逢咸世事与圣者歌。”

S：今日可称盛世，不仅在世界建立很多孔子学院，传播中国文化，而且国内很多大学也都允许国学进课堂，诸如中国古代文学之精粹：京剧、红楼梦等，还有就节假日的设立也征求民意，清明节、端午节、中秋节都放假，综合思之，今日，中国才真正是符合民意之中国。

G：有何不对？呵也有呵护之意啊。再者，睹今日中国知识分子之被重视又使我想起来被“呵斥”所处地位之“一个九”。

主：哪“一个九”？

G：元末时，各阶层地位排队与顺序是：一官、二吏、三僧、四道、五工、六商、七农、八娼、九儒、十丐。当时中国知识分子排到第九，仅比乞丐强一些，连妓女都不如。

S：所以元朝仅存97年就灭亡了。现在的教师地位提高了，工资待遇基本与公务员待遇持平。

G：是的，今天真是知识分子的春天了，不过领略春天的景色时，回忆一下冬天所处的情景两者对比就更感到春风和煦了。广大的知识分子阶层，在这个百花齐放的春天里，各自开出芬芳艳丽的花朵。不过我还是要补充一句，科技创新不仅是指自然科学，也包括社会科学。

主：我国现在制订了《国家创新驱动发展战略纲要》（以下简称《纲要》），确定了“三步走”战略，将用几十年时间将我国建成为世界科技强国。第一步，到2020年科技进步贡献率提高到60%以上，知识密集型服务业增加值，占国内生产总值的20%；研究与实验发展经费支出占国内生产总值比重达到 2.5%。第二步，到 2030 年研究与实验经费支出占国内生产总值的比重达 2.8%。

S：目前我国创新情况怎么样？

D：据新华社报道，创新型国家科技进步的贡献率普遍高达 70% 以上，美国和德国甚至高达 80%。中国的科技进步贡献率近年来也迅速提升。国家统计局在《2015 年统计公报》中提到，全年研究与发展，实验发展经费支出 14220 亿元，比上年增长 9.2%，相当于国内生产总值的 2.1%。

S：据媒体报道，美国科学家发现了“引力波”的存在，证明了爱因斯坦的论断，同时又指出，美国基础科学的引领作用在于其基础科学研究经费远远高于其他国家，要知发展基础科学，是发展科技的长远之计。

D．为了保障战略实施，《纲要》提出，要建立国家高层次的咨询智库机构。他们站到世界科技进步前沿，为党中央，国务院出谋划策，这就给科技创新提供了可靠的保障。

S：全民创新，必须要通过基层政府的发动，而能否发动的好，则与是否采用行政驱动，或利益驱动，以及驱动力的大小有关。无驱动则会被称“不作为”；有驱动则要防止浮夸之风。

Z：是的，一定要防止。

第八章　国家调控

一、政府的调控力量

主：从现在起，我们讨论第三架马车之一的国家消费以及宏观调控。为此，我们拟分三个步骤：（一）、政权之力；（二）、宏观调控；（三）国家消费。

D：这个次序很好，政权之力是国家宏观调控和消费的基础，应先予以讨论。

S：人类社会中，把天然的“力”和人造的“力”合起来看有多种，如人力、物力、地力、财力、知识科技力等等。这些个“力”合起来可以称为“资本力”，也可以叫生产力。在市场经济体制中，资本力就是综合的生产力。无论是个别力也好还是资本力也好，比起政权力来说都居于次要地位。从字义表面来说，政权就是政府之权，就是政府制定政策，执行政策之权。

D：国家政府的力量及行进方向是一个国家成败兴衰最关键的因素，它远比一个国家的自然资源、人口资源等重要的多。一个善于治理国家的政府，即使自然资源贫乏也会富强起来；一个自然资源富裕的国家，政府腐败无能也会国弱民贫。国家、政府政策的实现是要通过各级政府官员来带领，推动全体民众来实现的，所以各级官员状况如何又是关键所在。腐败的官员不只害民，而且误国、误党，所以必须整顿。

S：如果能尽快的真正变“官”为“仆”，那么，中国的“复兴”之梦就会尽快的实现，反腐斗争任重道远。

二、国家调控生产

主：社会主义市场经济不是完全自由的市场经济，而是由国家（政府）实行宏观调控的市场经济。那么请问什么是宏观调控？调控什么，怎样调控？

S：从字面上抽象理解，宏观调控是指对市场经济运行只从大的、长远的、关键性的、方向性等方面进行调控。而其他方面则由市场进行基础性的调节。

G：调控什么？用古语说就是“人尽其才，地尽其力，物尽其用，货畅其流”。

D：用现代经济学术语说，人、地、物要素就是生产；货畅其流就是交换。所以说调控生产与交换，就是从大的方面使之适宜于市场经济的运行，以达到最高的效率。

S：除了调控生产交换，更为重要的是，要调控分配与消费，使分配尽可能实现相对“公平”，以达到共同富裕的目的。之所以说更为重要，这是在必然产生“分配不公”的市场经济条件下，要取得相对公平，其难度可想而知。

主：这样说，宏观调控是在大的、长远方面既调控生产以达到高效，又调控分配使之达到相对公平。这是要鱼与熊掌兼得，确实难度可想而知。

S：尤其是在我国是由计划体制转向市场体制，这与本来就是市场体制的国家相比较，国家参与的难度不知又增加多少倍。所以治国者，既要有远见卓识的目光，又要有超人的气魄；既要有雄才大略，又要有高超的艺术；既要能笑对人民的赞扬，又要能忍辱负重，正确对待一些人的贬责。

主：我们还是先从生产、效率方面谈吧。

S：生产力的综合要素就是资本，市场经济的运行就是资本的运行，而且又不能是少数的垄断资本，而是由千万个自由资本家运用的资本。这在计划经济体制下是根本没有的，所以要由计划体制转向市场体制，首要任务就是进行“资本积累”，培育资本家。

D：完成这个首要任务，我国政府是通过三个方面实现的，即“生一批”“创一批”“进一批”。

“生一批”即通过有偿转让，以“承包”“租赁”的方式，转让给个人经营。

完成这个任务的第二批人就是“创”客。有些人就是利用手中的少许的钱，或是摆地摊，或是跑火车而发家。有些人借银行的钱搞房地产致富了，有些人则是靠知识、科技创办企业而致富成名了。这些“创客”之富，是光明正大之富，是值得赞扬的，也是我们今天所倡导的。

Z：是的，对这些人应该肯定、赞扬，现在不是提出“万众创新”吗？

D：完成这个任务的第三批资本是“进”，即引进国际资本。具体行动就是设立特区，以我国人力、物力、地力之低价，加上政策优惠，引进国际资本和技术。先是深圳，继之上海浦东、天津保税区等等开放政策，使国际资本大量流入进来。

总之，转型之中、之后，我们通过这些方式才使市场经济运作起来，现在已经取得了举世瞩目的效果。改革开放三十余年走完了发达国家一百年的历程，GDP 总量仅次于美国上升到世界第二大经济体。2016 年 GDP 总量达到 60 多万亿元，是改革开放前的 30 多倍。

S：我想补充两点：第一，我们感到骄傲的是，我国只是实行了市场的转型，但仍然实行的是社会主义制度，是有中国特色的社会主义制度，而不是像一些原本是社会主义制度的国家，随着市场转型，连带着社会制度也转型了；第二，在市场转型中，好多国家出现停滞，甚至负增长，如俄罗斯，计划经济时代年 GDP 总量估计在 3 万亿美元，而在 20 世纪 90 年代一度滑落到 5000 亿美元。普京上台后，经过政策调整，现在已经恢复到 3 万亿美元左右。一家俄国媒体对中国市场经济转型感叹道：这真是中国人的智慧。

Z：你把整个“转型”都看做“调控”合适吗？调控所指的应该是转型后对市场的调控吧！

D：顺利的转型这才是最大的调控，没有国家政权力量能做这样的转型吗？当然你说的也有道理，转型后，调控的内容还很多，但大体可归纳为：为市场运行创建“公平竞争”的环境。我们现在做的很多简政放权，就是调整政府的职能，该“放”的就要“放”，经济问题主要还是要由市场调节，这样才能真正提高效率实现效益，发展生产，提高人民生活。

Z1：具体讲国家都实行了哪些政策？

D：太多了，只讲主要的：不断改革为市场经济创造良好的运行条件，加大市场开放力度降低外资准入门槛、扶植中小企业、“就业清零”、“双创经济”等等。

三、国家调控消费

主：关于“效率”的调节，暂时讨论到此。下面讨论一下关于“公平”的调控。有人认为在市场经济体制下，实现“公平”是重中之重，难中之难。为什么这么说，请发表见解。

D：古今中外，不知有多少政治家、思想家、经济学家对美好的社会进行描绘。但归根结底，我认为就是“共同富裕”四个字。“富裕”二字可以由提高“效率”发展生产来体现，所以只有通过公平的分配，使大家共同富裕起来，这才是一个美好的社会。因此可以说维护公平是重中之重。按照马克思的理论，这种公平的分配只能是“按劳分配”（进一步到“按需分配”）。而按劳分配只有在生产资料公有制的计划经济体制中才能实现，而在私有制的市场经济体制中是不能实现的。现在我们是在多种所有制的市场经济条件下来实现按劳分配就是难上加难。或者说，经过历史的社会大实践之后，认识到“效率”与“公平”似乎是完全矛盾的情况下，既想追求高效，又想维护“公平”的分配，这就更是难上加难。

G：我们就是要在这种难上加难中实现“双赢”。这就是中国特色社会主义道路的伟大之处。我经常问自己，到底什么是社会主义本质特征？我自己的回答是：既不是生产资料公有制，也不是计划经济体制，与这两者比较起来，更为重要的就分配，具体说就是“按劳分配”。因为前两者只不过被认为是实行按劳分配的唯一手段。如果不通过这种手段也能实现“按劳分配”，那么这个社会就仍然是社会主义社会。社会主义的本质特征就是“按劳分配”。实行“按劳分配”也就意味着体现了“公平”。

S：我同意G先生的观点，即坚持按劳分配就基本上体现了公平。我要补充的是除了坚持按劳分配以外，实际上我们在分配中，在若干层面上已经体现了“按需分配”的因素，如对老弱病残关照补助，这些则从更高层次上体现了公平。当然，主要的还是体现在按劳分配上。

G：我国现在的分配制度是什么？

S：改革开放以来，我国逐步确立起社会主义市场经济下的以按劳分配为主体，多种分配方式并存的分配制度。

D：“多种分配方式并存”即确定如利润（红利）、利息、租金等的所得为合法收入，这是理所应当的。然而，这里“按劳分配为主体”应该包括哪些领域哪些人？

S：包括国家机关、政府机构的各类人员、国有企业、事业单位的人员等。

D：私营单位的就业人员是否包括在内？

S：我认为应当包括在内。现在我国大部分就业人员是在私营单位就业，如果把这部分不算在“按劳分配”之内，那主体就太少了，又何称主体？

D：把私营单位人员的收入或工资视作也是按劳分配所得是值得商榷的。我认为私营单位工作人员的工资，是工人作为商品出售劳动的所得，其价格高低是供求双方通过较量按照价值规律来确定的。这就是说，这种所得是等价交换“所得”，是谈不上“分配”的，更谈不上是按劳分配的。

S：你的提法够“标新”，是否成立我不评论，但还是认为“按劳分配”中还是应该包括这部分人。这与其在国企或私营企业工作无关。而主要原因，他们是在社会主义制度下工作的。我可以这样证明：按劳分配原则是社会主义分配原则，所以无论是在国有单位还是私营单位工作，都必然实行按劳分配原则。

D：你这是形式逻辑的三段论法，用此法我也可以证明它不是：按劳分配原则不是市场经济分配原则，中国实行的是市场经济，由市场调节的所得原则就不是按劳分配。

我有两个问题你解释一下：一是中国私营企业的就业人员年平均工资

大大低于非私营单位的就业人员年平均工资。如北京市2015年度平均工资：城镇私营单位就业人员的平均工资58689元，城镇非私营单位就业人员平均工资111390元；吉林省则两者分别是：27774元和51588元（资料来源《新京报》2016.6.4），均差近乎一倍，其他省区也大抵如此。二是在市场经济体制下，国家是没有权利对私营企业员工的工资进行决定的，不能认为私营企业员工工资低就决定提高工资，工资高与低是市场调节的，私营企业不会接受政策指令。如此，怎么能实现按劳分配？

S：回答问题一：不能把“按劳分配”所得看成是全国各地区、各行业、各企业单位都是一样的，都是同一水平。由于各地区经济发展水平不同，各单位经济效益不同，工资水平必然有高低之分。而更重要的是，要认识到按劳分配的具体表现应是在“单位”内部实行的，其收入高低不能与全国比平。至于第二个问题，认为国家无权决定企业是否实行按劳分配，但无权决定，不等于无权干预，国家可以通过各种政策从外面进行干预的。

Z：怎么干预？说说来听听。

S：在国民收入中，分为资本家所得和劳动者所得两大块，这叫“初次分配”。国家已经注意到了在初次分配中，资本所得偏高，劳动者所得偏少这种现象，应在政策中提高劳动者报酬在初次分配中的比重。采取的具体措施主要有三项：1、建立最低工资制度；2、建立和完善工资支付保障制度；3、积极推动以民营企业为主的工资集体协商制度。

Z1：建立最低工资制度，有利于实现公平，为什么不建立限制最高工资制度？

S：现在有一种提法叫“提低、扩中、控高”。对其中的“控高”不应具有普遍性。即对民营企业家所得不能控高，而对于国有垄断企业的高管人员可以“控高”。因此从整体上说，应该提“用高”而不是“控高”。用高就是用之于发展生产。

Z2：工资支付保障制度是什么意思？

S：比如不能允许拒、拖、欠工人工资，有这种现象，国家会帮助他们讨还。

Z3：什么叫工资的集体协商制度？

S：即工人可以通过工会等组织和民营企业主讨论、协商确定工资高低标准。

Z：即使如此，我仍然觉得它还不是不折不扣的劳动所得。我提醒大家注意，我说的“不折不扣”是指就业于私营企业的工人的报酬还是不能与就业于非私营企业人员的收入水平相比。

G：讨论到此，我到引发一个提问，以按劳分配为主体的“主体”到底是指什么？仅是指上述讨论中的实行按劳分配的人数范围大小呢？还是在一个人的收入中按劳分配的收入所占的比重？如果理解为“比重”，那就是说个人的收入中除按劳分配收入外，还有其他收入。

D：这个疑问还真是有值得思考之处。如果是这样，那么国家除了在初次分配中，通过调控实现按劳分配之外，还应有调整个人收入的其他办法。

S：Z、D先生之存疑都有一定道理，实际上调控按劳分配的实现仅是对初次分配的调整。除初次调整外，国家还有再分配、再再分配，即第二次调整和第三次调整，甚至多次调整以实现收入相对公平。

Z1：什么是第二次分配？

S：大家都知道分蛋糕的比喻吧，整个国民收入，经过初次分配，蛋糕一分为二，但是国家介入后蛋糕就一分为三了。可是第二次怎么“切”的呢？一是从企业收入切出一块，一是从个人收入中切出一块，这两小块合起来就是国家收入。在切这两小块的时候，办法主要就是通过税收，而在税收上，对国有企业、民营企业、外贸企业以及企业规模大小都设定不同的税率。对于个人的税收则是按照低收入者不收，中等收入者少收，高收入者多收的原则进行的，这样的税收是不是又更进一步实现了公平？

Z：可以理解，那么第三次分配是指什么？

S：如果说“切”蛋糕时，国家取得了收入，国家收入是取之于民，用之于民。就是说国家要把其取得的蛋糕，再切成数块，返还于民，也就是个人又从国家哪里分得一些蛋糕，当然得到这块蛋糕的人主要是那些低收入者。你们想这样是不是又进一步体现了公平？

Z：明白了。那么，国家分切给民众的蛋糕具体是怎么切的呢？

S：首先，国家以其收入的一部分用“转移支付（也就是用现金）”方式，实现“助老爱幼，怜贫救难”。如高龄老人补贴、乘市内车免费、旅游参观景点免费等，帮助老人生活无忧；对儿童的疫苗注射等予以免费；对老、少、边、穷地区的残疾人等生活困难人口予以扶持；对发生自然灾害的人群拨款救助等。

G：这就是社会主义的分配制度。

其次，完善基本公共服务体系，使公共服务均等化。如建立覆盖城乡的社会保障体系，实现城乡居民在基本养老保险和基本医疗保险制度上的平等和管理资源上的共享。也就是说人人都有“社保卡”；参加“社保”都有社保卡，凭此卡可以享受医疗补助。这更进一步体现了社会主义的分配制度。

Z：这可是天大的好事，从前穷人有病哪敢到大医院，现在大医院的门槛降低了。

S：第三，改变教育方面的供给制度，把教育公平作为社会公平的起点。通过办好义务教育依法确保每个孩子免费接受九年义务教育；通过公共教育资源优化配置，促进地区、城乡和不同学校的教育均衡发展；通过完善国家救助体系，确保每个孩子接受教育的基本权力。

Z：这更是深得民心符合民意的大好事，最低享受九年义务教育，今后我国最低学历人口就是初中毕业了。要与中华人民共和国成立前相比，人人最低都是“秀才”了。

S：到此为止，大家更感到进一步“公平”了吧？可是这些还不是最重要。最重要的是第四，实行“就业优先”战略，通过实行更加积极的政策，多方提供就业岗位。如支持民营企业吸纳就业，大力鼓励自主创业。李克强总理说：要保证每一个家庭最少有一个就业者，只要他有劳动能力，有就业意愿。

D：凯恩斯的《通论》翻来覆去说的就是“就业”的重要性，可是他只是从发展生产的角度来看这个问题，从未想到公平，今天我们则是从“公平”角度来看这个问题，两者是有区别的。当然，实现了“公平”，也必然会促进生产的发展。

S：D 先生在以前的论述中不是说过市场经济中是不讲什么公平的。今天见到了吧？我们就是在市场经济体制中实现“公平”。

D：那是我固有的见解，现在仍然这样认为，在发达的市场经济中，“公平”这样的字眼是很少见的，即使他们的公益事业很多，但也是如此。

四、国家调控分配

主：今天讨论的题目是国家调控分配，还是请D先生对这方面发表高见。

D：“高见”不敢当，我想，首先是命名问题。西方市场经济学有“消费倾向”一词，我们仿其意把国家调控分配叫“分配倾向”，大家以为如何？

Z众：这个名字用得好，我们都赞成。

D：国家“分配倾向”总体来说是倾向于收入低下层的广大群众，体现了不忘初心的具体内容。我倒想到了这几条：

其一是扶贫政策。改革开放以前，几亿农民大多数是属于贫困群体。改革开放之后，有一些人逐渐富裕起来，直到2000年，还是有近2亿贫困人口。由于国家实行扶贫政策，近几年来，取得显著成效。据联合国发布的数据显示：近几年中国的扶贫政策使8000万人口脱离了贫困状况。实际上远不止8000万，脱贫人口几近于2亿。现在还有一部分贫困人口，预计到2020年全面进入小康社会。为了实现这个目标，中央政府给各级政府下达了通过“精准扶贫”使贫困人口达到“零”的要求。

其二，就是对低收入群体减免税收的政策。改革开放之初是以月收入800元作为个人所得税起征点，后来把起征点改到3500元，现在已经是5000元了。

其三，是国家收入的转移支付。转移支付的倾向是“老、少、边、穷”地区，就是革命老区、少数民族地区、边境地区、穷困地区。

其四，就是全民医疗保障。这可是个极大地惠及普通民众的政策。有了这个政策，使过去有病但没钱进医院的广大贫困患者都得到了医疗保障。现在医院大多是预约挂号，为什么？看病的人太多，预约挂号可以分散人流量。

Z1：D 先生说的这几项确实很重要，我想补充一点，现在政府为各地制定了最低工资标准的政策，这就使用人单位不能随意压低工资。

Z2：我也补充一条，我家里收入较少，儿子考上大学交学费有些困难，但因为他学习好得到了奖学金，这也应该属于“分配倾向”吧？

Z 众：应该算。

S：我补充一个，我认为非常重要，但很多人可能未体会到的一条，那就是政府出钱“去库存”，直接惠及人民群众。现在很多城市居民住宅几乎焕然一新，居住环境也大为改善，居民自己并未花一分钱，全是政府买单。我想这很可能是国家为“去库存”而实施的一项惠民政策。这也是一项充分体现“不忘初心”的共产党领导的国家的政策。

G：S 先生补充这一条我也有同感。我记得有一天小区里来了施工队，把我们居住的几栋楼房全都披上漂亮的华装，一分钱也不要，把阳台封上了，窗户也换了，这肯定是政府埋单。至于G先生说这是国家为“去产能”而实施的惠民政策，不知这个说法是否正确，是 G 先生的猜想吧？

Z1：是否是 G 先生的猜想这并不重要，重要的是这一现象充分体现了政府的“分配倾向”吧。

主：是否还有人补充？可能还有很多，这个问题就讨论到这里吧。按照安排程序，下一个讨论题应该是国家对交换的调控，请大家准备一下。

D：我认为，交换是市场经济的心脏，虽然重要，但很多内容已经涉及到了。总的来说就是国家要不断改进市场的交换环境、基础设施、办事高效平等。因此我建议就不再做专门的讨论了。

五、财政与货币政策

主：当前我国实行的是积极的财政政策与稳健的货币政策。这是什么意思？为什么要这么做？

D：积极的财政政策，简言之就是财政赤字政策，也就是财政支出要大于财政收入，大于的那部分用红笔标出，所以叫“赤字”政策。

S：中华人民共和国成立以后，在计划经济年代，我国的财政政策一直是“平衡政策”，就是收支基本平衡，略有结余，怎么现在变成赤字政策了？怎么还说这是“积极”的财政政策？

D：量体裁衣，看菜吃饭，量入为出，日子穷则穷过，富则富过，这自然稳健，可是这种策略不利于促进经济发展，这是其一；其二，当前我国经济是内需乏力、外贸疲软，国家既要给企业让利，减少企业所得税收，又要对居民让利，减轻个人所得税，自然使财政收入减少；其三，我们前面讲到过的各种国家消费，诸如教育公平，医疗公平，各种公益性基础设施建设（高速、高铁等）的支出越来越大，建设美丽乡村，实现城镇化等支出越来越多，当前去库存去产能，促就业等都需要政府支出；其四，国家除了上述消费之外，还有相当一大部分是用于购买“劳务”，如军队、公务员的支出，这是刚性支出又只增不减。所以总起来就是财政收入按其占GDP的比重来说呈下降趋势，而支出则是上升趋势，这就出现了入不敷出的所谓赤字情况。

Z1：国家财政有些支出是原本设想到的，比如去钢铁、水泥等库存，不明白怎么个“去”法。北京市现正对所有的“危房”等的老旧楼房进行一次全面的加固外装修。对于各小区的环境进一步美化，这些都是去库存的办法，都需要国家花钱而居民受惠。

Z2：那赤字这部分多花的钱从哪里来？当然是“借”，国家借钱的办法就是发“国债”，改革开放以来，我国几乎每年都发多个“国债”，就是国家向老百姓借钱，我想大家都买过国债吧！

Z3：国家向老百姓借钱那不是中国人常说的“寅吃卯粮”，越吃越穷，怎么能说是积极的政策呢？

D：这就是市场经济的微妙之处。你现在看到很多企业家，其中很多人都是白手起家，靠向银行借款，去当“创客”而最终成为富豪的。不过，我应强调一下，国家举债与个人贷款出发点不同。国家为让利于民众、让利于企业而举债，不仅不是竭泽而渔，而是要把渔场做大，使经济持续发展，这样国家会增加收入。所以，赤字只是从局部、静态的来看是“寅吃卯粮”。而就以上来说，“赤字”就是积极的财政政策。

Z1：即使这样，赤字也不能越多越好吧，凡事总得有个限度。

D：是这样的。经济学家一般都认为不超过 GDP 的 3%，也有人认为是 5%。

Z1：为什么是 3% 或 5%？

D：我想可能与 GDP 增速有关，现在许多国家 GDP 增速都在 5% 以下。至于超过了这个数字会发生什么影响，近一年来国内外媒体最吸引眼球的一个案例就是希腊因为借欧盟外债过多，几乎要宣布破产，退出欧盟。

Z1：怎么回事？能细说说吗？

D：大致情况是这样，希腊是欧盟原 28 国（英国于 2016 年 6 月 26 日通过公投决定退出）之一，希腊各政党在竞选时为了拉票，竞相漫天许愿，答应执政后如何提高民众生活水平。上台后得兑现呀？怎么兑现？国民经济发展上不去，就只好通过欧洲的银行向欧盟借债，借多了还不起了，怎么办？两条路，一是希腊宣布破产，退出欧盟；二是要求欧盟继续借款给它，等经济好转了，再还欧盟的债款。

Z1：债务人比债权人还硬气，债多了反倒不愁，那么结果如何呢？

D：结果是欧盟又借给希腊 300 亿欧元，但附有条件如下：下调希腊政府官员及一般公务员工资至原来的 70% 等等。

Z1：我也看过类似报道，国外一经济学家则用九个字“都是政党政治惹的祸”来概括这件事。

Z1：国家借债也不能没有限度，应控制在一定范围内呢。

D：是的，现在市场经济国家一般都实行财政赤字政策，用借债总额与 GDP 的比例来衡量国家信用程度，好多国家这个累积比值甚至高达 200% 以上。

Z1：这就不是“寅吃卯粮”，而是“寅吃辰粮”了，应该说是有风险了吧？

D：除了国债以外，还有各企业、公司也发行债券，以救燃眉之急，对于是否存在风险，国际上有“标普”“穆迪”“惠普”三大国际评级机构。

S：因中国经济的放缓，债务的增加，资本外流加大，今年，“标普”“穆迪”等多家评级机构把中国的评级展望转为负面，穆迪评为 Aa3，标普评为 AA-。对此，我国财政部长楼继伟提出反驳，认为评级机构有偏见，并指出：6.5% 的年 GDP 增长在国际上仍是较高速度；资本外流速度较去年有所放缓，国家债务仍在可控范围内。

D：然而，继评级事件之后，6 月 10 日，国际货币基金组织（IMF）一位高管提出警告，敦促中国警惕公司债风险。IMF 官员说：中国的债务水平约为国内生产总值（GDP）的 225%，虽然按照全球标准很衡量并不算特别高，但公司的债务接近 GDP 的 145%，无论用何种标准衡量都是非常高的。(《参考消息》2016 年 6 月 13 日）。

Z：IMF 是什么？

S：它的全名是国际货币基金组织，是一家多边贷款机构。

Z1：真没想到，我国国家债务有这么多，但它又说不算高，想必其他国家债务更多。

S：美国国债与 GDP 之比肯定会比中国高，有报道说美国国债达到 20 多万亿美元，仅我国现在就持有美国国债 1 万多亿美元。

Z1：这么说，国家即发行国债，又购买别国国债这究竟是国家缺钱呢还是有钱呢？

S：买外债当然是为了赚钱，购买外债说明我们对外国是债权人，不仅对美国，还有其他国家的债券，我国也是债权人；发行国债则国家是债务人，所以说不要一听“债务水平为 GDP 的 225%”就吓一跳。

D：据 IMF 的统计，中国国有企业约占公司债的 55% 左右，但仅占经济产出的 22%，根据中国政府的统计数字，去年国有企业利润下降 6.7%，总收入下降了 5.4%。

Z1：数字这么准确？是不是有水分？

S：IMF 是国际出资对多国实行贷款的机构，提供的数据有一定参考价值，但我也怀疑数字有夸大可能。

Z2：央企的董事长、CEO 等的工资都很高，有的甚至业绩下滑时工资都往上升。以前我一直认为国企内部员工收入差距会比私企小，现在看来也不一定。

Z1：请问，央企这些掌门人是什么身份？是政府官员、还是私人老板？要说是“老板”，又不担任何风险，要说是官员，是什么级？就算是“部级”，那么国家主席、总理、部长才拿多少钱？

S：现在看应对这些国企特别是央企的CEO们应该“控”一下。

Z1：央企状况既然出现这些负面现象，下一步应该采取什么措施呢？

D：一个是债转股，即把所欠债务转为公司股份。但专家说，债转股有可能在债务积累上发挥一定作用，但银行必须有能力进行分流，有权区分哪些公司值得救助，哪些公司应被允许破产。

S：另一个办法就是强行合并，即把经营不好的公司强行与经营好的公司合并在一起。对此法也有专家提醒，这不仅解决不了问题，反而削弱了经营状况良好的公司的能力。这两种办法你们觉得哪种可行？

D：给银行权利进行分流，强行合并无异于饮鸩止渴，我认为该破产的就应破产。

D：总之，举债过多就会造成破产，有国家破产、银行破产、公司（企业）破产、地方政府破产、个人破产等等。

Z：还有地方政府破产？破产了怎么办？

S：前几年，美国的芝加哥等城市就几乎陷于破产；我国吉林省延边市有一个镇政府欠个人债，法院裁定其还债，强制执行，可是镇政府无钱还，最后只好宣布其为无信用的“老赖”，只好按破产法的规定执行。

Z：看来市场经济真是风险太多了。

主：下面谈谈什么是稳健的货币政策吧。

D：我理解“稳健的货币政策”，是使市场的货币供应与货币需求达到“均衡”的一种状态。用通俗的话说，就是市场上的货币量既不能过多，也不能过少。

Z1：我知道货币就是钱，就是人民币，就是一张特制的纸，为什么它具有那么大的魔力？它是怎么来的呢？

S：关于货币的产生的研究，很多经济学家都不能和马克思相比。学过政治经济学的人都知道，马克思以历史与逻辑相结合的方法，天衣无缝的论证了货币产生的过程，说明货币就是充当等价物的特殊商品，并把这种商品最终固定在黄金白银身上。有一句名言“金银非天然货币，但天然货币是金银”，并论述了货币的五种职能：即价值尺度、流通手段、支付手段、储藏手段和世界货币。

S：马克思提出黄金白银具有天然货币的属性，却没有进一步预见到货币会转换到没有天然属性的纸币身上。其实我国是最早使用纸币的国家，宋朝就使用“交子”作为货币，明朝开国皇帝朱元璋也曾主张发行过纸币。至于说五种职能，纸币没有储藏手段的职能，如果说世界货币的说法，现在只有美元，其他国家的货币应是只有其他三种职能了吧？

D：现在的货币就是一张特制的纸，我看未来这张纸也可能被取消，用银行卡或手机来支付要方便得多，这样，纸币就会逐渐退出历史舞台，货币真的就变成一种数字符号了。

S：这也是D先生的新见解。至于货币职能，我认为还是有储藏手段的职能，当然不是锁在箱子里或埋在地下，而是把货币存入银行，至于作为世界货币，也不见得总是由美元承当。

G：D先生认为纸币也会逐渐退出历史舞台，我认为是有些道理，为此我编了个顺口溜：运去黄金失色，时来纸也争光，美元英镑巧梳妆，迷得人神魂飘荡，兄弟阋于墙，邻里动刀枪，自信妖媚无极日，地久天长，“卡儿”奋起千钧棒，逼得她到处潜藏，万物兴衰皆有定，定律有兴必有亡，看你起舞能几日，终将替换成卡片一张。

S：G先生的顺口溜很有意思。马克思没有预见到金银会被纸币所代替，更没有预见到在社会主义制度下怎么能实现市场经济体制，这本身就是一个最伟大的创新。

Z：通过这个例子我在思考：一个思想家、政治家无论多么伟大，他也不可能完全洞悉事物未来的变化。毛泽东说：实践—理论—实践，循环往复，这是理论与实践相结合的正确道路。

Z1：现在各国都把纸币当作货币，那么国家缺钱的时候就可以开动印钞机，随意发行多少都行吧？

D：当然不是，纸币不可以随意发行，其发行的数量与把金银作为货币而发行的量并无区别，发行多了，货币就会贬值，引起通货膨胀，发行少了，市场货币就短缺，银根吃紧，通货紧缩也会阻碍经济发展。

Z1：那么货币发行量是怎样确定的呢？

D：总的来说，一定时期内，商品的价格总和应等于货币的价格总和。但由于一定时期内货币的周转次数不是一次，而是多次，所以货币的发行量应该是商品价格总和除以货币周转次数。比如商品价格总和是 60 万亿，一年货币周转次数是 4 次，那么发行 15 万亿的货币量就可以了。以后随着商品的增加，货币也相应增加。这种仅用于商品交换的货币量，经济学把它叫“M1”，也叫狭义货币。

Z1：这么说还有“M2”了？

D：是的。人们的收入不是全部用于购买商品，也有一部分用于储蓄、买债券、买股票等，这一部分货币再加上 M1 就是 M2。也就是说广义货币 M2= 狭义货币 M1+ 各种储蓄和存款。

Z1：发行的货币又没有贴上哪些用于 M1，哪些用于 M2 的标签，两者能相互转换吗？

D：能，比如现在，原来预计购买商品 M1 的货币，由于没有创新商品可买，就会有一部分 M1 转化为储蓄；反之，如果创新商品很多，也有可能使储蓄转化成 M1。据央行数据显示：2016 年 3 月末，M1 金额是 41.16 万亿元，M2 余额是 144.62 万亿元，而且余额均呈增长之势，其增量又与 GDP 增长相均衡，这说明我们的货币政策是稳健的。

Z1：那么，请问哪个机构具有货币发行权呢？

D：中国人民银行，它具有的权利是：发行货币；管理储备外汇以应付国际支付；三、确定商业银行的存款准备金率（存准率）；四、确定商业银行的储蓄贷款利率。

Z1：你是说中国人民银行和其他银行虽然都叫银行，但是还有区别。

D：是的，中国人民银行虽然叫银行，实际上是一个政府机构，也可以叫做银行的银行或者叫中央银行，它类似美国的联邦储备局（美联储）。

S：世界各国银行体制各有不同，中国的银行体制以中国人民银行为核心，各个国家专业银行为主体的多种金融机构并存的社会主义银行体制。专业银行有中国工商银行、中国农业银行、中国银行、中国建设银行，还有交通银行、中外合资银行、地方银行、民间资本的私人银行以及非银行金融机构如中国人民保险公司、中国国际信托投资公司、各种其他信托投资公司、租赁公司、农村城市信用社以及股票市场等金融机构组成。

D：通过这些金融机构的运作，大大的激发了货币的活力，使货币充分展现出各种职能，以促进国民经济的发展。

D：具体说，中国人民银行通过各专业商业银行调整存准率以及储蓄贷款利率就可以调整发行的货币，或回笼，或投放；或者说，增加或减少市场运作的货币数量。

Z1：为什么会是这样？

S：大家应该知道，货币也是一种商品，也可以买卖，比如人民币兑换外币。再一种就是进行储蓄以取得利息，利息就是货币的购买价格。

Z1：怎么能说利息是货币的价格？储蓄到期本金可以取回，并没有把它卖给银行啊？

D：国外经济学家有这种说法，我觉得不全面，应该表述为：利息是银行为取得货币在一定时期的使用权的价格或报酬，甚至可以说是银行为取得货币暂时使用权的一种租金，只是通俗叫法称为利息。

S：你前面提到这个观点，认为工资是一定时期获得劳动力使用权的租金，现在利息也是租金，租房费用也是租金，凡有所得都是租金，是这个意思吧？

Z1：说利息是租金、利润也是租金，可是为什么利润比利息要高的多？

S：取得利息无任何风险，而投资取得利润时有很大风险，所以利润是利息收入加上风险收入。如果风险到来，投资者甚至会亏本，如果利润等于利息，谁也不去投资了。

Z1：你说储蓄就没风险吗？前面不是讲过银行也可以破产吗？

D：你问的对。储蓄也不能说完全没有风险，但这种风险几乎趋近于零，我们前面说的“存准率”就是隔离这种风险的一堵墙壁、一种保险。所谓“存准率”，就是中国人民银行规定各商业银行把储蓄额的一部分交给中国人民银行作为存款准备金的比率。这个存款准备金就是防止银行万一发生意外，仍能赔付给储蓄者的款项。所以储蓄的利息收入风险是非常小的。

Z1：那么，中国人民银行又是如何利用其职能权利进行调控使货币市场趋于稳健的呢？

D：根据经济发展状况，不断地、相适应地调整存准率、存贷款利率。一般的说，当经济增长较快时，这几个“率”就要提高；当经济疲软或增速下行时，这几个“率”就要降低，可以简称为双升双降。自 2015 年起，国际、国内经济均呈现疲软之势，央行几次降低存准率和储蓄贷款利率就是适应这种状况。

G：经过几次调整，一年期的存款基准利率已降到 1.5%，赶不上同期 CPI（物价指数）的上升指数，所以人们说现在是负利率时代。社会上对此议论纷纷，有人说这是对储蓄者增收储蓄税，也有人说这样必然使人不愿储蓄了，还有人说储蓄不如消费等等，对此 D 先生怎么看？

D：央行允许各商业银行在吸储时，在 1.5% 基准利率基础上再浮动 50%，所以实际存款一年期利率要高于 1.5%；说是会使储蓄减少，有报道说，现在社会储蓄存款余额约有 15 万亿元，未见减少，反有小增；至于说储蓄不如消费，那就增加消费吧，我认为这不是央行降息的真正意图。

G：施政之难就在于一种政策出台后，国家意愿能在多大程度上与全民意愿相吻合。我想可能 D 先生认为降息是为了促进消费，甚至也有利于投资，但实际上未必如此。降息降准后释放大量货币，其走向如何呢？先是把几年熊股市从不到 2000 点炒到超过 6000 多点（上海股票市场）的牛市，几天后又转为熊市。有报道说，去年至今不到一年，股民平均亏损 50 万左右。继炒股票之后，又炒被许多经济学家看作供过于求的楼市，使得先是一线城市，后是二线城市楼价不降反升。现在又有许多人“经济上升时买股票，经济疲软时买黄金”的理论而恶炒黄金，致使国际黄金价格飙升。虽然国家一再倡导要投资于实体经济，但收效甚微。请问 D 先生，您对此有何看法？

D：我也说不准，这是个大学问。储蓄无风险，利息太低；炒黄金，黄金也是一般商品，时升时降；炒楼市，现在地价、楼价如此高，不怕泡沫现象到来吗？至于股市，中国的股市“熊”多“牛”少，也使许多人望而却步。最近甚至有人呼吁，这样的股市不是要把“中等收入阶层”的钱包都掏空了？总的来说，除储蓄外，以上这些都是“投机”。一言以蔽之：收益期望值越高，风险越大，资金投向何处，一是看预见，二是看胆量。

Z1：请问投机和投资有何区别？买股票、买楼房、买黄金这不也是投资吗？也可以促进经济发展呀？

D：投机，一般多指期货交易的买空卖空，也包括贱买贵卖的“囤积居奇”。一般是指短期行为。炒楼、炒黄金可以认为是投机，但也是市场经济不可或缺的一部分。唯独炒股，我认为它具有投机和投资的二重性。

Z1：如何理解？

设立股市的主要目的是为上市公司开辟一条重要融资渠道，股民买股票，一种是科学选择业绩较好、预期发展前景好的公司，长期持有其股票，这样就成了该公司的股东，可以分享到该公司在分红期的红利，同时又可以得到股票增值的收益，就这点看，是“投资”。这种投资也可能出现由于选择公司不当而亏损的现象，但总的来说是赚多赔少。另一种是买到手短期内就转手，这就是投机，也由于误信股票市场的“托儿”等因素的影响，所以赔多赚少，特别是经济乏力的时候更是如此。所以我认为，长期握有股票当作投资，还是可以考虑的。

Z1：有人在报纸上发表文章，说我国已经出现了食利者阶层，真的是这样吗？

D：我认为这很可能是个假命题。所谓“食利者阶层”就是靠吃利息生活的人。可是大家都知道利息率是很低的，从长期来看大概和通货膨胀率差不多，有时候很可能还会亏本。

Z1：不是靠吃储蓄的利息，而是用来放高利贷取得利息。

D：放高利贷一是违法，二是要冒很大的风险，可以看作是违法的风险投资，而不是吃正常的利息。当然，这只是我自己的一点不成熟的看法。

最后我再大胆地总结一句：货币、银行、股票市场是人类在经济领域的“三大发明”，正是由于有了它们，市场经济才能呈现出巨大的活力和效率。至于说买股票多数赔了钱，那不在股票市场，而在于个人。正如电的发明给人类带来了诸多的益处，但是由于个人不懂电，所以被电了一下也在所难免。说白了，关键就在于个人懂不懂行。当然“懂行”这两个字不仅对于股市，对于其他投资以及各种投机都是成败的关键。

Z：手里有钱想投资，又不懂行怎么办？

D：可以在网上、报刊上去找“创客”呀，这些创客大都是创业成功的大亨，他们会给你出点子，比如创新市场董事长兼 CEO 李开复，《新京报》2016 年 6 月 16 日载有李开复“土豪型投资一定会付出代价”一文，文中说：这些“‘不懂’的投资人，一定会赔钱”。大家可以看一看，文中有许多“点子”，而且李开复说他在二级市场上的投资使用智能机器进行计算，机器买卖股票回报率大概 30%。

Z：如果大家都去找李开复，并人人都掌握了他的技术和窍门，人人都挣钱，没有人赔钱的，那挣的钱又是从哪里来的呢？（众笑），此说有矛盾之嫌吧。

G：肯定你轻易的是学不会的。

六、对外贸易战略

主：国际贸易又称世界贸易，指各国之间的商品交换。请大家就此问题交换意见。

Z：请问国际贸易与对外开放是不是一个概念？

S：国际贸易仅是指商品交换，又分为“有形”贸易与“无形”贸易。“有形”泛指是由物质形态的产品，“无形”则是指劳务、精神、文化等产品。

“开放”的涵义比国际贸易更广，除了国际贸易以外，还包括外资、技术等引进和国内资本输出。

G：我是外行，是否可以认为凡是与世界各国发生经济关系的都可以认作是贸易？如中国购买美国国债，对 IMF 的投资等等。

S：一切概念的内涵、外延都是一种事物的概括和归纳，究竟包括哪些方面，约定俗成，最终得到确认。G 先生的建议可能是一种创新，但是现在我们还是约定俗成的来讨论吧。

D：2013年我国已经跃居世界第二大经济大国，第一货物出口国，第二大货物进口国，第二大对外直接投资国，最大外汇储备国，最大旅游市场。但是现实是货物出口“拐点”已经到来了。

Z：什么是出口“拐点”？

D：根据德国、日本的实践看，当货物的出口占世界总额比重达到10%左右时，增速就要降下来，这就是“拐点”。2014年我国已经达到12.3%，再加上现在国际经济形势疲软，所以说这个拐点就要到来了。

Z：这种外贸形势对我们两个100年实现两步走是非常不利的吗？

S：我想对于当前我国预防、跨越“中等收入陷阱”达到全面小康是不利的；对于2020年—2025年实现富强国家也是不利的。

Z：先说说什么是“中等收入陷阱”？

S：什么是“中等收入”？说法不一，有人说当人均GDP达到3000美元—10000美元这个区段内，都叫“中等收入”，这个区间显然太大了，不好把握。最近看到一个比较权威的说法是当人均GDP达到4500美元时就是中等收入。我国2015年人均GDP是7575美元，无论怎么算，我们的平均数都已经达到中等收入水平。至于“陷阱”二字，就是说到了这个水平经济就很难继续增长，甚至负增长。

D：从我国经济形势看，当前是否已经出现了“陷阱”预兆？怎么看待当前出现的诸如经济增长放慢，实体经济利润下降、工业产品价格下降、财政收入减少、一些产品产能过剩这些问题？

Z：难道说“陷阱”是市场经济必然出现的病症吗？哪个国家都必须出现，都不好跨越吗？

D：打个比喻，比如人到50岁左右时，女人可能会有“更年期综合症”，但有人表现很轻微，有人表现很严重，严重者有些经过治疗就会转好，也有些人可能会更严重。

S：我倒有个看法，现在的发达国家都顺利的过了“陷阱”，而发展中国家却有很多过不了“陷阱”。为什么？我得出的答案是：一种是战争掠夺，一种是国际贸易。不知对错。

主：这也是一种有新意的观点，不管对错，请讲一讲。

S：我说一说国际贸易吧，19 世纪中末期到 20 世纪初，我国是清朝统治，闭关锁国。这时欧洲各国以及日本等国已进入资本主义社会，生产力很高，他们为了把过剩的产品推销到中国，不惜发动战争打开清朝的国门。1840 年鸦片战争中国失败后，英国政府强迫清政府签订“南京条约”，随后，法国、德国等西方国家也都签订类似条约，从此“洋货”大量进入中国，掠夺中国的黄金白银使中国日益衰弱。

Z：什么叫“洋货”？

S：这些货物大多都是通过运价低廉的轮船从海上运输而来，所以叫“洋货”。经过衍生，我们通常把外国进口货物都叫洋货。

资本主义国家不但掠夺了中国的财富，而且试图在思想上征服了国人，让我们崇洋媚外。对于这种经济侵略，中国有个代表人物叫郑观应，他把资本主义国家的对外侵略分为两种：兵战和商战，认为商战比兵战更重要。因为“兵之并吞，祸人易觉，商之掊克，敝国无形”，主张“练兵将，制船炮，备有形之战，以治其标；讲求泰西士、农、工、商之学，裕无形之战以固其本。”

G：有卓识远见，但以当时我国的发展情况，用商战犹如以卵击石。

S：以上说的是发达国家如何度过“中等收入陷阱”，二次世界大战后，赢得一段和平时期，很多国家经济发展都遇到了“中等收入陷阱”问题，有的国家被“陷住”，有的国家则顺利跨过去了，如亚洲的“四小龙”就属于“跨过”的国家和地区，考查其原因，一个是创新，更大的程度则依赖于国际贸易。

从我国经济发展看，改革开放三十多年，我国成为世界第二大经济体，这与我国成为第一大贸易国是有密切关系的。

G：你还是没有回答。现在我国经济是否已经出现了“陷阱”预兆？

D：不好说，如果从国内看，似乎有这种预兆，但是从国际说，中国经济疲软很大程度上又是国际经济不景气所致。

Z：如果真的是“陷阱”之症，我们怎么办？能否顺利跨过去？

G：即使有，我相信我们也一定会顺利跨过去，“沉舟侧畔千帆过，病树前头万木春”。

D：我赞赏并相信G先生的看法，因为我国已制订了应对策略，就是大众创业，万众创新，当然也包括对外方面的创新。以创新促内需，以创新引领外贸。

Z：中国人到日本旅游回来购买日本的智能马桶盖，见此情形，中国也制造马桶盖，可是经过检测竟然有70%左右不合标准，仿造尚且不易，可见创新之难。

G：关键还在于人才，“聚天下人才而用之”，一“聚”一“用”，我相信不远的未来一定会出现大量创新成果。

D：尽管如此，我们还应看到，国际贸易形势越来越严峻了，贸易壁垒之墙越来越高、越来越多。比如海关的质量检测壁垒、绿色壁垒、关税壁垒、配额制壁垒、反倾销壁垒。设置这些壁垒就是防止、阻碍商品输出国商品的进入，这就是国际贸易的保护主义。

S：本来国际贸易是互通有无，优势互补，取长补短，合作共赢的好事，一有了保护主义出现就变样了。

D：仅提上述原则不够，不要忘了，还有一个原则就是“竞争”。壁垒也是一种竞争，是防卫性的竞争。2016年6月15日，德国总理默克尔带领一些德国企业家访华，在与中国企业家会谈中，德国企业家直言不讳的说：“中国的钢铁企业如果再这样进行低价倾销，我们国家的钢铁企业还怎么生存？中国应尽快兑现钢铁去产能的诺言。”

Z：原来其他国家也希望中国去过剩产能了，听起来真有点新鲜。

D：这种直言不讳倒可以理解为善意的。其实这就是国际上卖方的竞争，竞争很残酷，比这种“劝告”也好，“乞求”也好的手段，更恶劣不讲理的事多得多了。比如按照中国参加“世贸组织”的议定，我国成为世贸组织的成员国，而欧洲的一些世贸组织成员国却要开会，透露说一些国家不承认中国是世贸组织成员国。

Z：承认与不承认有何区别？

D：承认了，就会按照世贸组织原则减少壁垒，给予我国一些优惠，反之则反。

Z：这无非想逼中国作更多让步。

D：于是各贸易国之间便形成了一种有趣的现象：每一个国家都想冲破壁垒把本国商品输出；每一个国家又都想筑成壁垒以限制别国商品的输入，形象的说这就是贸易“围城”，城外的人想进去，城里的人想出来。

S：于是各国不约而同想办法，以减少或免除壁垒，最初是关税贸易协定，随之又出现了同盟，同盟国家之间可以减免关税，最大的一个同盟便是“欧盟”，由欧洲二十八个国家组成，而且还发行了欧盟国家的通用货币欧元，紧接着又出现了“东盟”，由东南亚十国组成，还有一些几国之间的关税同盟。最近美国又提出跨太平洋区域经济组织（TPP）。

D：可是美国总统特朗普上台后又决定取消（TPP）了。

Z：这是件好事，我们也可以参加，也可以建立（同盟）呀。

S：你能，我也能。你有“合纵”之策，我以“连横”对之。我国也组织并参加了类似的同盟，如“上海经济合作组织”，有中俄等五国参加；有中日韩“自由贸易协定”；作为非正式成员国参与“东盟”。截止到2013年底，我国已谈成自由贸易区12个，在谈自由贸易区6个。

D：要强调说明的是，习主席提出“一带一路”的建设以及成立“亚投行”（亚洲投资开发银行），这是外贸方面具有战略性的举措。

Z：什么是“一带一路”？

S：就是丝绸之路经济带和21世纪海上丝绸之路。“一带一路”借用古丝绸之路的历史符号，继承了古丝绸之路开放的优良传统，更加开放包容，不但不限于古代丝绸之路、古代海上丝绸之路上的国家，中国的友好邻国都可以参与进来。其中，中亚、俄罗斯、南亚和东南亚国家是主要参与国。

D：“一带一路”已不仅是重大倡议，还参与“高铁”建设等方面的启动。2016年6月19日习主席访问波兰，波兰方面称：波兰是亚洲通往欧洲的大门，波兰愿为“一带一路”的建设敞开大门。

S：“亚投行”的创立更具有战略意义，它将对亚洲的一些急需建设基础设施的国家进行贷款，这对输出我国的优势产品（如高铁等）创造了极为有利的条件。

D：我们还采取进一步开放政策：降低外资准入门槛；支持我国的大企

业在国外的投资，如“创维集团”已经投资于东南亚，确证那里有很大的家电商品消费市场。

S：所有这些最重要的还是“创新”，“创新”供给既创造内需的需求，也创造了外需的需求。总结上述，我认为外贸形势肯定会越来越好。

主：大家可以谈谈在对外贸易中，我们现在的优势在哪里？从长远来看，我们的战略优势在哪里？

S：从现实来看，我国的优势实在不多了。改革开放初期，发达国家经济转型将大量加工、污染行业转移到我国，以及我国的引资政策中人力成本的低价，引进很多外资，成了“世界加工厂”及世界第一贸易大国。

Z：美国人均工资要高于中国人均工资 5~6 倍，这怎么解释？

S：工资是高 5~6 倍，可是美国人的人均劳动生产率要高多少倍？有资料说中国制造工人的劳动生产率只是美国同类工人的 4%~5%，你算算看，就理解了。

Z：劳动生产率相差这么多，也有些夸大吧？

S：你不信？以农业来说，美国 1% 的农业人口生产的农产品养活了 99% 的非农业人口，还有大量的农产品如黄豆、小麦、牛肉、猪肉出口。所以此数字应该说没有多少水分。

Z：这么说，如何提高劳动生产率是关键了，这也是创新中首当其冲的任务吧！

主：那么，从长远的战略观点看，我们有无优势？优势在哪里？

G：有，我认为那就是“文化”，中华民族 5000 年历史，具有深远的文化底蕴，从长远看，在竞争中，中国的文化必胜。

S：具体表现在那些方面？

G：文学、戏剧、饮食、服装、旅游景观等等。再比如我们的“国粹”京剧、围棋、中国功夫等等。

S：“京剧”？现在在我国都要出现观众断代了，还想输出国外？有人说一提到“粹”就觉得是阳春白雪。

G：你说因为“雅”就没有观众，我认为欣赏高雅之艺必须有高雅之人。京剧是国粹，没有国学做基础之人如何能欣赏其中之美？现在恢复国学教育，有的地方京剧也进入了课堂，我相信未来的10年~20年内，观众一定会增多。

S：京剧离现实生活太远，多演帝王将相，才子佳人，虽然有过现代戏的改革，效果也不怎么好。

G：现在京剧正在走一条改革之路，而且也确有收获，如《智取威虎山》《沙家浜》等不是很受观众欢迎吗？

Z：现代京剧改革，我觉得还缺少一大块，就是所有现代京剧剧目中都没有爱情戏,《沙家浜》中只有阿庆嫂，没有阿庆;《杜鹃山》柯湘也是独身女士;《红灯记》中李玉和无妻。文艺应既有政治性，又有娱乐性，两者不可偏废。爱情是文学艺术的永恒主题，缺这一块如何能叫座？进一步改革可以从这方面试试。

S：即使有进一步改革，如何能输出国外？中国人爱好者都不多，怎么能希望外国人也爱它！

G：你不要忘记，20世纪20年代至30年代，梅兰芳大师在美国演出的巨大成功，据说演出中有许多观众往戏台上抛礼物、赠品，无论到哪个城市，拥趸者都盛况空前。

S：我想是因为梅大师的个人魅力吧？据说，往台上抛物品者多是女性。

G：如果仅是个人魅力，如何又被称为世界三大表演体系之一？

Z：对于二位的看法分歧，我觉得以上绝非完全因为梅兰芳的个人魅力，但可能又离不开个人魅力的原因。因此，我想应进行详细调查，如是个人魅力，又魅在何处？是梅先生之美俊潇洒，还是因为他是个男旦？

S：按你说法，京剧女角有男旦来演又是改革一条出路？

Z：未尝不可试试，李玉刚不是很受欢迎的吗？

G：京剧虽然唱、念、做、打各方面都美，但我认为还是其音乐、唱腔最美，胡琴一响，真是“余音绕梁，三日不绝”，观众大都是去看戏，其实资深票友则是“听”戏，所以我又想只要保留京剧的唱腔，我们也可以把一些通俗易懂的剧目如《苏三起解》等翻译成英语，戏中苏三扮相改为英美年轻美女装扮，到国外演出，是不是也是一种办法？

S：京剧艺术家都不敢想的事情，你都想到了，外行胜于内行？

G：我还认为，围棋也是国粹，中外各种脑力竞技中，哪一种也没有围棋的玄妙、魅人之处，即使是中国象棋、国际象棋也是如此。最近曾上演过人工智能机器人阿尔法－狗（Alpha-Go）与韩国一等一的国际高手李世石大战围棋，结果是智能机器大胜李世石。这么有魅力，可惜现在只有中日韩三国对垒，我相信，未来它一定会走向世界。

Z：现在很多人都不懂围棋。

G：我还有一种想法，就是旅游业的竞争，就中国文化景观之多之美，相比较其他各国更有优势，但中国旅游业贸易很可能是逆差。原因在哪里？可能是我们没有利用好这些资源。

Z：怎么说没利用好？2016 年我国旅游总收入达 4.69 万亿元。我们正在大力发展旅游景点的建设，专家预计未来数年我们将投入 1 万亿元以上发展旅游行业。

G：我说“利用”二字，不仅是指对自然景观及景观服务等的投资，而是要把浏览景观和文化结合起来进行建设投资。

S：何意？

G：上海投巨资建设上海迪尼斯乐园，开园之日人山人海，有人排队买门票就用去 4、5 个小时。园内服务之贵令人咂舌，化一个美丽公主的妆容最低是 999 元，高则达数千元。这是外国旅游项目输入中国，其中包括外国文化，如米老鼠、唐老鸭等。我想，我们也效仿一下，何不去外国也建立一个相似的乐园。

S：具体说包括哪些项目呢？

G：文武俱备，“满汉全席”。具体说有“红楼梦”园，表现栩栩如生的红楼人物；有戏曲大观园展现雅俗共赏的多种戏剧；马戏杂技园，展示中国马戏杂技之高难动作艺术；其他如相声、小品、评书园，中国武当、少林园，中国历代服装园，中国饮食文化园，中国琴棋书法园，中国诗词歌赋园，中国著名山水园，陕西威风锣鼓、大秧歌园等等。我想这些足以胜过米老鼠唐老鸭文化之美吧。

S：你说的这些对中国游客可能有吸引力，一个外国人连中国语言都不通，怎么欣赏得了？

G：是的，所以首先就是要使外国人能学好汉语及中华文化。为此我们必须在国外建立更多的汉语学院，文化中心；同时要招收外国学生到中国留学。因为中国文化博大精深，想急功近利不可能。但是，只要我们打好“持久战”，中国文化必将深入世界，中外文化贸易业必然会逐步显示出中国之优势。

S：你这是如意算盘自己打，说不好听的就是自吹自擂。中国文化确定战胜过入侵中国的很多粗俗野蛮文化，可是如今西方文化的发达足可以与中国文化一搏。

G：一个丧失必胜信心的战士肯定要打败仗。我说的这一些不是无凭无据，下面我给你念一段报道听一听。题目是“我相信我的未来在中国”（《人民日报》2016 年 6 月 13 日）。朗诵：“目前一股满载梦想的‘中国风’刮进了法国鲁昂市，第十五届‘汉语桥’世界大学生中文比赛法国预选赛在这里举行，‘我喜欢唱歌，梦想有朝一日到中国唱中文歌’，‘我的梦想是能够在中国生活，我的一天从包子油条早餐开始，然后去中国的公司上班’，‘我读过中文版的《西游记》，非常喜欢，但我不要西游，我要向东走，我相信我的未来在中国’，‘心有梦想，如披战袍’，会场上学生们比拼交流、切磋、鼓励。从《文心雕龙》节选到古诗《将进酒》，再到现代诗《致橡树》，从长袖飘飞的《惊鸿舞》到婀娜多姿的傣族舞蹈，从单口相声、脱口秀到双簧，再加上书画、魔术、武术、歌曲、古筝演奏……搭乘着‘汉语桥’中国文化在法国落地生根，结出硕果”（朗诵结束）。

G：诸位听了这段报道有何感想？是不是增强了对中国文化在世界文化竞争中的信心及建设文化强国的信心？这只是一个“汉语桥”的片段。根据 2012 年国务院批复的《海外中国文化中心及发展规划（2012–2020）》要求，到 2020 年将在全球建成 50 个海外中国文化中心。全球首家孔子学院于 2004 年在韩国首尔成立，截止到 2014 年 9 月，全球已建立 465 所孔子学院和 713 个中小学孔子课堂，共计 1178 所，分布在 123 个国家和地区。2015 年全球孔子学院达到 500 所，中小学孔子课堂达到 1000 个，学员达到 150 万人。

Z：G先生是指“走出去”，还有一方面是“请进来”，即招收外国学生到中国学习汉语文化。电视节目经常播放这种汉语比赛节目，我很喜欢《苏三起解》中的苏格兰的“苏三”，也喜欢喀麦隆的“崇公道”，我相信中国文化必胜！

众：中国文化必胜！

主：今天讨论的文化贸易，文化强国内容，没有请到有关专家到场，虽然说得很热闹，也很杂乱无章，俗话说“行家看门道，外行看热闹”，大家姑妄言之，姑妄听之。

G：主持人说得是，我发言最多，最后以小品词一首以解嘲：

香茗一杯喜相逢，国事侃沙龙。自知门外汉，是非笑谈中。

七、建设美丽的城市和乡村

主：我们今天继续讨论国家消费。在中华人民共和国成立之初，毛泽东说过：“一张白纸没有负担，好写最新最美的文字，好画最新最美的画图”。

S：当我初次读到，想象最新最美图画时，脑子里真是空空如也，究竟怎么画，画什么？今天，真是见到了，城市高楼林立，晚上灯彩如虹。出游时，铁路、公路密如蛛网，飞机船只日不暇接。

G：毛泽东《咏雪》中曾有“江山如此多娇”，雪季“山舞银蛇”，晴日“红妆素裹”之美赞；杜牧《江南春》里有“千里莺啼绿映红，水村三郭酒旗风”这些自然美景，今天恐怕少见了。

D：全面观察我们的山川、大地、江河之美，你会发现她是一个美丽但生了病的美人儿。不能只看其表，更应考察其体。

S：你说的太严重了吧，她有什么病？

D：首先是“肺病”，就是空气中二氧化碳含量过高，PM10、PM2.5粉尘过多，以致形成雾霾天气；其次是“血液病”，昔日甘泉小溪不见，中小河流断流，地下水抽干，许多城市甚至乡村都出现水资源短缺，尤其北方更甚，以致国家不得不花巨资，实行南水北调工程；第三是“高烧病”，表现为整个地球气温高升，气候变暖，南北极冰山日渐消融，海水上升，“厄尔尼诺”现象时有出现；第四，“皮肤病”，表现为因毁林造田，破坏植被而形成的水土流失，土地污染。还有如陆地海上生物链断裂，许多动植物及海洋生物濒于危亡之境。所有这些还不足以说明她是生了病的吗？

S：你说的这些是事实。为什么会形成这种现象呢？我想起来了恩格斯曾经深刻指出：“我们不要过分陶醉于我们人类对自然界的胜利。对每一次这样的胜利，自然界都对我们进行报复”。每一次胜利起初确实取得了我们预期的成果，但是往后和再往后却发生完全不同的，出乎预料的影响，可能最初的结果又消失了。

Z：D先生说的这些“病”，有些是某个国家举措不当造成的，有些“病”如呼吸“病”、高烧“病”就不应归咎于某一国，而是世界共同造成的。

D：是的，所以空气污染，气候治理才得到世界所有国家的共同关注。至今已经召开了几次讨论这个问题的世界会议。还是取得了一些成果。比如规定某国治理指标如空气中的PM2.5含量、降低碳排放的数量等。

主：我们还是谈我们国家如何治理出现的这些“病症”吧！

S：关于环境污染，美国经济学家库兹涅茨提出是一个倒“U”型曲线，即当一个国家经济发展水平较低的时候，环境污染的程度较轻，但是随着人均收入的增加，环境污染由低趋高，但经济发展倒一定水平后，即到达某个临界点或成“拐点”以后，随着人均收入进一步增加，环境污染又由高趋低，这一现象就被称为环境库兹涅茨曲线。这是否说它具有普遍意义？

D：库兹涅茨曲线反应的是发达国家先污染后治理，是把污染转移给他国的模式，就我国而言虽然出现污染，但还不是像发达国家过去那样严重，因为我们在发展的同时，采取了一些预防性的措施，摸索出一条与发达国家不同的道路。

S：习近平主席指出，要正确处理经济发展同生态环境保护的关系，牢固树立保护生态环境就是保护生产力，改善生态环境就是发展生产力的理念，更加自觉地推动绿色发展、循环发展、低碳发展，决不以牺牲环境为代价去换取一时的经济增长。

Z：什么是循环发展？

D：容纳和降解工业、生活、农业废弃物，简言之即“变废为宝”。

Z：如何理解保护环境就是发展生产力？

D：要知道生态系统也是“服务”，称“生态系统服务”，它是指人类直接或间接从生态系统中得到的利益。生态系统的这种“服务”功能不仅有价值，而且可以计算。1997 年科斯坦萨（Costanza）等人对全球主要类型的生态系统服务的功能价值进行了评估，计算出全球生态系统每年能够产生的服务价值为 16 万亿美元 ~54 万亿美元，平均为 33 万亿美元，是 1997 年全球国民生产总值 GNP 的 1.8 倍。

S：此数太夸大了吧，按此数字岂不等于说只要把生态环境维护好，人类即使不进行生产也要过上比现在更好的生活？

D：西方经济学家的特点之一，是把经济现象都定量化，不管其计算方法是否可靠，数字是否准确，总之，他强调了环境保护的重要意义，这一点比起我们抽象谈总要好。近几年，我国对污染状况的研究也趋向于定量化。其表现为：1、水体主要污染物超容量，全国有 70% 的河流湖泊受到了污染；2、土壤污染累计风险凸显，就污染程度而言，全国土壤总的超标率为 16.1%，耕地土壤点位超标率为 19.4%。土壤污染最终会导致食品安全风险；3、大气复合污染事件频发。我国大气污染类型已经由燃煤型转变为燃煤—机动车—工业排放多类污染，高负荷共存的重度复合大气污染类型。我国 70% 左右的城市空气质量达不到新的环境标准。近年来冬春季甚至四分之一以上国土发生过严重雾霾。环境污染给我国造成巨大损失：我国有 24% 的人饮用水质不良；空气污染导致每年有 1500 万人患各种支气管疾病；给国民经济造成的损失大约占国内生产总值 GDP 的 10%；由于耕地污染导致年粮食减产 120 亿公斤，造成的经济损失 200 亿元。

Z：情况相当严重，我国应该用什么样好办法进行治理？

S：我们对大气污染、水污染、土壤污染各方面进行了大量探索，并提出了相应计划和措施，简称为“大气十条”“水专项”“土十条”。

（一）2013 年国务院印发了《大气污染行动计划》（大气十条）行动计

划，针对以可吸入颗粒物“PM10”，细颗粒物“PM2.5”为特征污染物区域性大气环境突出问题，明确到2017年，全国地级以上城市可吸入颗粒物浓度比2012年下降10%以上，对京津冀、长三角、珠三角等地区分别规定了具体目标，如北京市细颗粒物年平均浓度控制在60微克/立方米左右。

（二）2007年正式启动了“水体污染控制与治理”科技重大专项（水专项），治理范围覆盖了我国海河、淮河、辽河、太湖、巢湖、滇池、松花江和三峡水库等重要水体，重点解决水质改善和饮用水安全问题。

（三）2016年6月又出台了“土十条”治理土壤污染问题。1、严控工矿企业三废（废水、废气、废渣）污染土壤；2、强化农产品土地环境保护，将污染物降到最低限度。总之是要推动经济绿色发展，低碳发展，循环发展。

D：这可真是一项伟大且重要的供给侧的重大改革。它将提高“绿色国内生产总值”，实现人与自然环境的和谐共存，人与人之间的社会公平最大化。

S：是的，我们大家想一想，当我们周围鲜花遍地，百鸟谐鸣，呼吸着新鲜的空气，喝着甘甜的水时的感觉是不是感到人生很美好？重复一遍D先生的话：这真是一项伟大且重要的供给侧的改革。

主：在环境治理的基础上，我们要进一步建设美丽的乡村、美丽的城市、美丽的地上、空中、海上的交通网络，画更新更美的图画。

S：目前，我国城镇化率已历史性突破50%，城镇化进程已进入新阶段。党的十八大报告指出，坚持走中国城镇化道路，加快改革户籍制度，有序推进农业转移人口市民化，努力实现城镇基本公共服务常住人口全覆盖。因此，我认为，城镇化就是使农民转为市民，取消户口限制，打破过去的“二元体制”。

Z：俗话说，三十年河东，三十年河西。三十年前要说办个“农转非”户口是何等的难事，今天，政府却要农民进城转化为市民，且享受平等待遇。

D：我体会到，走中国城镇化道路的特点在于要优化城镇空间布局和城镇规模结构。

Z：空间布局，规模结构怎么理解？

D：概括的说就是“两横三纵”战略格局。两横就是构建以陆桥通道、沿长江通道为两条横轴，以沿海、京哈——京广、包昆通道为三条纵轴，以轴线上的城市群和节点城市为依托，其他城镇化地区为重要组成部分，大中小城市协调发展的战略布局。通过这样布局，我国将成为星罗棋布的网络城市。

Z：具体建设城市的大体面貌能否描述一下？

D：第一，要建设生态城市，或称绿色城市，减少污染，增加绿色出行（步行，自行车行）。

第二，建设“海绵城市”，这是与水泥城市相对的一个概念，思路是让城市成为能够吸存水，过滤空气，过滤污染物质的“大海绵”。

第三，建设智慧城市，利用物联网技术实现基础设施智慧化，智能化，城市管理智慧化。

第四，建设重点保留自然之美，即增加公园绿地，点缀以野草鲜花。

第五，中小城市要保留农田之美，展现布谷催春，油菜飘香，蜂蝶翩翩，麦浪滚滚的景象。

Z：这真是一幅美丽的画图。那么，美丽的农村又是何种景象？

D：农村由于其所在地理位置不同，民俗不同等等，应各具特色，但也有共同点。

Z1：首先农民要富裕起来，因地制宜，拓渠道，增加收入奔向小康；

Z2：要实现绿色农村，耕绿色土地，产绿色产品，显绿色风光；

Z3：要实现风景农村，或渔歌唱晚景，或戴月禾锄归；

Z4：要有精神美人文美，学政策明法理，学礼仪知荣辱；

Z5：要环境美，或树上莺啼，山花烂漫，或风光旖旎，宜居宜游；

主：大家各抒己见，各展才华小异而大同。下面我想让大家看一个报道：贵州省从 2001 年起先在余庆县开展富、学、乐、美、“四在农家”创建活动，提出努力建设“生活美、生态美、环境美、精神美、人文美；宜居、宜业、宜游的美丽乡村。”这大概可以做一个美丽乡村的样板吧。

S：美丽的城市，美丽的乡村还要再佩戴美丽的纽带：高速公路网，高速铁路网将成为连接城乡的地上纽带；民航、舰船网将成为连接城乡的海空纽带。在地上要建设南水北调，在地下要建成西气东输等等。大家把这些综合起来看，是不是一幅最新最美的图画？

第九章　献礼改革开放四十周年

一、市场经济文艺晚会

主：之所以命名“市场经济文艺晚会”，意图是把某些经济内容用文艺形式表现出来。当然这很难，只能挂一漏万，展现一斑。现在我宣布晚会开始。首先由G先生朗读，为改革开放四十周年献诗词二首，对联两幅。

G：献诗词两首：

一

百年兴国几迁招
平治经论试比高
和谐盛世云台议
改革开放是英豪

二

改革理论著新篇
邓论思想独领先
三个代表和谐世
圆梦核心价值观

G：献对联两幅

一

改革开放四十年时间蛰龙腾空吭吟惊环宇
市场经济十三亿人民大鹏展翅高飞冲九天

二

一带一路一投构建人类命运共同体
共商共建共享开掘世界贸易大先河

主：下面演出正式开始，第一个节目：《钱神论》朗诵。货币是人类在经济领域中最为重大的发明，无论褒与贬但大多都受人崇拜。大家可能都知道马克思在《资本论》中论述到黄金承当货币的角色，人们产生了对黄金的崇拜，马克思用诗一般的语言，展现了黄金的神奇力量并称之为拜物教。可是大家是否知道，在我国西晋时期鲁褒先生在公元 291 年前后写了一篇愤世嫉俗的文章，后人命名为“钱神论”，其内容与马克思所说的货币拜物教基本相同，不过在时间上大约早了 1500 多年。下面我们就请 S 先生朗读这篇文章之片段。

S：钱之为体，有乾坤之象。内则其方，外则其圆。其积如山，其流如川。动静有时，行藏有节。市井便易，不患耗折。难折象寿，不匮象道。故能长久，为世神宝。亲之如兄，字曰孔方。失之则贫弱，得之则富昌。无翼而飞，无足而走。解严毅之颜，开难发之口。钱多者处前，钱少者居后；处前者为君长，在后者为臣仆。……钱之所祐，吉无不利，何必读书，然后富贵！……可谓神物，无位而尊，无势而热，排朱门，入紫闼；钱之所在，危可使安，死可使活；钱之所去，贵可使贱，生可使杀；是故忿诤辩讼，非钱不胜；孤弱幽滞，非钱不拔；怨仇嫌恨，非钱不解；令问笑谈，非钱不发。……谚曰：“钱无耳，可暗使，岂虚也哉”。又曰，“有钱可使鬼，而况于人乎。子夏云：‘死生有命，富贵在天’；吾以死生无命，富贵在钱。”……天有所短，钱有所长，四时行焉，百物生焉，钱不如天；达穷开塞，振贫济乏，天不如钱。若臧武仲之智，卞庄子之勇，冉求之艺，文之以礼乐，亦可以为成人矣。”

主：第二个节目，为贺中国科技进步，探月成功，京剧“国粹”复兴，由山寨创作组新编一出京剧《嫦娥》，共由七场组成：嫦娥奔月，青素飞霜，神唔苏东坡，欢宴杨柳，飞船探月，嫦娥离月宫，高考女状元。现在请山寨青年秀，梅派青衣王胜素唱第六场嫦娥离月宫片段（南帮子）：

王胜素唱：

偷灵药，抛亲情，误上广寒；
无聊赖，抱玉兔，碧海青天；
今日里，嫦娥号，飞船靠岸；
同杨柳，舞霓裳，重返家园；
后羿弓，射日箭，无缘再见；
摩天楼，高速车，网络成环；
民安乐，国富强，文明展现；
男与女，老与幼，尽展笑颜；
立志愿，学科学，考场一战；
巾帼女，胜须眉，定夺状元。

主：很精彩，但因时间问题，晚会讨论到此结束。

二、献“社会主义市场经济运行流程图”

主：根据我们对社会主义市场经济的讨论结果，绘制出一幅“社会主义市场经济运行流程图”，请大家指正批评。（展示流程图）

为了便于大家理解此图，我做几点简要说明：

（一）此图是以市场经济运行做为主体框架，以“三驾马车”做为驱动力，以效率、公平做为两翼而构建的；

（二）所谓以市场经济为主体框架，就是以市场有效总需求价格与有效总供给价格之间的均衡，以及结构要素之间的均衡运行；所谓“三驾马车”就是国内供给与需求、国际供给与需求（外贸）和国家供给与需求。先写国内，再写国际，最后是国家。消费是与需求近似的同义语。

（三）国内、国际供给与需求则着重于讲效率，完全由市场运作；国家供给与需求则着重于通过调控实现公平。

（四）图表右侧是供给侧，理解此侧要注意“生产”与“供给”之异同，以及为什么市场经济多用供给而少用“生产”这一概念。

市场经济运行流程图

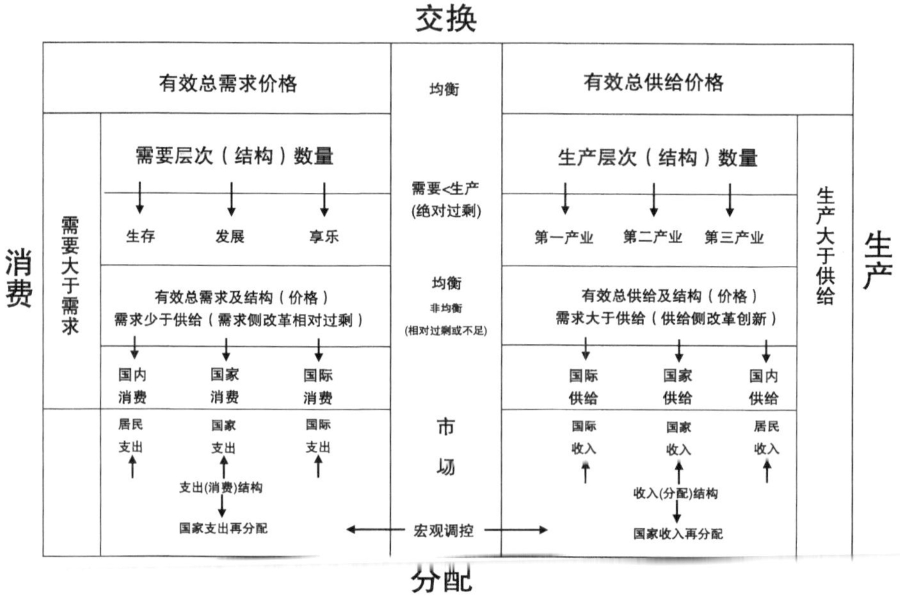

（五）图表左侧是需求侧，理解需求侧重点应体会“需求”与“需要”这两个概念的异同，简言之，需要是潜在的需求，需求则是能实现的需要，需要是无限的，而需求在一定时期是有限的。

（六）图表中间竖行表示的是交换，按原意应该标示出货币、银行、股市等交换工具和场所，为了简明而未标出。

（七）要注意左侧需要（需求）的层次论与右侧生产（供给）层次论的相互对应关系。供给创造需求，需求也拉动供给。

（八）图表的外围上、下、左、右分别标出交换、分配、消费和生产是为了与过去的计划经济、不发达商品经济等名词相呼应、对照，目的是通过区别，以便更容易了解市场经济。

（九）最后，也是最重要的是，到底什么是社会主义市场经济？我斗胆总结：“社会主义市场经济是既要效率又要公平的经济”。公平是社会主义的本质，效率是经济发展的生命。

三、献图书“《中国市场经济学》编写大纲”

以中国市场经济实践为中心，以马克思主义经济学为内核，吸收发达国家的先进市场经济理念，力求达到符合中国国情、具有中国文化特色的市场经济学。

第一章　市场经济学

第一节 经济

第二节 经济学

一、微观经济学——家庭管理学、企业管理学

二、宏观经济学——经世济民之学说

第三节 经济学家

一、经济思想家

二、政治经济学家

三、管理学家

第四节 经济类型

一、产品经济

二、计划经济

三、市场经济

第五节 中国市场经济学的特点

第二章　生产力的要素及作用

第一节 马克思的三要素论

一、劳动

二、古典的劳动与土地

三、劳动与劳动手段、劳动对象

第二节 科学技术是第一生产力

第三节 管理学

第四节 经济类型的选择与变迁

第二节 分配的政治属性

第三节 分配与占有的区别

第四节 自由市场经济中的分配的缺位

第五节 经济类型（依据有无分配可以划分为二元经济、三元经济和四元经济）

第六节 中国计划经济时代的分配与交换作用

第七节 社会主义市场经济中分配的运用

第六章　自由市场经济

第一节 自由市场经济总公式

第二节 供给侧与需求侧

第三节 自由的内涵

第四节 有效需求与有效供给——效用论

第五节“均衡”的涵义

第六节 各种均衡的图表

第七章　国家市场经济

第一节 国家市场经济总公式

第二节 自由市场经济的效率与危机

第三节 凯恩斯理论与宏观经济学的产生（包括就业、货币政策、财政政策）

第四节 就业函数理论

第五节 就业补足需求的作用与局限性

第六节“C：V”——技术构成的变动是失业的根本原因

第七节 机会成本论

第八节 新按“劳”分配（包括减少工作日，缩短劳动时间，增加福利，将劳动转化为乐生的第一要素等）

第八章 世界市场经济

第一节 基本原理

一、世界市场经济总公式

二、四个原理

三、国际贸易价格均衡

四、资本输出

五、关税壁垒

第二节 世界经济一体化进程的条件

一、反对贸易保护主义

二、加强基础设施建设

三、建立世界金融体系

第三节 一体化进程的表现

一、会商与论坛

二、局部地区经济一体化

三、一带一路与亚投行

四、新就业论：减少工作日，缩短日工作时间

第九章 中国市场经济

第一节 大势所趋三制归一

第二节 中国特色的社会主义

第三节 经济成就与问题

第十章 供给侧结构

第一节 三大产业

第二节 产业的群体结构（个人、企业、国家）

第三节 各种产业供给的有限性何无限性

第四节 生产创造需要，供给创造需求，供给侧改革——创新（绝对过剩）

第十一章　第三产业大发展

第一节 教育

第二节 医疗卫生

第三节 旅游

第四节 文艺

第十二章　需求侧结构

第一节 马斯洛层次需求论

第二节 需求侧各要素的有限性与无限性

第三节“需要”的生理探源

第四节 恩格尔系数

第十三章　中等收入及其陷阱

第一节 构建橄榄型收入结构，扩大中等收入群体

第二节 中等收入陷阱及其原因

第三节 跨越陷阱的途径

第四节 三农问题是解决问题的关键

第五节 劳动力向第三产业大流动

第十四章　国家政权的作用

第一节 国家政权

第二节 国家的供给与需求

第三节 国家调控经济的主要方法

第十五章　建设新城市新农村

第一节 画最新最美的画图

第二节 现实环境的污染与治理

第三节 城镇化的新布局

四、献《投入产出表》

五、述说市场经济亲历记

主：讨论会开完后，感觉有些问题还是没有说清楚，今天我们换一种方式，就是请一位高龄老人张先生以亲身经历来谈一下他对市场经济的感受。具体方式是老人谈一段，我们请 D 先生做一次评注，现在开始。

张：我亲身经历过整个计划经济时代，又经历了市场经济时代，直到今天，两相对比，感触很深。

在计划经济时代，我是一个炼钢厂的工人。那时代钢铁短缺，我是工人，又有城市户口，每个月有 80 元左右的工资，和 30 多斤粮食供给，还有 1 斤肉票，半斤油票，买商品还另发“工业券”。这些待遇真是比农村好多了，为此我感到非常自豪。可是到了 20 世纪 80 年代，国家经济转型到市场经济了，对我们厂的直接影响就是生产的钢铁国家不再统收了，要进入市场，工资国家也不再包发了，让厂子自行解决，这一下子把全厂都难住了。厂长召集全厂人员开会想办法、想出路、谋生存。虽然困难了几年，厂子还是想出很多办法，不断推出新产品，在市场打开了销路。到了 20 世纪 90 年代，生产发展的很快，工资水平也提高了，我记得第一次领到月工资300多元的时候，真是有些不敢相信，领到工资后到市场买肉、买酒、买鱼，回家大吃大喝一顿，真是美极了。

D：张先生是生产工人，他是市场经济的生产者之一，也叫供给者之一，千千万万供给者就组成了供给侧，同时，同一个张先生又是市场的消费者、需求者，千千万万个同样的需求者又组成了“需求侧”。这就是市场经济供给侧、需求侧的来源和涵义。

张：我的生活逐渐好起来，鸡鸭鱼肉不再是稀罕物。可是有一天我到肉市买肉，肉价大涨，几乎近10元一斤，我想计划经济时代，价格总是一元一斤，有时市场没有肉，就说缺货，而牌子上的价格不变；市场这肉价怎么涨这么多，没办法，贵就少吃些吧，可是没过几个月猪肉价格又回落，这时又可以大块吃肉了。

D：猪肉价格过高是因为猪肉供给少而形成的均衡价格；猪是周期性生产，当价格高涨时，生猪供应者就大力增加生产，使肉价回落到一定价格。由于供求双方的争斗，可使肉价不断波动，这就叫供求均衡价格。不仅猪肉是这样，其他任何商品都是这样。不过宏观经济学研究的不是商品结构中某一种或某几种的商品的价格，而是全部商品的价格，也叫有效总供给价格与有效总需求价格的均衡。

张：工资虽然多了，但并不富裕，我还得省着花。我是“宁可居无竹，不可食无肉”的人，所以消费的顺序是食、衣、住。过了几年，食衣完全不成问题，只想有栋好房子，在20世纪90年代，我买了60多平方米房，可是面积太小，又想买个100多平方米的房子，可是当时没有钱，只好以后再说。

D：你说的消费顺序就是层次需要论。具体说，你说的食、衣以及买下60平方米的住房已经实现了，这叫有效需求；而又想买100多平方米的房子，是因为暂时没钱买不起，那是有需要而无需求；需要是潜在的需求，需求是现实的需要。

张：又过几年，100多平方米房子的愿望也实现了，这时我看许多人都有汽车，就想什么时候我也有一辆汽车就好了。

注：你这叫需要的无限性，需要是人类的一种欲望，是永无止境的。

张：市场真神奇，好像你需要什么就有厂家生产什么。

D：有层次需要，相对应的就有层次供给，供给层次顺序就是第一、二、三产业，过去我们叫农业、工业和其他产业。

张：到了21世纪，我的收入逐渐增多，汽车也买了，可是其他消费除了电视机换了几代，至于鸡鸭鱼肉、服装鞋帽等一般用品我应有尽有，不想再买了。而与此同时，我们厂生产的钢材也滞销了，我想这是不是传说的一种市场病——生产过剩？

D：是生产过剩，但准确说是供给侧的结构过剩，而不是有效总供给过剩。

张：我又想，真的是市场上某种商品生产的太多了，超过人们的需要了吗？还是因为有些人虽然需要但无钱购买呢？

D：某种商品供给量已满足所有人的需要，就算生产厂家再降价，也无人买就叫绝对过剩，而有些商品则是虽然有人需要，但无钱购买，这种过剩叫相对过剩。

张：我们厂子的有些产品即使降价也很少有人买，于是厂里决定关掉一些分厂，把人员转到其他服务行业去，另一个就是把库存钢材尽量甩卖出去。

D：这就叫去产能、去库存，把人员转移到服务行业也叫第三产业，则叫供给侧结构改革。

张：至于消费品，如果有新的产品，我也还是想买。比如电视机，现在是什么3D效果，将来有4D效果、5D效果出来我也会想买。

D：国家提出来的“创新”，就是创造新产品以满足人们需求。另外则是扩大中等收入群体以补充需求不足。

张：近几年我也想过，我现在迫切需求的是什么呢？最优先的是对子女的教育以及晚年的医疗等养老问题。可是，医疗养老问题政府通过建立养老保险、医疗保障制度已经基本解决了，所以关键还是子女教育问题，我想，我们家一定要培养大学生让他们当公务员、医生或教师，不要再当产业工人了。大学多数是国家投资建立的，上学花不了多少钱。再说孩子上大学虽然暂时不挣钱，又要花些钱，但也是一种投资，将来一定会有较好的回报，这样就会光宗耀祖。

D：你所想的子女未来职业都属于第三产业，都是服务型的，这与国家发展第三产业的方向是一致的。

张：我老家在农村，老乡给我来信说，他们附近要建小城市，政府鼓励农村人进城，还有优惠政策，这与过去计划经济年代大不一样，那时农转非是非常难的。

D：农村人口进城大多数将转向第三产业，再加上第二产业人员向第三产业转移，必定将出现第三产业大发展的时代。

张：我的子女已经上了大学，光宗耀祖的梦实现了。现在我就想趁着身体硬朗，什么巴黎埃菲尔铁塔、凯旋门、圣母院，俄罗斯的克里姆林宫等，咱也走上一圈。

D：你这是消费层次达到较高阶段了，可以这样，消费等于享受。

张：我不算富，多少还是有些钱，但不知怎么花，储蓄吧，有人说是负利率；买股票吧，去年投了一些，就赔了几万元；买黄金吧，没那么多钱，而且有人说也可能赔钱；买房地产吧，大多数人说可以赚钱，但也有人说可能会出现泡沫经济；投资吧，咱钱少还是个外行。想来想去还是储蓄吧，暂时赔一点，不能总赔吧，保值就行了。手握点现金用起来方便。

D：怎么花叫消费倾向，想握有现金花起来方便叫流动性偏好。老年人有流动性偏好是正常的，至于想赚钱须知利息越高风险越大。

D：您怎么享乐晚年？

张：唱歌、唱戏、下围棋、学诗、写字、散步、拉琴、旅游、赏花。下面是我作的几首诗：

（一）暮年闲适诗一首

皮黄唱罢歌长征，黑白交响战楸枰。
昏晓诗魂萦丽句，挥毫泼墨仿书雄。
耄步绿荫期万里，耄指扶音上九重。
秀水青山天赐友，春花赏后是秋英。

（二）游红旗渠词一阙

沁园春　红旗渠

碧空飞瀑，神龙吐涎，浪翻银霞。望林州原野千重麦浪，水羞罗带，山醉桃花，莺飞蝶舞，绿波成阵，梦幻桃源试比佳。君见否，三千里玉龙，绕尽繁华。

忆昔缺水生涯，叹杯水洗面复浣纱，奋十万英豪，数载抛家。笑傲饥寒，万轮斧劈，千吨药炸，太行錾杀，引漳入林举世讶。伟业绩，真志现愚公，功超禹夏。

（三）游武侯祠对联一副

三顾两表七纵擒，
六出八阵五丈原。

（四）游白洋淀五言诗一首

雁翎地道战，杀倭数传奇。
缅仰丰碑日，明珠璀璨时。
红楼环碧水，鸳鸯戏龙鱼。
南美和平使，五莲幸风池。

（五）祖国六十华周年诞献诗一首

悬灯结彩喜盈门，普天同庆国生辰。
六十耳顺无人顺，四代革新日月新。
民富国强真盛世，神州圆梦大经论。
我祝祖国如旭日，永辉光照满乾坤。

张：下面是我写的几幅字。

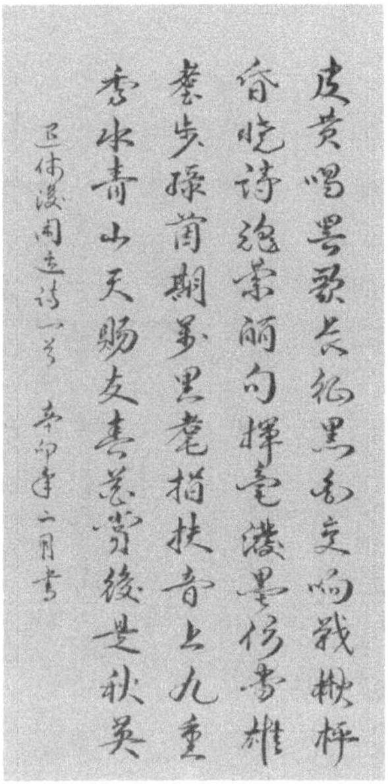

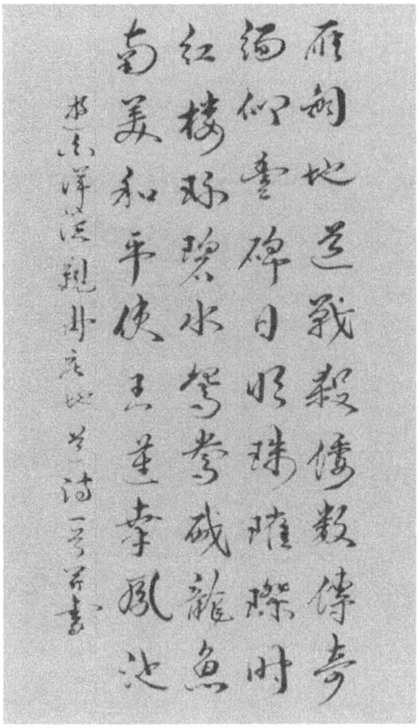

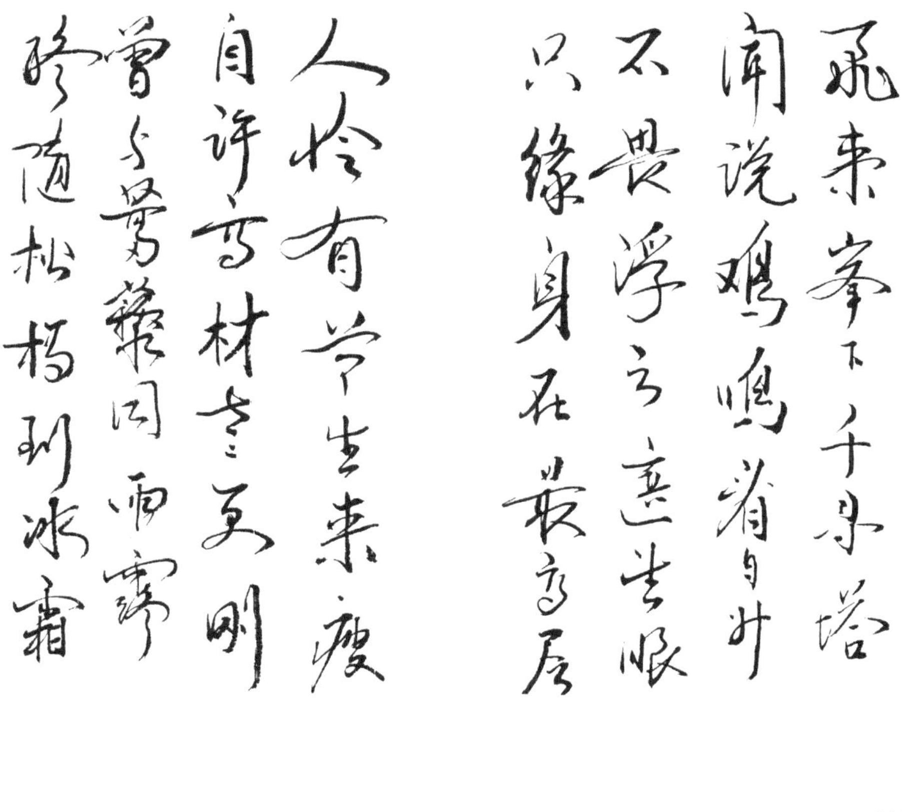

碧空飛瀑神龍吐涎浪翻銀霞望林州原
野千層麦浪水羞罗带山醉鲜花蔦飛蝶
舞绿波成陣梦幻桃園試比佳君見否三
千里玉龙绕尽繁華忆昔缺水生涯杯水
飢寒萬輪斧劈千吨药炸太行鏖殺引漳
济林举世訝偉业绩真志現愚公功偉禹
夏
沁园春 红旗渠
張玉璞 詞書

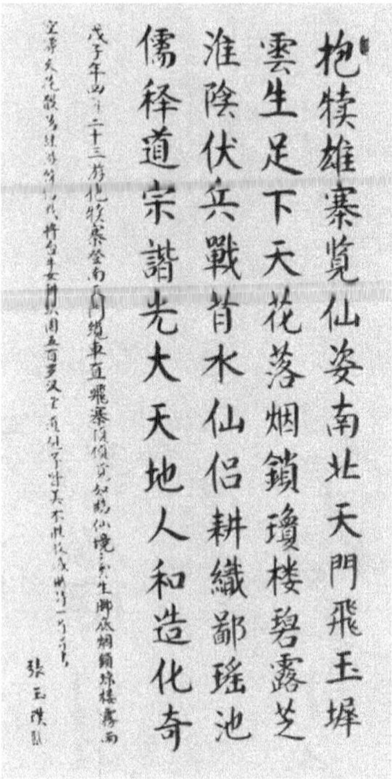
抱犊雄寨览仙姿南北天門飛玉堺
雲生足下天花落烟鎖瓊楼碧露芝
淮陰伏兵戰背水仙侶耕織鄗瑶池
儒释道宗諸先大天地人和造化奇
張玉璞

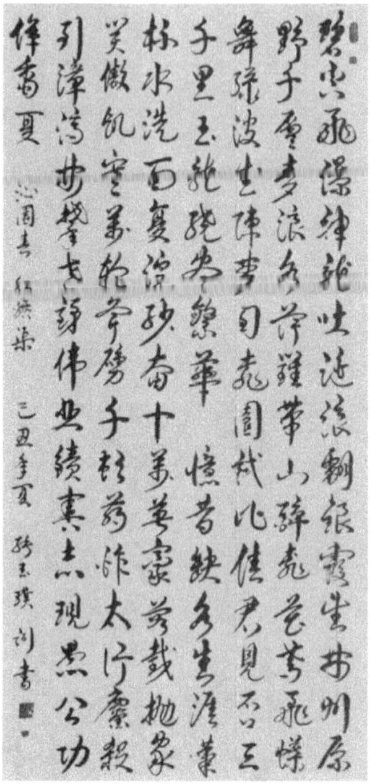

第十章　记者约访录

记者：张先生，阅读了您的大作《中国市场经济新论》初稿，有些问题想请您谈一下。

张：请讲。

记者：书名的“漫谈”是什么意思？

张：所谓“漫谈”，一是在内容上用与传统的中外经济学对比的方法提出市场经济理论的相关见解；二是在形式上采用了一些诗词、俗语、笑话等新的表达方式，以增强经济学的可读性。

记者：书中设计了很多人物，彼此的对话中有时看似有分歧各代表一方，有时却又不是，请问他们各代表哪个派别？以及各种人物承担的角色是什么？为什么采用这种形式？

张：采用这种形式确实费了很多思考。原本只是想把经济学的专业术语用通俗语言表达，但这样一来就成了名词解释，显得单调无味，术语间又缺乏联系，通过对话争论，可能使问题阐述更明白一些。怎么对话，好在40年前注释过西汉时期桓宽所著《盐铁论》，于是决定采用对话，又一想不妥，因为《盐铁论》争论双方观点决然相对，唇枪舌剑，各持己见。但本书中人物彼此都不是决然对立的观点，有时好像S倾向于计划，D倾向于市场，但有时两者观点又趋向于一致，这样看起来好像有些乱，但只有这样才是“讨论”而不是“论战”。至于其他人物如G先生从国学角度谈论，作两句诗等只是为了活跃一下气氛。而Z代表众人，或者多人，或者一人，他们的发言自然偏俗语化，但只有这样才能使较专业的术语通俗化，便于讨论的生动、轻松。一句话，人物的设计，绝不是为了“论战”，而是为了通过漫谈而实现通俗易懂的目的。

记者：我觉得您写此书的目的更重要的还是在表达您的一些新的思想

和学术观点。这一点在您的书中第一章“什么是经济学”的讨论中就很明确了。您为什么要这样定义经济学?

张：我是学经济学的，教经济学的，但我总觉得经济学起源于西方学者，没有中国文化内涵。我想写中国的经济学，以我对“经济”二字的理解，再加上对中国历史上政治、经济、管理者的一些学术内容的领悟，我就大胆地杜撰了一个定义，认为是“齐家之术、治企之策、经世济民的经论”。我认为，宏观经济学就是经世济民治国之经论。这从此书后面章节所叙述的内容也可以看出来。当然，这种见解未必能为广大学者所能接受。

记者：您以总供给与总需求的均衡起始而展开讨论，这是接受了凯恩斯的观点吧?

张：是的，对于这一点我思考很久，觉得凯恩斯的观点有道理，只有通过它才能解释市场经济很多现象，如供给侧、需求侧等等。而这些用过去的“生产满足需要”的论述是解决不了的。而要用这种说法就必须解决生产与供给，需要、消费与需求之间的异同点，以得出需求不等于需要，生产不等于供给，这些都是与理解“市场”这两个字密不可分的。

记者：在书中，您为什么强调市场经济只有交换没有分配，是否想把“分配”概念从市场经济中排除出去?

张：我必须强调一下，首先，当谈到市场经济中不存在“分配”问题时，我所说的“市场”是“自由”市场经济，而不是国家参与的市场经济；其次，我认为谈到“分配”，必然出现公与不公的争论，又必然肯定市场经济就是分配不公；第三，我毫不讳言地说把分配做为经济学研究重点的人不是经济学家，而是政治家、思想家。

记者：所以您就认为《政治经济学》不是经济学，而是政治学，甚至对于《资本论》您也认为不是经济学，而是政治学。您的见解虽新，胆子也够大的。

张：我是读书人，只想表达一下看法，如不对，愿接受评论和批判。

记者：您在书中后半部分又用很多篇幅讲分配，这与您强调市场经济不讲分配是否矛盾?

张：第一，我认为自由市场经济不讲分配；第二，一般认为市场交换所得是第一次分配，后面强调分配是由于国家干预，讲的是再分配。

记者：什么叫两制对立、三制归一？

张：这里的两制对立，指的是自由市场经济与计划经济对立。对立的时间可以认为是从 1917 年 ~ 1935 年。1935 年后美国走向国家参与的市场经济，以后，我国也走向这一体制，所以叫“三制归一”。

记者：在社会主义实行市场经济体制，这无疑是最伟大的创新，那么，实行市场经济体制的目的是什么？

张：简言之，就是“效率”二字。

记者：“效率”与“公平”兼得，这也太难了吧？

张：市场经济本身就会产生不公平，在不公平的市场环境中寻求公平这当然很难。不过，经过三十多年的实践，证明这条道路是可行的。原因在于国家的政权性质决定社会的性质，而不是经济体制决定社会的性质。

记者：那么，社会主义市场经济体制是怎样运行的呢？简要说一说您书中的框架。

张：简言之，一、二、三、四。

记者：什么意思？

张：“一”就是一个社会主义市场经济实体；“二”就是供给侧、需求侧作为起飞的两翼；“三”就是国内、国际、国家（生产消费）作为三架驱动的马车；“四”就是交换、分配为手段，实现效率与公平的目标。

记者：这么说，此书应当称作《市场经济学》了吧？

张：“学”字实在不敢当。市场经济特别是社会主义市场经济纷繁复杂，无论从哪方面去描述，都可能是“挂一漏万”，没有大手笔和众多的智慧是难以完成的。我所写的内容非常简单粗略，哪敢称“学”。

记者：在公平与效率两个方面的论述中，您是否有所侧重呢？

张：是的，“侧重”公平的层面多一些。

记者：为什么？

张：我认为实现公平比实现效率更难。因为市场经济中大家所认为的初次分配，国家（政府）是不太好直接干预的，主要是靠“再分配”来实现。要加大“再分配”的力度，国家就要有足够的财政收入来支持，而加大财政收入又会有损市场发展的力度，既要让利于企，又要让利于民，这真是很难的。当然，效率更应侧重，但这方面只要简政放权，降低市场准入门槛，创造市场公平竞争环境就可以了，这样市场本身就会自动显示出其巨大的调节潜力。

记者：您是从哪个方面论述实现“公平”的呢？

张：主要包括保障就业；对初次分配的适当干预；再分配中的教育公平、医疗公平；对老幼病残的“按需分配”；公共性、基础性设施的建设等。

记者：您认为在此书中，您有哪些方面的创新？

张：我觉得在书中我提出有些观点尚不成熟，值得商榷的地方很多，但是以下几点我敢肯定。那就是：剖析了生产与供给、需要与需求（消费）、供给与需求、生产与消费之间的关系；归纳了层次需要论及与之相对应的层次生产论的内容；提出了“相对过剩”与“绝对过剩”的概念与区别，绘制了“市场经济运行流程图”。特别是提出了世界市场经济的概念。不谦虚地说，这些就算创新吧。

记者：我觉得“相对过剩”“绝对过剩”的提出是有新意；认为相对过剩需要补足需求，绝对过剩会产生新的部门，由此引出第三产业的发展；这些是基于现实还是依据逻辑思维？

张：这个问题我要多说几句。相对过剩与绝对过剩是我研究需要与需求，生产与供给等很多概念之异同而得出的概念。当前有很多文章强调要发展第三产业，而国家又一再强调对有些产品要去产能、去库存，这些都是由于产品过剩而引起的，说明加速发展第三产业的趋势已成必然。但究竟原因是什么？就是第二产业无论从消费品、生产品都已呈现过剩态势。解决办法一是创新产品，再一个就是产业转型，第一产业和第二产业的就业人员逐步转移到第三产业中来。关于农业劳动力和工业劳动力向第三产业（服务业）转移的问题，我在20世纪60年代就开始进行研究，并自己设计了计算转移数量的计算公式，依此公式可计算出其转移数量、速度，人口、劳动力比重的变化，在1989年出版了一本名为《劳动力配置系统论》一书，全书344千字。1993年，由于联合国国际劳工局认为此书可以作为中国培训劳动人事工作人员的教材，又再版了一次，改名为《宏观劳动力配置》，前后共出版8000册。这部专著荣获1991年北京市第二届“哲学社会科学优秀成果奖”二等奖和1994年国家教委授予的“全国高等学校人文社会科学研究优秀成果奖”二等奖。但由于此书所述内容远未达到经济发展的迫切进程，而更重要是因为专业性太强，对非专业读者不具有可读性，故而影响面太窄。因此我想，再写书一定要把通俗性、可读性放在第一位，这也是我为什么把现在这本书加上“漫谈”部分的原因。“漫谈”就是大家用通俗的语言探讨而使内容通俗化。然而非常遗憾，结果并不理想。因为许多经济的专用术语用大白话还是表述不清楚。

记者：对于市场经济，您又加入“世界”二字，我觉得的确有创新之意，对此您是怎么想的？

张：市场经济本身就具有无限的开放性，现在已经是世界经济一体化了，当然经济“均衡”就不再是一国的事儿，一国经济的发展必然与世界经济发展密切相关。

记者：您为什么写“消费等于享受”的内容。

张：鼓励消费。

记者：国家消费、调控的主要内容是什么？

张：“公平”建设美丽的乡村、美丽的城市。

记者：关于国际贸易，您强调要说的是什么？

张：中国文化在世界文化竞争中具有潜在优势。

记者：为什么要开一次经济文艺晚会？

张：赞美货币、赞美股票市场。我认为二者加上银行，是人类在经济领域的三项伟大发明。

记者：促使您写此书的直接动因是什么？

张：直接动因是学习了习近平主席于2016年1月18日在“省部级主要领导干部学习贯彻党的十八届五中全会精神专题研讨班上的讲话”，此文发表于2016年5月10日《人民日报》上，学习了之后，我感觉这就是一篇很精彩的经济学。它是我写此书初始的、也是最大的动力。此后又学习了全国干部培训教材编审指导委员会组织编写的八本培训教材。因此，此书也可以认为是“两学一做”的学习产品。

记者：你写出此书后，为什么还要写出《市场经济学》的编写大纲？

红：此书只是提出关于市场经济的一些见解，至于《市场经济学》也只是择其主要内容的通俗语言介绍给读者参考，而远非全部。我想，如果写一本《中国市场经济学》，其内容，文体语言、结构也都应是严格专业化的。我年龄大了、无法完成这样的任务，只能暂时编写一个提纲，以待以后的学者写此书时作些参考。

记者：写作此书用了多长时间？

张：2016 年 5 月 20 日起至 2018 年 12 月 20 日止。

记者：不想再修改润色了吗？

张：想是想，没有精力了，我今年实岁 85 岁，眼、耳均不好，初写时我担心是否有生之日可以写完？总算是完成了。书中一些地方我引用的语言、事迹均未加引号，原因是我无精力去查找其原文原意。再加上我认为此书不是纯学术著作，有的地方用语直白这正是通俗的表现。因此种种就不想再做修改了。谬误之处希望读者予以指正批评，我只做引玉之砖就是了。

记者：访问就此结束，再见。

2018 年 12 月 20 日于北京